PIETAS AVG

PIETAS AVG

로마사를 움직이는

12가지 힘

출판은 사람과 나무 사이에서 이루어지는 가치 있는 일입니다.
도서출판 사람과나무사이는 의미 있고 울림 있는 책으로 독자의 삶을
좀 더 풍요롭게 만들기 위해 최선을 다하겠습니다.

Republican Government
Confrontation & Competition
Resilience
Heros & Emperors
Succession Structure
Publicness

로마사를 움직이는 12가지 힘

공화정 · 회복탄력성 · 공공성
대립과 경쟁 · 영웅과 황제 · 후계 구도
선정과 악정 · 5현제 · 혼돈
군인황제 · 유일신교 · 멸망

모토무라 료지 지음 | 서수지 옮김

Five Good Emperors
Military Emperors
Good Politics & Bad Politics
Chaos
Monotheism
Fall

사람과 나무사이

로마사를 움직이는 12가지 힘

1판 1쇄 발행 2023년 11월 11일
1판 2쇄 발행 2023년 11월 20일

지은이 모토무라 료지
옮긴이 서수지
펴낸이 이재두
펴낸곳 사람과나무사이
등록번호 2014년 9월 23일(제2014-000177호)
주소 경기도 고양시 일산서구 강선로 142, 1701동 302호
전화 (031)815-7176 **팩스** (031)601-6181
이메일 saram_namu@naver.com
본문 도판 티하우스
디자인 박대성
인쇄·제작 도담프린팅
종이 아이피피(IPP)
영업 용상철

ISBN 979-11-88635-84-9 03900

"로마는 호수와 같다.
로마 이전의 모든 역사는 로마로 흘러 들어갔고,
로마 이후의 역사는 로마로부터 흘러나왔다."

— 레오폴트 폰 랑케 (독일 역사가)

글을 시작하며

로마 역사는 살아 있다

이 책은 로마사 전체를 한 권으로 읽을 수 있는 로마 통사가 아니다. 로마사 전체를 아우르는 책을 원하는 사람이라면 다른 책을 찾기를 당부한다. 이 책에서는 로마사를 '읽는 법', 즉 로마사를 이해하려면 어떤 점에 주목해야 하는지에 대해 이야기할 생각이다.

예를 들면, '같은 폴리스(도시국가)에서 출발했는데 왜 그리스인은 민주정을 목표로 하고, 로마인은 공화정을 수립했을까' 같은 주제에 관해 논할 것이다. 둘의 차이에 눈을 돌리면 애초에 두 국가의 부족 형성 과정 자체가 달랐음을 알 수 있다.

또 여러 차례의 부침 속에서도 500년간 이어진 로마의 공화정이 기원전 1세기 후반 카이사르-아우구스투스 시대에 왜 일인자의 권력을 인정하게 되었는지도 흥미로운 주제다. 그 문제를 고찰하려면 극심한 정쟁과 전쟁의 배경에는 어떠한 사정이 숨어 있었는지, 또 카이사르와 아우구스투스를 지지한 사람들이 어떠한 사회계층이었는지에 초점을 맞출 수밖에 없다.

그리고 오랫동안 팍스 로마나(Pax Romana, 로마의 평화)로 번영을 누린 로마 제국이 왜 3세기에 '군인황제 시대의 위기'에 직면했는지는 세계사의 관점에서도 매우 중요한 주제다. 군인이 힘을 가진 시대는 어떠한 특징이 있을까? 그들의 출신지는 어디일까? 일련의 주제를 탐구하다 보면 역사의 이면에 숨은 뜻밖의 사실을 깨닫고 짜릿한 지적 흥분을 느끼게 된다.

자유를 중시하는 로마인은 관용 정신을 가졌다고 알려져 있는데, 기나긴 역사를 거슬러 올라가며 그들의 관용 정신이 변질되는 모습을 볼 수 있다. 특히 '클레멘티아(Clementia, 관용)'라는 단어에 초점을 맞추면 관용에 세 단계가 있고, 각 단계가 '자유' 의식과 미묘하게 맞물려 있다는 사실이 서서히 눈에 들어온다.

이러한 주제들은 지금까지 단편적으로만 논의된 측면이 있다. 이 책에서는 '로마사'라는 큰 흐름 속에서 이러한 주제들에 집중해 '세계사로서의 로마사'라는 주제를 더욱 깊이 이해하려고 했다. 그런 의미에서 이 책에서도 시간 순서에 따라 통사의 형태를 취해 독자의 이해를 돕고자 했다.

예전에 마루야마 마사오(丸山眞男)라는 대학자가 "로마사에는 인류의 경험이 응축되어 있다"고 말했다. 또 "로마사는 사회학의 실험장이다"라는 말을 남기기도 했다. 또 『로마인 이야기』로 명성을 얻은 작가 시오노 나나미는 "로마사는 세계사의 명품"이라고 평했다.

나처럼 로마사를 전공하는 연구자는 이와 같은 칭찬에 마냥 기뻐할 수만은 없다. 과연 로마사가 '인류 경험의 응축'일까, 그리고 '세계사의 명품'일까 하는 의문이 머릿속을 떠나지 않기 때문이다.

반세기 가까이 로마사를 연구해온 나는 연구 과정에서 눈에 들어온 깨달음이 적지 않다. 가령 세계 제국으로서의 로마 제국을 원형으로 삼는다면 근대 해양제국 중 포르투갈과 스페인에 대해서도, 식민지를 줄줄이 거느린 대영제국에 대해서도 심도 있는 이해가 가능하다고 믿는다. 또 21세기 미국이라는 '제국'과 중국이라는 '제국'에 대해서도 로마사를 좌표축으로 삼으면 모종의 실마리를 얻을 수 있다는 생각이 든다.

그리스 비극은 되풀이해서 '휴브리스(Hubris, 오만·교만)'가 비극의 원인이라고 가르친다. 그런 의미에서 '로마사는 대단하다'는 주장을 남발하면 휴브리스의 교훈을 거스르게 된다. 그러나 '세계사라는 바다를 항해할 때 로마사를 좌표축으로 삼는다면' 학습 효과가 달라지리라고 자부한다.

독자 여러분이 이 책에서 제안하는 로마사 '읽는 법'을 참고해 세계사를 공부하는 즐거움을 알게 된다면 저자로서 더할 나위 없는 기쁨이 될 것이다. 이제 '세계사'는 단순한 열풍이 아니라 '글로벌 히스토리'로서 교양의 기본으로 자리매김하고 있기 때문이다.

차례

part II

최고 영웅 카이사르와 최고 황제 아우구스투스, 로마를 반석 위에 세우다

— 율리우스-클라디우스 왕조의 성쇠, 그라쿠스 형제의 개혁

'도전과 응전의 제국' 로마, 2206년 흥망성쇠의 비밀

로마 역사를 접할 때 누구나 의문을 느끼는 두 가지 쟁점이 있다. 첫째는 '로마는 어떻게 제국이 될 수 있었을까?'이고, 둘째는 '로마 제국은 왜 멸망했을까?'이다.

로마가 이탈리아반도에서 작은 도시국가(폴리스)로 첫울음을 터트렸을 때로 돌아가보자. 당시 지중해 세계에는 적게 잡아도 1,100여 개의 도시국가가 존재했다. 그중에는 로마보다 문화적으로 우수한 곳도 있었고, 기술적으로 앞선 곳도 있었고, 인구가 많은 곳도 있었다. 그런데 로마가 그 모든 도시국가를 모조리 집어삼키고 대제국을 건설했다. 어떻게 그런 일이 가능했을까?

기원전 2세기의 그리스 역사가 폴리비오스(Polybios, 기원전 203~기원전 120년경)는 세계 최초로 '로마는 어떻게 제국이 될 수 있었나?'라는 물음과 진지하게 마주한 역사가일 것이다. 그리스인이었던 폴리비오스는 그리스의 여러 선진 도시국가가 이룩하지 못한 업적을 어떻게 로마가 달성할 수 있었는지에 대한 답을 그리스와 로마를 비교하는 과정에서 찾아내려 했다.

또 '로마 제국은 왜 멸망했는가?'라는 의문도 18세기 영국의 역사가 에드워드 기번(Edward Gibbon)의 『로마 제국 쇠망사』를 필두로 수많은 역사가가 매달린 문제다.

로마는 오랫동안 안정된 제국을 유지한 세계 역사상 유례없는 제국이다. 알렉산드로스 대왕의 제국, 몽골 제국, 이슬람 제국 등 세계사에는 여러 '거대 제국'이 등장한다. 기번은 자신이 살던 18세기 영국을 로마 제국과 겹쳐보며 로마 제국이 왜 멸망했는지를 고찰했다. 당시 영국은 세계 곳곳에 식민지를 건설하며 대제국으로 군림하려던 찰나였다. 아마도 기번은 자신의 모국 영국의 미래를 로마 제국의 역사에서 배우고자 한 게 아닐까.

폴리비오스 이후 오늘날에 이르기까지 여러 시대에 다양한 사람들이 이 물음에 매달렸고 각자 나름의 대답을 이끌어냈다. 역사라는 학문의 답은 수학처럼 한 가지로 딱 떨어지지 않는다. 로마에 관한 의문의 답도 하나가 아니다. 과거의 역사가가 도출한 답은 모두 진실이라고 생각한다. 하지만 진실 중 하나일 뿐 진실의 전모는 아니다.

"로마는 하루아침에 이루어지지 않았다"라는 말이 있다. 로마는 제국으로 성장하기까지 몇 가지 '시련과 극복'을 경험했다. 그중 어느 하나라도 극복하지 못했더라면 로마는 제국이 되지 못했을 것이다.

기나긴 세월에 걸쳐 제국으로 성장한 로마는 역시 긴 세월에 걸쳐 멸망의 길을 걸었다. 예전에 나는 내 책에서 "로마의 멸망은 노쇠의 과정과 같다"라고 주장한 적이 있다. 로마의 멸망에는 결정타를 날리는 극적인 사건이 없기 때문이다. 로마는 다양한 요인이 복잡하게 맞물려 조금씩 체력이 약해지며 멸망에 이르렀다.

이 책에서 필자는 장대한 로마 역사를 크게 네 시대로 나누어 설명하고자 한다.

Part I은 기원전 8세기 로마 건국부터 제3차 포에니 전쟁이 종결되고 카르타고가 멸망하는 기원전 146년까지를 다룬다. 이러한 시대 구분에는 나름의 이유가 있다. 작은 도시국가에서 확장된 로마가 지중해 세계의 패권을 잡고 사실상 제국으로 성장했다고 말할 수 있는 시기가 바로 기원전 146년이기 때문이다.

Part II는 기원전 146년 카르타고 멸망부터 공화정 말기의 혼란기를 거쳐 아우구스투스라는 최초의 황제가 탄생하는 제정 초기까지를 이야기한다. 이 시대는 '승자의 저주'라는 수식어가 어울리는 혼란의 시대였다. 지중해의 패권을 거머쥐고 사실상 제국으로 자리매김한 로마는 거대한 영토 탓에 갖가지 문제를 안고 있었다. 이 시기 로마에서는 내란이 반복되었다. 그 내란을 잠재우는 형태로 카이사르가 등장하고 황제가 탄생하면서 로마는 명실상부한 제국으로 거듭난다. 그런데 제정이 안정되지 않은 탓에 칼리굴라와 네로 같은 폭군이 출현하며 공화정으로 복귀하자는 목소리가 터져나오기 시작했다.

Part III는 그때까지의 혼란을 극복하고 로마 제국이 바야흐로 전성기를 맞이한 5현제 시대를 중심으로 서술한다. 그러나 로마의 전성기는 100년을 가지 못했고 다시 '혼란의 3세기'라고 부르는 군인황제 시대로 접어들었다.

Part IV는 군인황제 시대, 그 혼란을 수습한 디오클레티아누스 황제부터 서로마 제국의 멸망까지를 다룬다. 지금까지 이 시대를 로마라는 대제국의 종말로 보는 경우가 많았다. 그러나 이 책에서는 시야를 조금 더 넓혀 '고대 세계의 종말'이라는 관점에서 로마의 멸망을 바라보고자 한다.

거듭 강조하지만, 대학자 마루야마 마사오는 "로마사에는 인류의 경험이 응축되어 있다"라고 이야기했다. 나 역시 대학생 시절부터 헤아리면 얼추 반세기 가까운 세월을 로마사 연구에 바쳤는데 로마사는 여전히 수수께끼로 가득 차 있다. 로마는 아무리 퍼내도 마르지 않는 우물처럼 연구하고 또 연구해도 새로운 수수께끼가 쏟아져나온다.

역사는 과거의 이야기이지만 그 과거는 현재와 떼려야 뗄 수 없는 관계에 있다. 철혈 정책으로 알려진 독일의 오토 폰 비스마르크 수상은 "현자는 역사에서 배운다"라고 말했다. 역사에서 배운 깨달음을 자신의 인생과 사회에 어떻게 활용할지가 중요하다.

자세한 설명은 본문에 양보하겠지만, 로마군이 제2차 포에니 전쟁(기원전 218~201년)의 칸나에 전투에서 한니발이 이끄는 카르타고군에 대패했을 때 스키피오는 적장 한니발의 전법을 배워 로마를 승리로 이끌었다. 초대 황제 아우구스투스는 양아버지인 카이사르 암살에서 배워 40년이라는 긴 세월에 걸쳐 안정된 정권을 유지했다.

역사는 언제나 "선인에게 배운 자가 승리를 거머쥔다"라고 가르쳐준다. '로마는 어떻게 대제국이 될 수 있었을까?', '로마 제국은 왜 멸망했을까?' 이 물음에 대한 답은 아직 나오지 않았다고 생각한다. 독자 여러분도 이 책을 계기로 이 질문에 도전해 나름대로 답을 얻었으면 한다. 그리고 그렇게 찾은 답이 앞으로의 인생과 사회 발전에 보탬이 되기를 바란다.

M·AGRIPPA·L·F·COS·TERTIVM·FECIT

part

I

'회복탄력성'과 '공공성', 두 기둥으로 세계 제국이 된 로마

최대 경쟁자 카르타고를 멸망시키고 지중해를 통일하다

①

Republican Government

공화정

독재를 혐오한 로마인, 공화정을 선택하다

◇ 로마 건국자 로물루스가 인구 부족 문제를 해결하기 위해 '사비니족 여성 대량 납치 사건'을 명령했다?

건국신화는 어느 나라나 아름다운 이야기로 꾸며져 있다. 로마도 예외는 아니다. 전승에 따르면 로마 건국은 기원전 753년 4월 21일이다. 로마를 건국한 왕은 늑대의 젖을 먹고 자란 로물루스와 레무스라는 쌍둥이 형제 중 한 사람인 로물루스다.

쌍둥이 형제의 어머니는 알바 롱가(Alba longa) 부족의 공주 레아 실비아(Rhea Sivia)다. 알바 롱가는 아름다움과 풍요의 여신 비너스의 아들이자 트로이 전쟁에서 공을 세운 트로이의 왕자 아이네아스(Aeneas)가 트로이를 탈출해 세운 도시국가다. 그리고 쌍둥이 형제의 아버지는 레아의 미모에 반한 전쟁의 신(군신) 마르스라고 전해진다. 한마디로 로마를 건국한 로물루스는 아버지와 어머니에게 신의 혈통을 물려받은 엄청나게 고귀한 가문의 후손이었다.

알바 롱가 부족의 왕위 계승권을 가지고 태어난 쌍둥이 형제는 불행하게도 태어나자마자 바로 왕가 내분에 휘말려 목숨이 위태로워졌다. 쌍둥이 형제를 딱하게 여긴 한 병사가 아기들을 바구니에 넣어 테베레강에 떠내려 보냈고, 강가에 살던 암컷 늑대가 아기들이 담긴 바구니를 건져올려 젖을 먹여 길렀다.

이윽고 목동에게 발견되어 그의 손에서 씩씩하게 자라난 쌍둥이 형제는 출생의 비밀을 알고 난 뒤 힘을 합쳐 왕위를 찬탈한 왕을 무찌르고 할아버지에게 왕위를 돌려주었다. 그런 다음 자신들은 새로운 나라를 세우기 시작했다. 하지만 사이좋은 쌍둥이 형제는 차츰 서로 대립하게 되었고 끝내 로물루스는 레무스를 죽이고 말았다.

우여곡절 끝에 왕권을 안정시킨 로물루스는 자신의 이름을 따서 새로 세운 나라를 '로마'라 불렀다. 그리고 기원전 753년 4월 21일에는 성대한 건국 기념 축제를 열었다. 이 축제가 지금도 로마에서 성대하게 치러지는 '로마 건국 기념일' 행사다.

로마 초대 왕인 로물루스는 기원전 715년까지 37년을 다스렸고, 그동안 원로원과 시민 집회 등 공화정 로마까지 계승되는 로마의 기초를 닦았다.

신의 혈통을 물려받은 고귀한 신분의 왕이 건국했다는 이야기는 물론 '신화'이므로 어디까지가 진실인지 가늠할 수 없다. 그러나 신화 속에도 충실하게 역사에 반영된 일화가 있다. 바로 '사비니족 여인 납치' 사건으로 전해지는 이야기다.

이 사건은 서양에서는 잘 알려진 일화로 수많은 화가가 이 이야기를 모티프로 삼아 그림을 그렸다. 그중에서도 프랑스 루브르 박물관에 소장된 자크 루이 다비드(Jacques-Louis David)의 〈사비니의 여인들〉이라는 작품이 유명하다.

막 걸음마 단계의 나라를 다스리던 로물루스왕에게는 로마에 아기를 낳아줄 가임기 여성이 부족하다는 고민이 있었다. 이대로 가다가는 인구가 감소해 머지않아 로마라는 나라가 없어질 수도 있는 위기였다. 이 위기를 극복하기 위해 로물루스왕은 로마와 이웃한 사비니라는 나라에서 여성을 납치해 온다는 대책을 내놓았다.

그러나 두 눈 시퍼렇게 뜨고 아내와 딸을 빼앗긴 사비니 사람들도 당연히 가만있을 리 없었다. 사비니 사람들은 로마에 복수를 맹세했고 이윽고 두 나라는 서로 칼끝을 겨누는 원수지간이 되었다.

그런데 팽팽하게 대립 중인 두 나라 사이에 끼어들어 중재자 역할을 자처한 이들이 있었다. 바로 로마에 억지로 끌려간 사비니 여성들이었다.

"어느 쪽에서 희생자가 나오든 슬픔을 감내해야 합니다. 부디 싸움을 멈춰주세요."

사비니 여성들의 입장에서는 사비니가 패하면 자신들의 아버지와 형제가 죽임을 당하고, 로마가 패하면 남편과 어린 아들이 죽임을 당하니 그럴 수밖에 없었다.

물론 억지로 끌려갔으니 그들도 처음에는 로마인을 원망했을 것이다. 하지만 살을 맞대고 함께 산 지 일 년이 지나 아이가 태어나면서 사비니 여인들의 마음은 점차 변하기 시작했다.

사비니 여성들이 평화를 호소하자 로마와 사비니 사이의 분쟁은 조정 국면에 접어들었고 바야흐로 양국은 하나의 나라로 통합되었다. 야만스럽게 힘으로 남의 나라 여자를 빼앗아 오는 행위는 현대인의 상식으로는 이해하기 힘들다. 하지만 고대는 지금처럼 국제교류가 자유로운 시대가 아니었다. 교통수단도 제한적이어서 대부분 자신이 태어난 마을과 도시를 떠나지 않고 좁은 세계 안에서 한평생을 마쳤다. 지중해에는 수없이 많은 작은 섬들이 여기저기 흩어져 있는데, 섬은 육지보다 더욱 고립된 세계다. 전쟁에 나서야 했던 남자들도 그러했으니 그 시대에 자신이 사는 마을이나 섬 밖으로 나간 여성은 거의 없었다고 보는 게 옳다.

사실 로물루스왕도 처음에는 주변 여러 국가에 특사를 파견해 로마에 신부를 보내달라고 요청했지만, 어느 나라에서도 긍정적인 답변을 얻지 못해 결국 강탈이라는 강경책을 선택할 수밖에 없었다.

그 시대 신흥국은 어디나 여성이 부족하다는 문제를 안고 있었기에 여성이 필요할 때는 이웃 나라에서 강탈해 오는 것이 당연한 해결 방식으로 여겨졌다.

알고 보면 비슷한 사건이 우리가 사는 현대에도 벌어지고 있다. 아직도 기억이 생생한 최근 일로 IS(Islamic State, 이슬람국가)가 여성을 납치해 이슬람 전사와 강제로 결혼시킨 일은 로마의 '사비니 여인 납치'와 흡사한 사건이었다.

로마는 아름다운 건국신화를 가진 나라다. 그런 로마 건국기의 구성원은 의외로 주변 여러 나라에서 망명해 온 사람이나 자신의 고향에서 쫓겨난 불량배가 많았다. 심지어 주인에게서 도망친 노예처럼 절박한 이유로 로마까지 흘러들어온 사람도 적지 않았다. 그들은 대부분 남성이었다.

같은 일을 벌인 IS 구성원도 대부분 남성 전사였다. 즉 여성이 부족한 상황에서는 약탈과 납치라는 야만적인 행위가 시대를 가리지 않고 일어날 수 있다는 의미다.

그렇다고 IS가 저지른 행위를 정당화하거나 어쩔 수 없는 일이었다고 말할 의도는 전혀 없으니 오해 없길 바란다. 사실 '건국' 과정에는 항상 어느 정도의 폭력이 뒤따르고, 그 폭력성은 시대를 거슬러 올라갈수록 짙어지는 경향이 있다.

일본에서도 오쿠니누시노 미코토(大國主命, 제국신·농경신·상업신·의료신·연분신으로 알려진 일본 조상신의 한 종류 — 옮긴이)가 천계에 나라를 양보했다는 아름다운 '국가 양보 신화'가 있는데, 실제 건국 당시 어느 정도 폭력적인 사건이 있었는지는 확인할 길이 없다.

아름다운 '신화' 속에는 야만스러운 폭력 행위가 곳곳에 교묘

사비니 여성이 로마인과 사비니인 사이에 끼어들어 필사적으로 싸움을 말리려는 장면을 묘사한 그림. 다비드 작품. 루브르 미술관 소장.

하게 숨어 있다. 사실 폭력적인 현실이 있었기에 미화하려는 동기가 작용했고, 아름다운 건국신화가 탄생했다고 생각한다. 그래서 철학자 헤겔은 "위대한 로마도 원래 약탈 국가에 불과했다"고 비판했다.

◇ 로마 공화정 탄생의 기폭제가 된 '루크레티아 능욕 사건'

로마는 초대 왕 로물루스부터 7대에 걸쳐 왕정을 유지했다. 서력으로 말하면 기원전 753년부터 기원전 509년까지 약 250년 동안으로, 이 기간을 '왕정기'라 부른다.

2대 왕인 누마 폼필리우스(Numa Pompilius), 3대 왕인 툴루스 호스틸리우스(Tullo Ostilio)는 로마인이고, 4대 왕인 앙쿠스 마르키우스(Ancus Marcius)는 사비니인이었다. 요컨대 로마인과 사비니인이 교대로 왕위에 오르다 왕정기 후반 5대 왕 이후로는 에트루리아인이 왕위를 계승했다.

에트루리아는 로마 북쪽, 오늘날 토스카나 지방이라 부르는 곳에 자리잡은 국가였다. 토스카나는 이탈리아 안에서도 특히 요충지였다. 고대 로마인은 에트루리아인을 '투스키(Tusci)'라고 불렀다. 오늘날 이 지방을 부르는 토스카나라는 지명은 '에트루리아인의 땅'이라는 뜻이다.

어느 나라에서나 마찬가지겠지만, 처음 그 지역에 터를 잡은 사람들이 가장 좋은 자리를 차지한다. 즉 에트루리아인은 로마인보다 먼저 이탈리아에 정착한 민족이었다.

일찍이 이탈리아반도에 들어온 에트루리아인은 선진문화를 보유하고 있었다. 에트루리아인들이 로마 왕위를 계승했다는 사실은 당시 로마가 에트루리아의 선진문화에 압박을 느꼈던 것으로 해석할 수 있다.

그러나 실제로는 압박과 동시에 에트루리아의 선진문화에 기대를 걸었던 측면도 있었던 듯하다. 왜냐하면 이 시기 로마의 거리는 넘쳐나는 오수로 악취가 진동하는 상황이었기 때문이다. 에트루리아인의 기술로 건설한 대규모 하수도 공사는 로마 시민의 생활에 큰 편의를 가져다줄 것으로 기대되었다.

그런데 7대 왕인 타르퀴니우스(Lucius Tarquinius Superbus)는 이 건설 공사에 민중을 동원했다. 공사에 동원된 민중들은 가혹한 노동에 시달렸다. 당연히 왕에게 감사하기는커녕 불만만 싹텄다.

왕에 대한 민중의 불만이 스멀스멀 피어오르던 시기에 왕의 목을 한층 옥죄는 사건이 벌어졌다. 왕의 아들 섹스투스(Sextus)가 아름답고 정숙한 유부녀 루크레티아(Lucretia)를 겁탈하는 파렴치한 범죄를 저지른 것이다. 루크레티아는 로마의 귀족인 콜라티누스(Collatínus)의 아내로 미모가 뛰어났다.

술자리에서 흥이 오른 사내들이 '아내 자랑'을 벌인 게 사건의 발단이었다. 누구의 아내가 가장 정숙한지 가려보자며 사내들은 저마다 자신의 아내를 자랑했다. 거나하게 술에 취한 사내들은 말로만 떠벌리지 말고 직접 확인해보자며 말에 올라 각자 아내의 동태를 확인하기로 했다. 확인 결과, 대부분의 아내가 신나게 놀고 있는데 딱 한 사람 루크레티아만 정숙하게 베틀 앞에 앉아 베를 짜고 있었다.

그 이야기를 들은 왕의 아들 섹스투스는 "그렇게 훌륭한 여성이라면 정숙함을 시험해보자"고 나섰다. 그리고 남편이 집을 비운 밤을 노려 루크레티아의 침실에 숨어들었다. 물론 루크레티아는 필사적으로 저항했지만, 악랄한 섹스투스는 "계속 저항하면 노예와 간통하다 살해당했다고 의심받도록 네 시체와 노예의 시체를 나란히 눕혀놓겠다"며 그녀를 협박했다.

섹스투스의 협박에 루크레티아는 어쩔 수 없이 몸을 내주었다. 섹스투스가 돌아가자마자 루크레티아는 자신의 남편과 아버지에게 각자 믿을 만한 지인을 데리고 와달라고 전갈을 보냈다. 사람들이 당도했고 모든 준비가 갖춰지자 루크레티아는 자신에게 무슨 일이 있었는지 사건의 자초지종을 모조리 털어놓았다. 남편이 험한 일을 당한 아내를 위로하고 용서했지만, 정숙한 루크레티아는 "죄는 벗어도 죄에서 달아날 수는 없습니다"라는 말을 남긴 채 품에 숨기고 있던 단도로 자신의 가슴을 찔렀다. 콜라티누스의 친구로서 이 상황을 처음부터 끝까지 지켜보고 있던 브루투스(?~기원전 509년)는 루크레티아의 가슴에서 뽑은 피 묻은 단도를 손에 들고 "왕가의 폭정을 더 이상 용납할 수 없다. 왕가를 추방하자!"고 외쳤다.

그러잖아도 민중 사이에 에트루리아계 왕에 대한 불만이 퍼져 있을 때 일어난 사건이었기에 파급력이 대단했다. 브루투스의 절규는 민중을 자극했고, 집회에서 왕가 일족의 추방을 결의했다.

기원전 509년 왕가 일족을 추방한 로마에서는 왕이라는 이름의 독재자가 전제정치를 하지 못하도록 왕을 대신해 임기 1년제 지도자인 집정관(Consul, 콘술) 2명을 선출하는 길을 선택한다. 로마 공화정의 탄생이다.

로마 왕정 말기에는 왕에 대한 민중의 반감이 거셌기에 루크레티아 사건이 일어나지 않았어도 왕정은 유지되지 못했을 가능성이 크다. 하지만 이 파렴치한 사건이 로마 전역에 퍼지며 왕정 전복의 확실한 동기로 작용했고, 로마는 공화정으로 이행했다.

◇ 로마는 왜 그토록 독재를 경계했을까?

독재자로 변한 타르퀴니우스왕을 추방한 로마는 이후 '왕'을 섬기지 않고 민회·원로원·정무관 3대 기둥으로 이루어진 공화정을 유지했다.

공화정 로마에서 국정은 '민회(comitia, 코미티아)'에서 선거로 선출된 '정무관(Magistros, 마기스트로스)'이 맡았다. 정무관의 임기는 고작 1년, 같은 사람의 연임은 금지되었다. 정무관 중 최고 위직이며 전시에는 최고 사령관을 겸하는 '집정관'은 2명을 선출해 서로를 견제하도록 함으로써 독재를 방지했다.

공화정을 시작할 때 민회가 뽑은 최초의 집정관은 루크레티아의 남편인 콜라티누스와 왕족 추방을 입안한 브루투스였다. 에

기원전 8세기경의 이탈리아

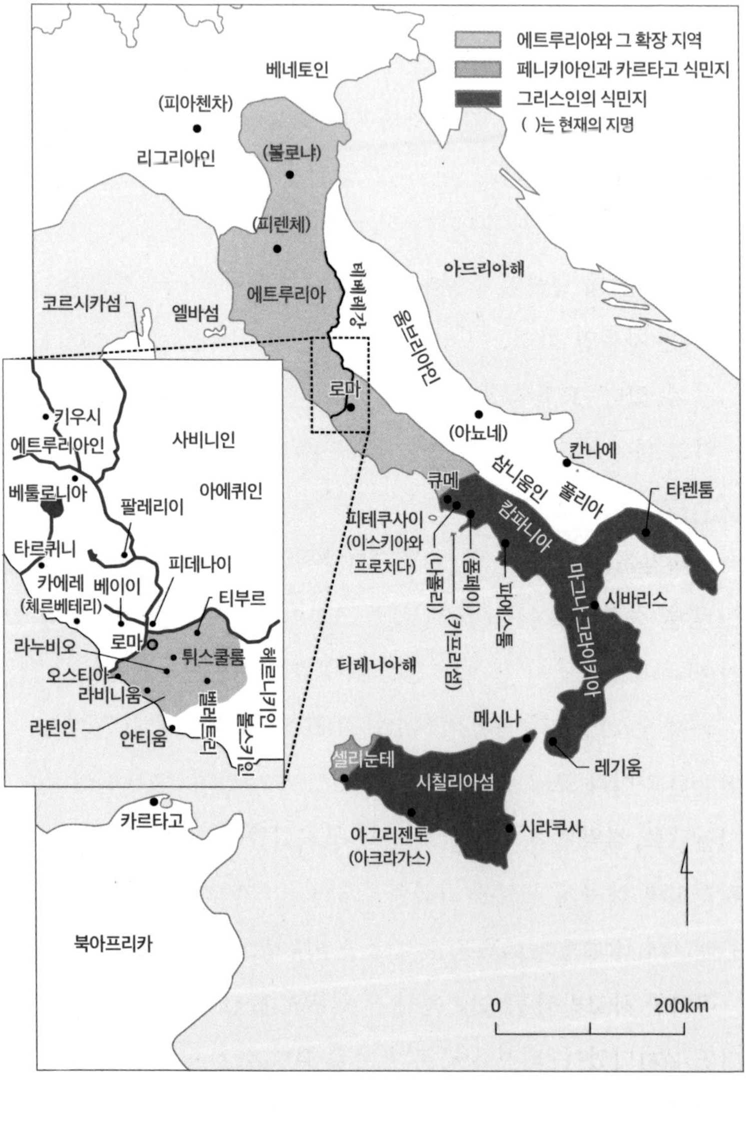

트루리아계 왕족을 추방했을 때 로마 시민이 품었던 불만의 정체가 에트루리아라는 이민족의 지배나 타르퀴니우스왕 개인의 악정이었다면, 한편으로는 새롭게 로마인 왕을 내세운다는 선택지도 있었을 것이다. 그러나 로마인은 '왕'이라는 단독 지배자를 꺼려 시민을 주권자로 하는 정치 체제인 '공화정'을 선택했다.

정무관과 최고 권력자인 집정관 임기를 1년이라는 짧은 기간으로 정한 이유는 뭘까? 로마 공화정이 말 그대로 '반독재 최적화 시스템'이었기 때문이라고 할 수 있다.

로마인은 왜 집요할 정도로 독재를 경계했을까? 이는 그들이 '우리는 자유인'이라는 강한 신념을 지니고 있었기 때문으로 추정할 수 있다. 요컨대 로마인은 한 인간에게 지배당하는 상황을 개인의 자유에 대한 침해로 여겨 혐오했다. 이는 고대 로마를 이해할 때 반드시 짚고 넘어가야 할 요점이다.

현대인은 '자유'를 당연한 권리로 여긴다. 그러나 고대사회는 왕을 정점으로 귀족이 있고 평민이 있고 최하층에 노예가 있는 피라미드 구조의 세계였다. 고대 로마에도 당연히 신분에 따른 사회적 계급이 존재했다. 실제로 로마인은 자신들의 국가를 'S·P·Q·R'이라 표기한다. 이는 'Senatus PopulusQue Romanus'의 줄임말로, 직역하면 '로마의 원로원과 시민'이라는 뜻이다. 로마라는 나라의 주권자는 원로원=귀족(Patrici, 파트리키)과 시민=평민(Plebs, 플레브스)이라는 두 개 신분의 사람들이었다.

이러한 사고방식은 로마가 공화정에서 제정으로 이행한 이후에도 유지되었다. 제정 시대 로마도 물론 'S·P·Q·R'이었고, 황제를 의미하는 'I(Imperator, 임페라토르)'의 머리글자가 추가되지 않았다.

공화정 로마에서 신분 구별은 매우 엄격했다. 신분을 초월한 혼인은 용납되지 않았고 같은 로마 시민이라도 귀족과 평민은 투표권 할당 수에 큰 차이가 있었다.

로마는 한 개 단위가 한 표를 가지는 선거 방식을 채택했다. 그런데 그 단위를 구성하는 유권자의 수가 평등하지 않았다. 원칙적으로 재산이 많은 100명이 각각 투표권을 가지고, 재산이 없는 최하층에서는 수천 명이 한 표를 구성했다. 재산이 많은 사람이 국방비를 많이 부담한다는 측면에서 정치적 권리에서도 차등을 두었다.

여기에는 몇 가지 이유가 있다. 우선, 로마의 군사 조직을 꼽을 수 있다. 로마군은 전투에 나가면 에트루리아를 본받아 '팔랑크스(Phalanx)'라고 불리는 밀집 대형을 이루어 싸웠다. 투구와 갑옷으로 무장한 병사들이 촘촘하게 밀집해 집단으로 움직이며 싸웠기에 사람들 사이에 상부상조 의식이 싹텄고 연대감과 단결력이 자라났다. 결과적으로 개인의 자유를 존중하면서도 동시에 전체의 이익을 중시하는, 당시에는 보기 드문 균형 잡힌 자유 의식을 기를 수 있었다.

그러나 팔랑크스만으로는 로마인의 확고한 자유의지를 설명하기 어렵다. 또 한 가지 중요한 요소가 로마인의 조국에 대한 뜨거운 사랑, 즉 애국심이 개인의 명예와 끈끈하게 연결되어 있었다는 사실이다.

원래 농민이었던 로마인은 토지라는 개념에 강하게 집착했다. 조국의 땅. 그것이 로마인이 지켜야 할 가장 중요한 가치였다. 실제로 공화정 시기 로마의 역사는 조국의 땅을 지키고 확대하기 위해 오로지 조국을 강하게 만드는 데 몸과 마음과 재산까지 바쳤던 사람들의 역사라고 할 수 있다.

로마인에게 명예란 '조국을 위해 충성한 사람'에게 주어지는 대가로 여겨졌다. 그 덕분에 로마는 전쟁에서 조국을 위해 죽음을 불사하는 영웅을 수없이 배출했다. '용감하게 싸우는 영웅을 찬미하면서도 결코 독재는 용납하지 않는다.' 이러한 정신이야말로 공화정 시기 로마인이 지닌 자유 의식의 특징이라고 할 수 있다.

로마가 하나의 국가로 탄생했을 무렵에는 아직 뚜렷한 신분의 차이는 존재하지 않았다. 건국 과정에서 공을 세운 사람이나 영웅적 활약을 보여준 사람의 집안이 나중에 '귀족' 혹은 '씨족'이라는 칭호를 얻게 되었다.

그 시대의 평민들 사이에서는 신분 구별과 차별에 대한 불만이 적지 않았을 것이다. 그러면서도 그들은 동시에 조국 방어와 통치에 모든 것을 바친 귀족에 대한 존경심도 어느 정도 가지고 있었을 것이다. 물론 당시 로마에 대한 사료라고 해봐야 대부분 전설이나 전승이라서 무엇이 진실인지 정확히 알기는 어렵지만 말이다.

공화정 로마에서 최고 권력자는 구조적으로는 두 사람의 집정관이었으나 실제로 가장 큰 권력을 가진 집단은 유력 귀족 집단인 '원로원'이었다.

원로원은 오랜 역사를 자랑한다. 원로원 창설은 초대 국왕 로물루스 치세 때까지 거슬러 올라간다. 원래 왕의 자문 기관으로서 서른 개 씨족의 장에 해당하는 사람들 가운데 선출된 원로원 의원은 창설 당시 100명 정도였는데, 공화정 시대에는 얼추 300명까지 늘어났다.

원로원 의원의 임기는 종신으로 본래는 집정관과 민회에 조언하는 역할을 맡았다. 시민 대표인 민회는 귀족이 우세했고 정무관은 임기가 짧았기에 실권은 원로원이 잡고 있는 구조였다. 따라서 로마 공화정은 실제로는 귀족이 지배하는 정치 체제였던 셈이다.

그러나 자유의지가 충만한 로마에서는 평민이 귀족의 압정을 묵묵히 견뎌내지만은 않았다. 로마 공화정은 귀족이 주도권을 잡았으나 실상을 자세히 들여다보면 집단주의적인 자유 의식에 바탕을 두고 있다. 그래서 평민은 불만이 있으면 참지 않고 귀족에게 자신들의 의견을 당당하게 제시했다.

로마 공화정 초기에는 평민과 귀족 사이에 약 200년에 걸친 계급 갈등이 수없이 되풀이된다. 그 일련의 투쟁으로 기원전 494년에는 평민을 지키는 호민관이 창설되었고, 기원전 450년에는 로마법의 기초가 되는 '12표법'이 제정되었다. 기원전 445년에는 귀족과 평민의 통혼을 허용하는 카눌레이우스법(Lex Canuleia)이 만들어져 로마는 개인의 자유를 중시하는 법치국가로 성장하게 된다.

공화정의 구조

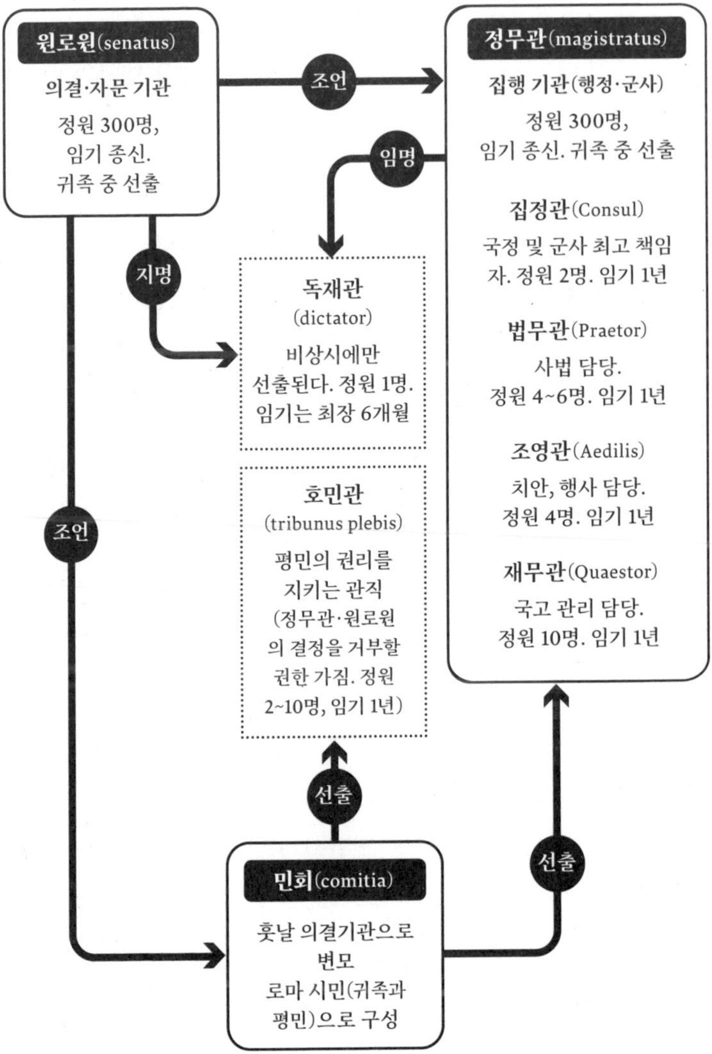
원로원(senatus)
의결·자문 기관
정원 300명,
임기 종신.
귀족 중 선출
조언
정무관(magistratus)
집행 기관(행정·군사)
정원 300명,
임기 종신. 귀족 중 선출
임명
집정관(Consul)
국정 및 군사 최고 책임자. 정원 2명. 임기 1년
지명
독재관
(dictator)
비상시에만
선출된다. 정원 1명.
임기는 최장 6개월
법무관(Praetor)
사법 담당.
정원 4~6명. 임기 1년
조영관(Aedilis)
치안, 행사 담당.
정원 4명. 임기 1년
호민관
(tribunus plebis)
평민의 권리를
지키는 관직
(정무관·원로원
의 결정을 거부할
권한 가짐. 정원
2~10명, 임기 1년)
재무관(Quaestor)
국고 관리 담당.
정원 10명. 임기 1년
조언
선출
선출
민회(comitia)
훗날 의결기관으로
변모
로마 시민(귀족과
평민)으로 구성

◇ 고대 로마의 민주정(공화정)이
고대 그리스 아테네의 민주정보다 1년 앞섰다고?

흔히 그리스사와 로마사를 비교할 때 모든 면에서 그리스 쪽이 한 수 위라고 평가된다. 실제로 로마에서 그리스 각 도시국가는 문화적 선진국으로 여겨졌다.

그런데 흥미롭게도 민주 정치로의 이행이라는 개념에서 보면 로마가 근소한 차이로 그리스를 앞섰다. 로마는 기원전 509년 공화정을 수립했다. 반면 그리스 아테네가 클레이스테네스(Cleisthenes)의 개혁을 거쳐 민주정을 수립한 시기는 기원전 508년이다. 고작 1년 차이지만, 로마가 그리스를 앞선 게 사실이다.

문화적으로 명백히 후진국이었던 로마가 당시 선진국이었던 그리스와 거의 동시에 독재에서 벗어났다는 사실에 주목해야 한다. 물론 두 나라의 행보에는 차이가 있었다. 즉 로마는 공화정을 선택했고, 그리스는(여기서는 아테네) 직접민주정을 선택했다.

아테네 민주정은 시민권을 가진 사람은 누구나 직접 정치에 참여할 수 있는 정치 체제였다. 물론 민주정으로 이행했다고 해도 클레이스테네스의 개혁 후 한동안 불완전한 체제가 이어졌고, 요직은 귀족과 부유층이 독차지했다. 그러나 동시에 시민에게 평등 의식이 확대돼 서서히 관직 독점 상황이 개선되었고, 기원전 5세기 무렵에는 거의 모든 공직자를 선거로 선출하게 된다. 이는 매우 높은 수준의 민주 정치 체제라고 할 수 있다.

아테네 민주정의 최고 의결기관은 시민의 총회인 '민회'였다.

다양한 의견이 민회의 안건으로 부쳐져서 다수결로 결정되었다. 현실적으로 모든 시민이 모든 결의에 참여할 수 없었기에 중요한 안건 이외에는 시민이 선출한 500명의 대표자 모임인 '평의회'에서 결의되었다.

여기까지 읽으면 로마 원로원과 마찬가지로 그리스 평의회에 권력이 집중된 것으로 보인다. 그러나 아테네 평의회 의원의 임기는 1년으로 짧았고 평생에 딱 두 번만 의원으로 취임할 수 있었다. 게다가 연임은 금지되었다. 그리스에서는 이처럼 평의회 의원의 권한에 제약을 두어 독재를 방지하고자 했다.

또 한 가지, 아테네는 독재를 예방하기 위해 로마에는 없는 방법을 도입했다. 바로 '도편 추방제(Ostrakismos, 오스트라키스모스)'였다. 전횡을 일삼는 사람이 나타나면 그 사람의 이름을 '도기 파편(ὄστρακον, 오스트라콘)'에 적어 투표하고, 많은 표를 받은 사람이 나오면 '독재자가 될 위험이 높은 인물'로 간주해 10년간 국외로 추방하는 제도였다.

도편 추방제는 독재를 사전에 방지하는 제도였으나 아테네에서는 정쟁의 도구로 활용되기도 했다. 대립 진영이 서로 상대편 우두머리를 추방하기 위해 도편 추방제를 이용했기 때문이다. 그러나 실제로는 양 진영이 같은 계략을 썼기에 도편 추방제는 거의 성공하지 못했다. 본래 취지가 좋았어도 제도를 악용하면 제대로 기능하지 못하는 법이다.

또 아테네에서는 기본적으로 공직자는 추천받은 인물 가운데서 골라 뽑는 추선(推選) 제도가 생겨났다. 입후보 제도만으로는 아무래도 정치가 귀족 중심으로 돌아가게 마련인 탓이다. 비록 이 제도 역시 실제로는 얼마나 엄격하게 추선이 이루어졌을지 의문이긴 하지만, 그래도 민주정은 다양한 제도와 수정을 거치며 나름대로 철저하게 다듬어졌다.

거의 같은 시기에 독재자를 추방하고 민주 정치를 실현한 로마와 그리스였으나 두 나라는 '공화정'과 '민주정'으로 각자 다른 길을 선택했다. 그렇다면 그리스는 왜 민주정을 선택했을까? 그리스에서는 개인에게 자유라는 개념이 깊숙이 뿌리 내리고 있었기 때문이다.

앞에서 로마인의 집단주의적 자유 의식을 키운 요소 중 하나로 '팔랑크스'를 살펴보았다. 사실 이는 밀집 대형의 일종으로, 원래 그리스군의 진형이었다. 이렇듯 같은 진형을 채택한 로마와 그리스에서는 똑같이 자유 의식이 고취되었다. 그런데 흥미롭게도 로마에서는 '공(公-집단)'이, 그리스에서는 '사(私-개인)'이 각각 중시되었기에 서로 다른 정치 체제를 선택하게 된 것이다. 이처럼 두 나라 간 국민성의 차이는 양국의 본질에도 뚜렷이 나타났다.

로마도 그리스의 폴리스와 마찬가지로 작은 도시국가에서 출발했다. 그런데 왜 그리스는 민주정으로 향하고 로마인은 공화정으로 향했을까?

그리스(도시국가)가 형성되었을 무렵 인간 집단의 본질이 달랐다는 사실이 최근 연구로 밝혀졌다. 원래 그리스와 로마 모두 부족 집단이었기에 큰 차이가 없다는 게 학계의 일반적인 견해였다.

그러나 고고학 등의 연구가 진행되며 그리스인의 부족 집단은 구성원 사이에 신분 차이가 거의 없는 '촌락 사회'였다는 사실이 밝혀졌다. 그래서 시민 사이에 '우리는 평등하다'는 의식이 확실하게 자리 잡고 있었다. 스파르타는 평등사회의 전형이었다. 물론 그리스 사회에도 부유한 계층과 빈곤한 계층은 존재했다. 그러나 그 계층이 귀족과 평민이라는 신분상의 구별을 만들어내는 수준까지는 이르지 못했던 모양이다.

반면 로마의 부족 집단에서는 유력한 부유층이 귀족처럼 '씨족 사회'를 형성했다. 그리고 그 주위에 유력자에 의존하는 민중이 있었다. 말하자면 로마는 전설에 등장하는 로물루스와 레무스 쌍둥이 형제처럼 유력자를 중심으로 모인 집단이었다. 처음부터 신분 차이를 전제로 한 사회였다는 얘기다. 즉 그리스의 평등한 촌락 사회가 민주정이라는 정치 형태로 자리 잡았고, 신분 격차가 있는 로마의 씨족 사회가 공화정을 만들었다고 볼 수 있다. 이 문제는 그리스사와 로마사 비교뿐 아니라 세계사를 조망할 때도 중요한 실마리를 제공한다.

공화정 성립 이후 로마는 영토 확대를 거듭했고 이윽고 제국으로 성장했다. 그에 반해 그리스의 폴리스는 작은 폴리스 안에서만 결합하고 영토를 확대하지 못했다.

물론 그리스의 여러 폴리스도 페르시아처럼 거대한 적과 대치할 때는 동맹을 맺어 연대했다. 그러나 동맹은 어디까지나 일시적이었으며 동맹이 폴리스 간의 결합으로 이어지는 경우는 드물었다. 또 아테네처럼 힘 있는 폴리스는 지나치게 증가한 인구 문

아테네 직접민주정의 구조

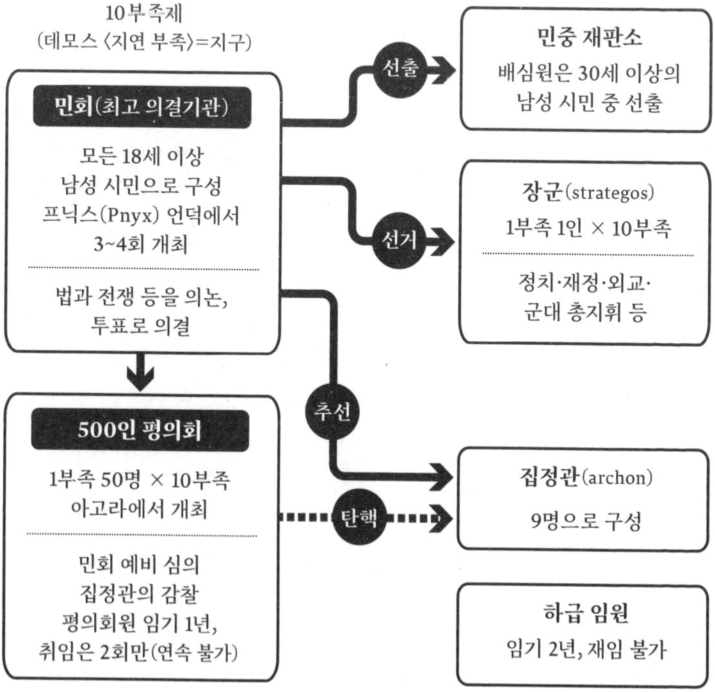

제를 해결하기 위해 식민지 건설에 매진하기도 했다. 그렇기는 해도 그리스 식민지는 로마와 달리 하나의 독립된 폴리스로서 그리스 본국의 폴리스와 주종관계를 형성하지 않고 대등하게 활동했다.

◇ 500년 지속된 로마 공화정 vs. 50년 지속된 아테네 민주정

고대 아테네 민주정은 당시 기준으로는 상당히 발전된 정치체제였다. 그런데도 로마 공화정이 그 후 500년 가까이 이어진 데 비해 이는 불과 50년밖에 기능하지 못했다.

민주정이 제 기능을 발휘하지 못하는 상태를 예전에는 '중우정'이나 '중우정치'라는 용어로 표현했다. 그러나 현대 역사학에서는 '포퓰리즘(populism, 대중주의)'이라는 용어가 더 적절하다고 본다.

중우정치는 영어로 'mobocracy'라 부르는데 'mob'는 군중, '-cracy'는 '~의 지배'라는 뜻으로, 직역하면 '군중이 지배하는 상태'라는 말이다. 그러나 이 'mob'라는 영어 단어는 '무질서한 군중'이라는 의미를 내포한다. 말하자면 이는 민중을 비하하는 가치관이 담긴 차별적 표현이다. 따라서 중립을 유지하기 위해 학계에서는 의식적으로 사용하지 않는 용어다. 예전에는 교과서에서도 '중우정치'라는 단어를 썼지만, 마찬가지 이유로 최근에는 점차 사용하지 않는 추세다.

'포퓰리즘'은 대중의 요구와 바람을 대변하려는 정치적 사상과 활동을 일컫는 용어다. 이런 설명만 가지고는 민주정과 어떻게 다른지 차이점을 알기 어렵다. 포퓰리즘은 민중의 이익과 권리 보호, 불안 해소를 목표로 한 결과 민중 감정에 끌려다니는 정치가가 표를 얻기 위해 인기몰이에만 힘쓰는 상태라는 부정적 의미를 포함한다.

앞에서 말했듯이 고대 그리스의 민주 정치는 수명이 길지 못했다. 아테네에서 탄생한, 어떤 의미에서는 '이상적인 민주정'이 왜 포퓰리즘으로 변질되었을까? 자주 거론되는 질문이다. 나는 이 질문 자체에 어폐가 있다고 본다.

고대 민주정이든 현대 민주정이든 '민주(民主)'라는 단어가 붙으면 '민(민중)'이 주인이다. 즉 본질상 항상 포퓰리즘을 내포할 수밖에 없기 때문이다. 일본에서도 "민주정이 포퓰리즘에 빠졌다"는 탄식이 쏟아져나온다. 포퓰리즘으로의 이행은 민주정의 본질을 생각하면, 어떤 의미에서는 당연한 결과다.

그렇다면 포퓰리즘의 위험을 내포한 민주정이 올바르게 기능하도록 하기 위해 어떻게 해야 할까? 사실, 이 질문의 답은 고대 그리스에서 찾을 수 있다. 민주정이 제 기능을 하려면 '뛰어난 정치가의 의식적 노력'이 필요하다. 조금 더 구체적으로 설명하면 민주정에서는 지도자가 민중을 설득하고 올바른 방향으로 이끄는 노력이 특히 중요하다. 실제로 고대 그리스에서는 민주정 수립에 힘을 보탠 사람들이 민중을 효과적으로 설득했던 시기에 민주정이 제 기능을 발휘했다. 이와 같이 민중을 설득하는 일이나 그

일을 하는 사람을 그리스어로 '데마고고스(domagogos)'라 한다.

데마고고스에서 파생한 영어 단어 중에 '데마고기(demagogy)'라는 낱말이 있다. 흔히 '데마'라고 줄여서 말하기도 하는데, 주로 '거짓말'이라는 부정적인 의미로 사용된다. 이 점으로도 알 수 있듯, 오늘날에는 데마고고스라고 하면 '입으로만 민중을 선동하는 정치가'라는 이미지가 있다. 그러나 본래 데마고고스는 단순히 '민중을 설득하는 사람'이라는 뜻의 단어였다.

민중을 설득하려면 나름의 능력이 필요하다. 그렇다면 고대 그리스 민주정의 황금기에 정치가들은 어떤 방법으로 민중을 설득했을까?

앞에서 잠깐 살펴본 클레이스테네스의 개혁 직후 아테네는 민주정의 이상을 내걸었으나 여전히 정치 체제가 제 기능을 발휘하지 못했다. 민주정이 원활하게 돌아가지 못한 가장 큰 이유는 하층민이 민주주의에 대한 의식이 없었기 때문이라는 점을 꼽을 수 있다.

당시 모든 시민은 평등하다는 의식은 있었으나 군인으로 전쟁에 참여하지 않은 사람은 국정에 대해 발언할 권한이 없다고 여겨졌다. 그래서 정치판에서는 국방의 의무를 다한 귀족 등 일부 부유한 시민 계층만 발언권을 가질 수 있었다.

그렇다고 민중이 참전을 원하지 않았다고 볼 수는 없다. 당시 전쟁에 나가려면 필요한 경비를 모두 자기가 부담하는 것이 기본이었다. 쉽게 말해 일반 민중은 무장을 갖추고 전쟁에 나갈 만한 경제력이 없었다. 이러한 상황에서 페르시아 전쟁을 겪으며 조금씩 변화의 물꼬가 트였다.

페르시아 전쟁에서는 배를 이용했다. 배에는 '노잡이'가 필요했고 노잡이로 전쟁에 참여한 이들이 하층민이었다. 노를 젓는 일이라면 거금을 들여야 하는 무장이 필요하지 않다. 이렇게 직접 전쟁에 참여함으로써 민중(하층 시민)에게도 국정에 발언권을 가지려는 의식이 생겨났다.

클레이스테네스의 개혁에서 제2차 페르시아 전쟁까지 약 30년, 이 기간에 민중은 점점 국정에 참여하고자 하는 의지를 높여갔다. 그때까지 정치에 참여할 기회가 없었던 민중은 큰 그림을 보고 결정을 내려야 하는 정치적 관점이 부족했다. 그런 시기에 클레이스테네스와 페리클레스 같은 정치가가 민중을 설득하고 올바른 길로 이끌어 그리스 민주정은 제 기능을 할 수 있었다. 예를 들어 제2차 페르시아 전쟁이 벌어지기 3~4년 전에는 라우레이온(Laureion) 광산의 은을 기술이 없어 채굴하지 못하다가 마케도니아에서 노동자를 데려온 후에야 비로소 채굴이 가능해진 적이 있었다.

아테네에서는 라우레이온 광산에서 산출한 은 사용처를 두고 토론이 벌어졌다. 눈앞의 이익밖에 보지 못하는 민중은 은을 다 같이 나누어 갖자고 주장했다. 만약 그대로 투표를 진행하면 수적으로 앞서는 민중의 의견이 통과되고, 일시금으로 은을 나누어 주게 되었을 것이다.

당시 광산에서 채굴한 은을 앞으로 닥칠 페르시아와의 전쟁을 대비하는 데 사용해야 한다고 생각한 테미스토클레스

(Themistocles)는 은을 선박 건조에 사용해야 한다고 주장했다. 이때 직설적으로 페르시아와의 전쟁을 거론하지 않은 점이 그가 지닌 정치가로서의 탁월한 능력이었다.

이미 아테네는 약 10년 전에 페르시아와 한 차례 전쟁을 치른 뒤였다. 그 전쟁에는 부유층만 참여했기에 민중에게 페르시아는 바다 건너 먼 나라일 뿐이었다. 아무리 페르시아와의 전쟁에 대비할 필요가 있다고 주장해도 민중에게는 피부에 와닿지 않는 얘기였다. 그래서 테미스토클레스는 페르시아와의 전쟁이 아니라 당시 아테네 민중의 눈앞에 닥친 위협, 아테네에서 맨눈으로도 보이는 아이기나섬(Aigina, 오늘날 이름은 에기나)의 폴리스와 치를 전쟁에 대비해 배를 건조해야 한다고 민중을 설득했다.

테미스토클레스의 말은 진실이 아니었다. 그런 의미에서 민중에게 거짓말을 해서 선동했다고 볼 수도 있겠지만, 말 그대로 '하얀 거짓말'로 민중을 올바른 방향으로 이끌었다. 테미스토클레스의 설득이 효과를 발휘한 덕분에 아테네는 제2차 페르시아 전쟁에서 승리할 수 있었다.

테미스토클레스와 이후의 페리클레스가 민중을 올바른 방향으로 이끌었던 기간에는 그리스의 민주정은 원활하게 돌아갔다. 그러나 그들이 세상을 떠나자 입으로만 그럴듯한 말을 늘어놓고 무모한 작전으로 사람들을 끌어들이는 정치가가 나타나며 바야흐로 민주정은 포퓰리즘으로 변질되고 만다. 동시에 단순히 '민중을 설득하는 사람'이라는 의미로만 사용하던 데마고고스라는 단어도 점점 '입으로만 민중을 선동하는 사람'이라는 부정적 의미로 쓰이게 된다.

이러한 역사를 통해 데마고고스 자체가 나쁜 게 아니라 민주정에서는 데마고고스의 능력에 따라 민중이 좋은 방향으로든 나쁜 방향으로든 휩쓸릴 수 있음을 깨달아야 한다.

◇ 플라톤은 독재정, 아리스토텔레스는 귀족정을 지지한 까닭은?

한때 그리스의 정치 체제였던 민주정을 생각할 때 간과하지 말아야 할 중요한 이슈가 하나 있다. 이는 의아하게도 나중에 등장할 플라톤과 아리스토텔레스 등의 고명한 철학자들이 민주주의에 대해 전혀 기대하지 않았다는 사실이다. 이처럼 내로라하는 철학자들이 민주정 따위는 제대로 된 정치 체제가 아니라고 주장했다.

플라톤은 독재정을 지지했고, 아리스토텔레스는 귀족정에 한 표를 던졌다. 흔히 독재라고 하면 부정적인 이미지를 연상하기 쉽다. 그러나 사실 플라톤이 말한 '독재'는 과거 아테네가 경험한 독선적인 체제가 아니라 현자가 전권을 잡고 민중을 진두지휘하는 정치 체제다.

플라톤은 정말로 현명한 사람이 최고 권력자가 되어 나라를 다스린다면 독재가 가장 바람직한 정치 체제라고 주장했다. '현자의 독재' 따위는 뜬구름 잡는 이상론이라고 치부할 수도 있겠으나 나는 현실성 없는 이상론이라고 단정할 수 없다는 주장에 무게를 실어주고 싶다. 그도 그럴 것이 이 책 Part III에서 살펴볼 5현제 시대는 플라톤이 말한 이상에 상당히 근접한 역사적 사례라고 믿기 때문이다.

한편 아리스토텔레스는 귀족정을 장려했다. 바꾸어 말하면 공화정이다. 아리스토텔레스는 왜 귀족정이 바람직하다고 주장했을까? 귀족이라는 신분은 나름의 교양을 갖춘 계층이며 동시에 신분에 걸맞은 부도 가지고 있기 때문이다. 즉 부유한 귀족이라면 식견을 갖추었을 뿐 아니라 공금을 부정하게 유용할 가능성이 적다. 그러므로 아리스토텔레스는 귀족 집단이 민중을 이끄는 정치 체제가 바람직하다고 주장했다. 가난한 사람이 꼭 부정을 저지른다는 법은 없으나, 견물생심이라는 말처럼 가진 게 적은 사람은 눈앞의 황금에 눈이 멀 가능성이 크다. 그래서 아리스토텔레스는 귀족정이야말로 가장 뛰어난 정치 체제라고 주장했다.

플라톤도 아리스토텔레스도 민주정을 지지하지 않았다. 왜 그랬을까? 이는 플라톤의 스승이자 아리스토텔레스의 사조(師祖) 격인 위대한 철학자 소크라테스가 민주정에 의해 억울하게 사형당하는 참담한 광경을 간접적으로 목격했을 뿐 아니라 민주정의 실패를 경험했기 때문이다.

물론 지금과는 시대가 다르고 그들의 주장에 논리적 비약이 있는 것도 사실이다. 그럼에도 대철학자들의 주장에 귀를 기울임으로써 정말로 오늘날의 정치 체제가 최선인지 의문을 가져보는 귀중한 기회가 될 수도 있다. 특히 민주주의가 가장 바람직하고 평등이 이상이라고 믿는 현대인에게는 좋은 성찰의 기회가 될 것이다.

과연 현대의 민주주의가 정말 최선의 정치 체제라고 자신 있게 말할 수 있는 사람이 얼마나 있을까? 오늘날 정치계에서는 아주 작은 실언만으로도 꼬투리를 잡혀 신나게 물어뜯기고 영혼이 너덜너덜해질 정도로 난도질당한 다음 망언 정치가라는 오명을 뒤집어 쓰고 스스로 물러나야 하는 처지에 내몰리는 경우도 드물지 않다. 어쩌면 당사자는 정치인으로서의 자질이 우수할 수도 있는데, 그 부분을 따지는 사람은 아무도 없다.

물론 어떤 기준으로 정치인의 우수성을 판단할지는 어려운 문제다. 하지만 스캔들이나 실언만으로 한 사람의 모든 인격을 부정하는 오늘날의 행태에는 의문을 품을 수밖에 없다. 한 사람의 실언에 '이때다' 하고 달려들어 물어뜯는 모습은 고대 도편 추방을 방불케 한다. 이런 풍조를 보노라면 새삼 민주주의는 포퓰리즘이라는 씁쓸한 생각에 빠지게 된다.

민주주의를 지나치게 부정적인 관점으로 바라본다고 지적할 수도 있겠으나 차라리 회의하는 자세가 낫지 않을까. 회의적인 전제에서 바라보아야 민주주의가 포퓰리즘에 빠졌다고 한탄할 일도 민주주의가 가장 뛰어난 정치 체제라고 착각할 일도 없기 때문이다. 어차피 민주주의는 어느 정도 포퓰리즘에 빠질 수밖에 없다고 생각하면 차라리 조금이라도 나은 포퓰리즘을 만들자는 진취적이고 긍정적인 마음가짐으로 현실을 마주할 수 있게 되지 않을까 싶다.

◇ 고대 그리스가 로마처럼 세계 제국으로 발전하지 못한 이유

공화정을 선택한 로마가 민주정을 선택한 아테네보다 더 견고한 국가로 발전한 사실은 부인할 수 없는 역사적 사실이다. 아리스토텔레스의 주장이 옳은지 그른지는 차치하더라도 말이다.

기원전 509년, 로마는 공화정 국가가 되었다. 이후 로마는 이웃 국가를 차례차례 집어삼키고 이탈리아반도 전역을 로마의 세력권으로 편입시켰다. 그리고 마침내 지중해 세계 전체로 지배력을 확장했다.

한편 아테네는 민주정이 반세기 정도 이어졌다. 그러나 이후 포퓰리즘에 빠져 국가로서 확장하지 못하고 답보 상태에 빠졌고 정치는 혼란해졌다.

여기까지 로마와 그리스(특히 아테네)를 비교했는데, 당시 지중해 세계에는 어림잡아 천몇백 개의 폴리스(도시국가)가 존재했다. 즉 로마는 단순히 아테네와 비교하기에는 너무 덩치가 커져 체급 차이가 날 뿐 아니라 천몇백 개나 존재하는 폴리스 중에서 유일하게 대국으로 성장한 나라였다.

왜 하고많은 나라 중에 유독 로마만 대국으로 성장할 수 있었을까? 이 물음은 로마사를 포함한 고대 역사를 살펴보는 동안에는 그냥 지나칠 수 없는 필수 관문이다. 그런데 이 물음은 후세 연구자뿐 아니라 동시대를 살았던 역사가들에게도 해결해야 할 중요한 화두였던 모양이다.

실제로 기원전 2세기 헬레니즘 시대 역사가였던 폴리비오스(Polybios)는 이 물음을 '정치 체제 순환론'이라는 관점으로 고찰했다. 폴리비오스는 그리스 메갈로폴리스의 귀족 가문 출신으로, 제3차 마케도니아 전쟁 당시 인질로 로마에 끌려가 그대로 20년 넘게 로마에서 생활한 인물이다. 인질이라고 해도 폴리비오스는 귀족 자제였던지라 노예로 끌려가 강제 노동에 시달린 일반 백성과는 다른 대우를 받았다. 로마에서 그리스 폴리스는 선진국이라는 이유로 선망의 대상이었다. 그랬기에 교양을 갖춘 귀족 가문 출신인 폴리비오스는 유력 귀족의 보호를 받으며 역사가로 활동할 수 있었다. 이렇게 로마 내부 사정에 정통해진 폴리비오스는 로마 확장의 비밀은 절묘하게 균형을 이룬 정체 체제에 있다는 점을 간파했다.

그리스와 로마도 출발선에 섰을 때는 나란히 '왕정'으로 시작했다. 그러나 그리스는 이후 '귀족정'을 선택했고 귀족정이 혼란해지며 참주(tyrant)가 나타났다. 그 와중에 그리스는 독재자로 변질된 참주를 추방하고 '민주정'으로 잠시 이행하는 듯했다. 그러나 반세기도 지나지 않아 포퓰리즘으로 다시 혼란 상태에 빠져들었다. 그 혼란의 도가니 속에서 그리스 세계는 '독재자', 즉 마케도니아의 알렉산드로스 대왕의 지배를 받게 되었다. 그 사이에도 내부 정쟁이 끊이지 않아 정치 체제는 독재와 민주정 사이를 어지럽게 오갔다.

폴리비오스는 그리스의 정치 체제는 항상 '독재'·'귀족정'·'민주정'이라는 세 요소 중 하나에 치중되어 불안정해질 수밖에 없었다고 주장했다. 어느 한 체제로 기운 정치판은 내부에서 '정체(stasis)'되어 고인 물이 되고 탁해지면서 권력 투쟁이 끊이지 않는다. 그리고 반복된 권력 투쟁 탓에 그리스는 외부로 힘을 발산할 수 없었다. 쉽게 말해 그리스는 집안싸움 때문에 바빠 바깥으로 눈을 돌릴 겨를이 없었다는 뜻이다.

이와 반대로 로마는 내부가 매우 안정된 상태였다고 폴리비오스는 말한다. 물론 로마에도 신분 격차나 귀족 사이의 대립 등 어느 사회에나 존재하는 갈등은 존재했다. 그러나 로마는 그리스처럼 국정을 뒤흔드는 대립 구조로까지 악화하지는 않았다.

그렇다면 로마에서는 왜 갈등이 권력 투쟁으로 발전하지 않았을까? 공화정이라는 하나의 정치 체제 속에 '두 사람의 집정관(독재)'과 '원로원(귀족정)'과 '민회(민주정)'라는 세 가지 요소를 배치한 덕분이다. 원로원의 힘이 나머지 두 기관보다 강했다고는 해도, 어쨌든 이 세 기관이 절묘한 균형을 이루었다고 폴리비오스는 주장한다.

폴리비오스는 그리스와 로마 두 나라를 아주 잘 파악하고 있었다. 위의 해석은 그런 폴리비오스만이 꿰뚫어볼 수 있는 매우 정확한 고찰이었다.

②

Resilience

회복탄력성

패배할수록 강해지는 로마군,
패배에서 배우는 로마인

◇ '로마 제2의 건국자' 카밀루스는 어쩌다 위기에 빠진 나라를 구하고도 추방되다시피 했을까?

공화정으로 이행한 후 로마는 국토 확장을 거듭했고 최종적으로는 거대한 제국으로 성장했다. 국토를 확장했다는 말은 주변국을 쉴 새 없이 침략했다는 의미다.

오늘날 주변국 침략은 허용할 수 없는 국제법 위반 행위지만 고대 세계의 상식은 달랐다. 로마뿐 아니라 다른 나라도 틈만 나면 이웃 나라로 쳐들어가 영토를 확장하고 자원을 약탈하는 게 당연한 일상이었다.

침략이 당연한 시대에 대국을 세웠으니 로마의 군대는 지상 최강의 군대라고까지는 할 수 없어도 연전연승하며 조국 로마에 승리를 가져다준 전사 집단이라고 생각하는 사람이 많다. 그러나 알고 보면 우리가 상상하는 무적의 군단은 아니었다. 로마는 몇 번이나 뼈아픈 패배를 경험했다.

공화정 초기 아직 로마가 소국이었던 무렵, 에트루리아인과 맞붙었던 전쟁은 조국의 존망을 건 싸움이었다. 끊임없이 공격해오는 적을 물리치는 것만으로는 민중의 생활이 피폐해질 뿐이었다. 목숨을 걸고 싸워도 자신들의 땅을 지키기만 해서는 얻을 게 없기 때문이다. 로마가 에트루리아를 선제공격한 것은 그런 맥락에서였다. 로마가 이 전쟁에서 승리하면 영토를 확장할 수 있고 수많은 전리품을 획득할 수 있었다.

로마는 주변 나라 에트루리아의 베이이(Veii, 오늘날의 베이오)라는 넓고 풍요로운 도시를 노렸다. 그러나 베이이는 건축 토목 기술이 뛰어난 에트루리아인이 공들여 건설한 난공불락의 도시였다. 원정군을 총동원해도 승산이 별로 없었다.

그러나 공격이 최선의 방어라고 믿었던 원로원은 이길 승산이 없는 이 전투에 시민을 대거 동원한다는 과감한 제안을 내놓았다. 병역 의무가 있는 로마 시민에게 국가에서 보수를 준다는 제안이었다. 전쟁에 참전하는 비용은 자비 부담이 당연한 시대에 이는 대담한 개혁이었다. 시민들은 전쟁에 승리해서 얻게 될 전리품보다 액수는 적어도 참전하면 확실하게 받을 수 있는 복무수당에 더 마음이 끌렸다.

이렇게 시작된 베이이 전쟁은 역시 간단히 결판이 나지 않았다. 로마군은 베이이 시가지를 포위하고 참호 속에서 장장 10년의 세월을 버텼다. 로마의 지도자들은 어떻게든 이 지지부진한 전쟁 국면을 타개할 방책을 마련해야 했다. 전쟁이 길어지며 국력 소모가 커지자 로마는 백전노장 카밀루스(Marcus Furius Camillus, 기원전 447년경~기원전 365년경)를 독재관으로 지명했다.

공화정 로마의 최고 책임자는 기본적으로 임기 1년인 2명의 집정관이었다. 그러나 국가가 중대한 위기에 직면했을 때는 임기 반년의 '독재관(딕타토르, Dictator)'을 지명해 혼자서 국가를 이끌 수 있도록 했다. 독재자를 극단적으로 혐오한 로마였으나 비상시에는 지휘 계통의 일원화가 얼마나 중요한지를 잘 알고 있었던 것이다.

노련한 사령관이었던 카밀루스의 작전이 적중해 베이이를 함락한 로마는 막대한 전리품과 많은 노예 그리고 기존 로마 국토의 네 배에 달하는 드넓은 영토를 획득하는 데 성공했다. 카밀루스는 불굴의 영혼과 명철한 두뇌를 지녔을 뿐 아니라 비겁한 일은 절대 하지 않는 정의로운 인물이었다.

베이이를 함락한 후, 에트루리아 남부에 자리한 팔레리이(Falerii)라는 도시를 카밀루스가 이끄는 로마군이 포위했을 때의 이야기다. 한 교사가 팔레리이의 귀족 자제들을 성 밖 초지로 데려와 운동을 시켰다. 로마 병사들은 그것을 알면서도 딱히 그들을 방해하려 하지 않았다. 그러자 교사가 로마 병사들에게 다가와 속삭였다.

"이 아이들을 인질로 잡으면 팔레리이는 바로 함락될 겁니다."

그 말을 들은 카밀루스는 교사에게 호통을 쳤다.

"로마 군인은 정정당당하게 싸운다. 저항하지 않는 아이들을 상대로 무기를 휘두르지 않는다."

이 소식을 전해 들은 팔레리이 사람들은 적장 카밀루스의 고매한 인품에 감명받아 백기를 들고 투항했다.

카밀루스 덕분에 국토의 안녕뿐 아니라 인접 국가에 위력을 행사할 수 있었는데도 조국 로마는 카밀루스를 탄핵했다. 그가 뜻하지 않게 탄핵을 당한 것은 그의 인기를 시기하는 무리가 "카밀루스는 전리품을 사적으로 챙긴다"는 거짓 소문을 퍼뜨렸기 때문이었다.

발 없는 말이 천 리를 간다고 삽시간에 소문이 퍼졌고 로마인들은 이 소문을 믿었다. 물론 나름대로 합당한 근거가 있었다. 적을 감명시킬 정도로 고매한 카밀루스는 로마 병사들에게 순순히 항복한 팔레리이에서 약탈을 금지했다. 팔레리이가 함락되면 금품을 챙길 속셈이었던 로마 병사들 사이에 불만의 기운이 퍼져나갔다. 카밀루스를 경계하는 무리가 병사들의 불만을 이용해 소문을 퍼뜨렸다.

고결한 카밀루스는 근거 없는 비방과 중상모략에 반론하지 않고 무시했다. 그러자 로마에서는 궐석 재판이라는 형태로 카밀루스에게 배상금을 지급하라는 판결을 내렸다. 로마 시민의 믿음이 자신에게서 떠났음을 깨달은 카밀루스는 깊이 슬퍼하며 조국을 떠날 결심을 했다. 그는 조국의 성문을 나서며 이렇게 간절히 기도했다.

'저는 동포들의 배신을 원망하지 않습니다. 부디 로마가 다시 저를 필요로 할 때 언제든 돌아와서 힘을 보탤 수 있게 해주십시오.'

몇 년 뒤 카밀루스의 기도에 신이 응답하는 날이 왔다.

이탈리아 북방에 있던 켈트인(갈리아인)이 로마로 침공했다. 명장 카밀루스가 떠난 로마는 대패했고, 켈트인이 수도 로마를 점령했다. 로물루스가 나라를 세운 때로부터 366년, 로마 건국 후 최초로 겪는 굴욕이었다.

궁지에 몰린 로마인은 지푸라기라도 잡는 심정으로 망명한 카밀루스에게 독재관으로 돌아와달라고 부탁했다. 다시 독재관 자리에 취임한 카밀루스는 뿔뿔이 흩어진 로마 병사들을 불러모아 로마 탈환 부대를 편성했다. 카밀루스의 귀환으로 사기를 충전하고 분위기 반전에 성공한 로마군은 로마에서 켈트인을 말끔히 몰아냈다.

그렇게 수도를 탈환했으나 켈트인에게 짓밟힌 로마는 이전의 로마가 아니었다. 건물은 파괴되고 땅은 황무지가 되었다. 쑥대밭이 된 로마를 버리고 다른 고장을 새 수도로 삼아야 한다고 주장하는 사람도 많았다.

이때 "우리는 로마인이다. 로마에 뼈를 묻을 각오로 로마를 부활시켜야 한다"라고 사람들을 설득한 이는 조국으로부터 배신당했으면서도 조국을 누구보다 사랑했던 카밀루스였다. 사람들은 구국의 영웅 카밀루스의 말에 이주를 포기하고 그를 따로마군 병사들의 모습. 로마 군단을 '레지오(Legio)'라 부른다.
고도로 조직화된 군단의 힘으로 로마는 영토를 확장했다. 루브르 미술관 소장.

라 로마 재건에 힘을 쏟았다. 만약 카밀루스가 없었더라면 로마는 세계사 무대에서 그대로 퇴장해 우리가 볼 수 없었을지도 모른다. 이것이 바로 카밀루스가 지금도 '로마 제2의 건국자'라는 별명으로 불리며 이탈리아에서 가장 사랑받는 영웅의 한 명으로 추앙받는 이유다.

◇ 카우디움 전투에서 삼니움족에게 당한 굴욕을 되갚아주고 대제국의 기틀을 다진 위대한 로마군

카밀루스가 켈트인을 몰아내고 재건한 로마는 기원전 4세기부터 기원전 3세기에 걸쳐 삼니움(Samnium)인과의 국지전을 되풀이했다. 삼니움족은 이탈리아반도 중앙부의 산악 지대에 사는 강인한 산악민족으로 로마의 지배에 거세게 저항해 로마를 오래도록 애먹였다.

삼니움족은 산악 지대보다 풍요로운 평야를 노려 로마인과 경계 지역에서 소규모 전투가 끊이지 않았다. 끈질기게 저항하며 로마의 경계선을 넘나드는 삼니움족에게 본때를 보여주기 위해 로마는 기원전 321년 그들의 본거지를 치는 원정군을 파견했다. 산악 지대 진군은 고생길이라 로마군은 가까스로 삼니움족의 영토에 침입하는 데 성공했다.

당시 지리에 어두웠던 로마군은 도중에 만난 양치기에게 적진의 동태를 물었다. 양치기들은 "삼니움군은 로마의 동맹국을 치러 가서 여기에 없소"라며 뜻밖의 정보를 알려주었다. 로마군은 기회가 왔다고 여기고 양치기들에게 길라잡이를 부탁해 삼니움족의 본거지로 방향을 잡았다.

그러나 이것은 치명적인 함정이었다. 삼니움군은 자신들을 무너뜨리려는 로마군의 속셈을 간파했다. 그들은 가이우스 폰티우스(Gaius Pontius)라는 지략가 장군의 지휘로 카우디움(Caudine) 협곡으로 로마군을 유인하는 계략을 세우고 병사들을 양치기로 변장시켜 거짓 정보를 흘렸던 것이다.

감쪽같이 덫에 걸린 로마군은 삼니움군에게 완전히 포위당했다. 죽음을 각오한 로마군이었으나 폰티우스 장군은 로마군에게 최후의 일격을 가하지 않았다. 그리고 조건부로 강화를 제안했다. 폰티우스 장군이 내건 조건은 두 가지였다. 첫째 '로마가 점령한 토지를 반환할 것', 둘째 '패배를 인정하고 복종의 뜻을 보여주는 의식을 치를 것'이었다.

이 '굴욕 의식'은 우선 나뭇가지 두 개를 세우고 그 위에 창을 가로로 걸쳐 높이뛰기 장애물처럼 만든다. 그런 다음 로마의 군사들이 그 창 아래를 구부정한 자세로 기어나가야 하는 의식이었다. 가로로 놓인 창은 소나 말을 부릴 때 목에 씌우는 멍에를 상징했다. 반라에 가까운 차림의 로마 병사들은 한 명씩 엉거주춤한 자세로 멍에를 본뜬 창 아래를 빠져나갔다.

이러한 굴욕은 긍지 높은 로마군에게 죽음보다 쓰라린 고통이었다. 실제로 강화를 거부하고 죽어 쓰러질 때까지 싸우겠다고 주장하는 로마 병사들도 많았다. 그러나 원정군의 최고 책임자였던 집정관은 많은 병사가 살아서 돌아가는 길을 택했다. 무기와 옷가지를 뺏기고 반쯤 벌거숭이가 된 로마군은 삼니움군이 거친 욕설을 섞어 그들을 조롱하는 가운데 굴욕 의식을 치르고 로마로 귀환했다.

그러나 '카우디움 전투'는 로마의 굴욕으로 끝나지 않았다. 로마군은 연전연승하는 상비군이 아니었다. 그들은 굴욕적인 패배를 몇 번이고 경험했다. 그런 로마가 대제국으로 발전할 수 있었던 원동력은 와신상담할 줄 아는 능력이었다. 로마군은 패배라는 굴욕에 쓰러지지 않고 복수심을 불태우며 그 수치를 깨끗이 갚아주었다.

카우디움의 비참한 의식을 견뎌낸 로마군이 입술을 깨물고 서러운 눈물을 삼키며 로마로 귀환했을 때 로마인은 함께 슬퍼했고 원로원 의원들은 병사들과 함께 복수를 맹세했다.

"(귀환병들의) 우울한 침묵은 이윽고 폭풍처럼 삼니움족을 덮치리라. 로마의 병사들이 멍에를 빠져나가 적군의 성벽을 날려버릴지어다."

실제로 새로운 집정관을 선출하여 군단을 재편성하게 한 로마는 그 군대로 끝내 삼니움군을 무찌르고 적장 폰티우스를 선두로 모든 적군이 창 아래를 지나도록 함으로써 멋지게 원수를 갚아주었다.

훗날 르네상스 시대 이탈리아 사상가 마키아벨리는 이 '카우디움의 굴욕'에 관해 『정략론』이라는 책에서 "그 사건은 삼니움족의 뼈아픈 실수였다. 삼니움족은 로마군 전체를 몰살해야 했다. 로마인은 굴욕이 클수록 복수심을 활활 불태우는 민족이기 때문이다"라고 평가했다.

실제로 로마인은 놀라울 정도의 집념을 보여주는 민족이다. 삼니움족과의 전쟁은 카우디움 전투와 적장 폰티우스에 대한 복수를 포함한 제2차 삼니움 전쟁이 기원전 304년에 강화를 체결하고 종료된 후에도 완전히 끝나지 않았다. 최종적으로는 기원전 291년 제3차 삼니움 전쟁으로 삼니움족을 완전히 정복할 때까지, 즉 카우디움 전투에서부터 30년의 세월 동안 이 굴욕을 에너지 삼아 복수의 칼날을 갈았다.

나는 종종 농담 삼아 『삼국지』에 나오는 뛰어난 지략가 제갈공명이 이끄는 군대와 로마군이 싸운다면 어느 쪽이 이길지를 상상해보라고 이야기한다.

"첫 번째 전투에서는 틀림없이 로마군이 진다는 쪽에 걸겠습니다."

내가 도발하듯 운을 떼면 상대방은 흥미롭게 상상의 나래를 펼친다. 로마군은 제갈공명처럼 그럴듯한 술수는 부릴 줄 모르기 때문이다.

중요한 것은 어디까지나 첫 번째 전투까지라는 점이다. 두 번째 이후로 로마군의 승률은 눈에 띄게 올라간다. 로마인은 한 번 패배하면 어떻게든 그 굴욕을 씻어내기 위해 집념을 불태우고 두 번째, 세 번째, 그 굴욕을 씻어내는 승리를 거머쥘 때까지 절대 포기하지 않고 끈질기게 싸우는 집념의 민족이기 때문이다.

◇ 막강한 로마군에게 역사상 최악의 패배를 안긴 카르타고의 명장 한니발

로마인의 무시무시한 집념은 포에니 전쟁에서도 발휘되었다.

포에니 전쟁은 기원전 3세기부터 기원전 2세기에 걸쳐 로마와 지중해 무역으로 번성한 카르타고 사이에 제1차부터 제3차까지 벌어진 전쟁이다. 참고로 '포에니(poeni)'란 페니키아를 가리키는 라틴어이고, 페니키아는 그리스인이 사용한 호칭이다. 카르타고가 페니키아인이 세운 식민도시였기에 로마와 카르타고 사이의 전투를 포에니 전쟁이라고 부른다.

제1차 포에니 전쟁은 카르타고와 로마 사이에 자리 잡은 시칠리아섬을 둘러싼 전쟁이었다. 당시 서지중해는 해양 민족 페니키아인 세력인 카르타고가, 동지중해는 그리스가 지배했고, 시칠리아섬의 주요 도시인 시라쿠사와 메시나에는 그리스인이 살았다. 그리고 시칠리아섬과 그 서쪽 절반을 카르타고가, 동쪽 절반을 시라쿠사와 메시나가 다스렸다. 그런데 시라쿠사와 메시나 사이에 전쟁이 벌어졌다. 이때 로마는 시라쿠사의 공격을 받은 메시나로부터 원군 요청을 받으면서 이 지중해 패권을 둘러싼 전쟁에 발을 들이게 되었다.

초반에 로마는 이 전쟁에 가담하기를 망설였다. 그러나 만약 로마가 팔짱을 끼고 사태를 관망하면 메시나는 카르타고를 의지할 테고, 지중해의 패권이 카르타고의 손에 넘어가게 될 위험성이 컸다. 기원전 265년 로마는 메시나에 지원군을 파견하기로 결정했다. 로마의 출병 소식을 듣자 시라쿠사와 동맹을 맺은 카르타고가 참전하면서 전쟁은 카르타고와 로마의 전쟁으로 발전했다.

기원전 256년 사상 최대 해전으로 일컬어지는 '에크노무스 해전(Battle of Cape Ecnomus)'에서 로마는 카르타고에 압승을 거두었으나 귀환 도중에 해난 사고를 당해 6만 명의 병사를 잃었다. 로마는 함대를 재건하고 기원전 241년 아에가테스제도 전투(Battle of Aegates Island)에서도 승리를 거두어 드디어 제1차 포에니 전쟁이 끝났다. 로마는 이 승리로 거액의 배상금과 시칠리아를 손에 넣었다.

제2차 포에니 전쟁은 약 20년 후 강력한 경제력으로 거액의 배상금을 깔끔히 청산한 카르타고가 로마에 복수전을 감행하며 시작되었다.

당시 카르타고군은 유명한 명장 한니발(Hannibal Barca, 기원전 247~기원전 183년)이 이끌었다. 제1차 포에니 전쟁에서 패전 장수가 된 한니발의 아버지 하밀카르 바르카(Hamilcar Barca)는 어린 시절부터 아들 한니발에게 평생 로마를 원수로 여기도록 신전에서 맹세하게 했다고 전해진다.

세월이 흘러 한니발은 카르타고의 장군이 되었고 어린 시절의 맹세를 지키기 위해 로마에 복수전을 시작했다. 한니발은 로마 공격에 비장한 각오와 치열한 준비로 임했다. 보병 5만 명에 기병 9,000명, 전투 코끼리 37마리를 동원해 놀랍게도 알프스를 넘어 로마로 쳐들어간다는 믿을 수 없는 계획을 강행했다.

한니발 군대가 넘어야 할 알프스는 평균 해발 2,000미터급 산맥이다. 게다가 알프스 주위에는 갈리아인이 버티고 있어 그들이 길을 순순히 내주지 않으면 갈리아인과도 싸워야 했다. 실제로 이 작전에서 한니발은 로마에 도착하기 전에 이미 많은 병사를 잃었다. 폴리비오스의 기록에 따르면 알프스를 끝까지 넘은 한니발 군대는 보병 2만 명과 기병 6,000명, 전투 코끼리 2마리로 전투 초기보다 눈에 띄게 줄어 있었다. 이 숫사를 보면 알프스가 그 누구에게도 쉽게 길을 열어주지 않는 험지임을 알 수 있다. 한니발은 멀리 보이는 이탈리아 평원을 가리키며 "저곳이 너희 것이 될 것이다"라는 말로 혹독한 행군으로 지치고 절망한 병사들의 사기를 돋우었다는 이야기가 있다.

로마는 설마 적이 험준한 알프스를 넘어 자신의 영토로 쳐들어오리라고는 꿈에도 생각하지 못했다. 그들은 오히려 시칠리아와 이스파니아(에스파냐의 옛 이름, 이베리아반도를 말함 — 옮긴이)가 전장이 되리라 예상했기에 서둘러 그곳으로 병력을 이동시켰다. 로마가 전열을 갖추는 동안에도 한니발은 이탈리아 각지에서 맹위를 떨쳤다.

특히 한니발 군대의 전투 코끼리는 로마인이 생전 처음 보는 '거대 병기'였기에 전장에서 코끼리를 마주한 로마인들은 혼비백산했다. 전쟁 초기에는 지휘관이나 병사들이 코끼리 등에 타고 높은 위치에서 활로 공격하는 방식의 싸움에 전투 코끼리가 동원되었다. 코끼리는 전투에 직접 나서지 않아도 거대한 몸집 자체가 이미 강력한 무기였다. 나중에는 지휘관만 코끼리 등에 한니발과 전투 코끼리.
한니발이 전투용 코끼리를 동원해 알프스를 넘어 행군하는 장면을 그린 프레스코화.
르네상스 시대 이탈리아 화가인 야코포 리판다(Jacopo Ripanda)의 작품.

타고 적병을 거대한 다리로 짓밟는 방식으로 길들인 코끼리를 전투에 활용하기도 했다.

로마는 기원전 216년 대군을 이끌고 온 한니발과 이탈리아 남동부의 칸나에(Cannae) 평원에서 대치했다. 로마군의 병력은 7만 6,000명, 부대 편성을 자세히 살펴보면 보병이 7만 명, 기병이 6,000명이었다. 이에 맞선 카르타고는 보병 4만 명, 기병 1만 명으로 수적으로 열세였다. 기병은 카르타고가 많았으나 전체 병력은 로마가 우위였다. 더욱이 카르타고군 보병은 갈리아인 등의 용병을 중심으로 이루어져 있었기에 사기와 충성심 면에서도 로마군 쪽에 조금 더 승산이 있었다. 그런데도 로마군은 칸나에 전투에서 역사적 패배를 기록했다.

칸나에 전투에서 카르타고군을 이끈 명장 한니발에 맞선 로마군 장수는 테렌티우스 바로(Terentius Varro)라는 인물이었다. 수적으로 우세한 로마군은 일반적인 사각형 진형으로 포진했다. 카르타고군의 병사들은 8만 명에 달하는 대군의 규모에 압도되어 오금이 저렸다. 그러나 한니발은 로마군의 진형을 보고 한 가지 전략을 떠올렸다. 로마군의 진형은 가운데 피라미드형으로 보병 군단을 배치하고 그 양측을 기병대로 보완하는 전법이었다.

로마군이 공세를 가하자 카르타고군 중앙에 자리 잡고 있던 보병 군단은 로마군의 기세에 밀린 듯 주춤주춤 물러났다. 이를 자신들의 맹공에 밀려 후퇴한다고 여긴 로마군은 카르타고군을 수세에 몰아넣기 위해 점점 더 적의 진영 깊숙이 들어왔다.

로마군의 움직임은 한니발의 예상대로였다. 카르타고군은 로

칸나에 전투 진형과 전투 형태

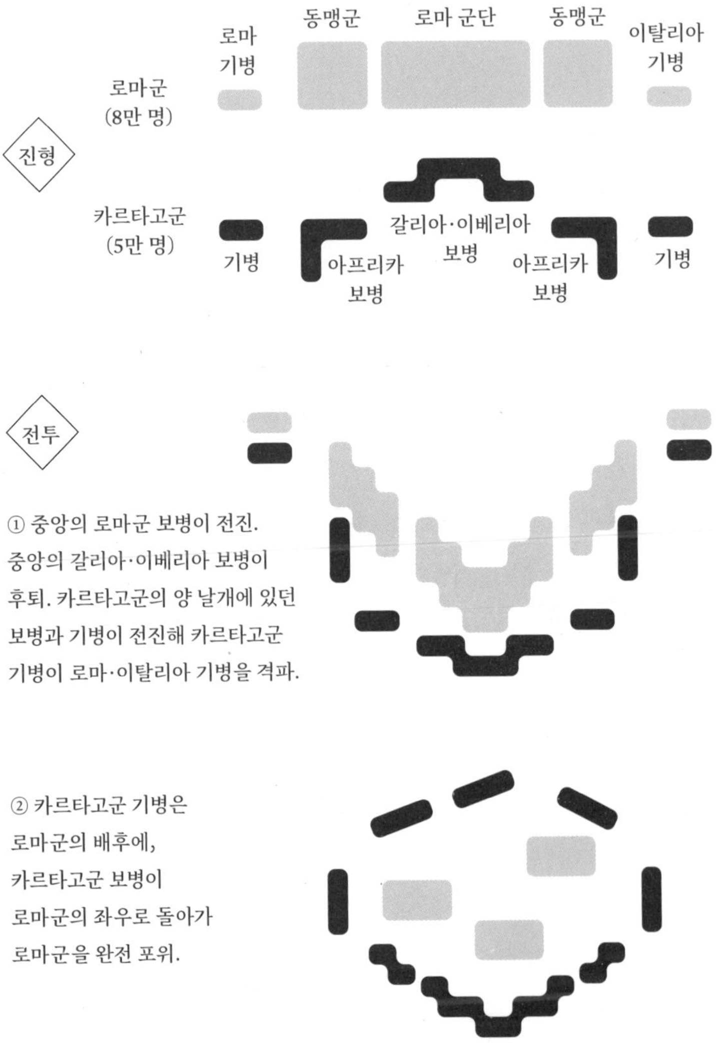

마군의 기세에 밀리는 척하면서 교묘하게 로마군의 주력인 보병 부대를 유인했다. 이때 전방에서 적을 쫓느라 정신이 없던 로마군은 카르타고의 기병 부대가 초승달 모양으로 진형을 짜고 양쪽 가장자리에서 자신들을 에워싸며 포위망을 좁혀오고 있음을 알아채지 못했다.

로마군이 포위망을 깨달았을 때는 이미 늦었다. 기병 부대와 보병 부대의 전력을 비교하면 기병 부대가 압도적으로 강하다. 로마군의 주력 부대 7만 명은 완전히 포위당해 퇴로가 막힌 상태로 카르타고군에게 궤멸당했다.

한니발이 세운 이 전법은 적은 수의 병력으로 강력한 적의 대군을 쓰러뜨리기 위한 세계 최고봉 전술 중 하나로 평가받으며 지금도 군사대학교 교육 과정에서 필수적으로 다루는 내용이다.

이 전투에서 로마군 사망자는 약 7만 명, 사망자 명단에는 원로원 의원이 80명이나 포함되어 있었다. 단 하루의 전투에서 이 정도로 많은 사망자를 낸 사건은 근대 이전 세계사에서 유례를 찾아보기 어렵다.

◇ 패전 장수에게 패자부활전의 기회를 주는 관용과 융통성이 로마를 대제국으로 만든 원동력이었다?

불가능하리라 여겨졌던 알프스를 넘어 전투 코끼리로 이탈리아 각지를 짓밟고, 칸나에 평원에서는 압도적인 병력 차이를 뒤집고 승리를 거둔, 신기에 가까운 전략을 선보인 한니발은 로마 진군을 앞두고 갑자기 멈칫하는 모습을 보였다. 한니발 부대 안에서는 대다수 지휘관이 로마를 쳐부수어야 한다고 주장했다. 그러나 한니발은 고집스럽게 그들의 말을 받아들이지 않았다. 한니발은 왜 로마 진군을 주저했을까?

로마군의 인적 피해는 막심했다. 로마 시민들은 이 대패에 큰 충격을 받았다. 그러나 이 패배로 로마라는 나라 자체가 멸망하지는 않았다. 아직 로마는 대군을 재편성할 능력이 있었고, 한니발에 맞서 싸울 힘이 충분히 남아 있었다. 반면, 카르타고군은 상황이 달랐다. 다행히 칸나에 전투에서는 한니발이 계획한 전략이 적중해 승리를 거둘 수 있었다. 그러나 로마군은 그럴수록 더 똘똘 뭉쳐 공격해 왔고, 한니발을 지치게 만들었다. 카르타고군에게는 더 이상 로마의 대군을 상대로 싸울 여력이 없었다. 이를 간파한 한니발은 상황을 냉정하게 파악하고 있었다.

한니발은 이때쯤 '바람'이 불기를 기다리지 않았을까. 어쩌면 그는 칸나에 평원에서 카르타고군이 로마군을 물리쳤다는 승전보가 전해지면 로마의 동맹국과 피정복 상태에 있던 주변국이 로마에서 이탈하리라 기대했을 수도 있다. 로마와 동맹국의 유대관계가 흔들리면 본국 카르타고에서 멀리 떨어져 있어 보급을 받기 어려웠던 한니발 군대도 승산을 기대할 수 있었다.

그러나 나락으로 떨어질수록 악착같이 기어 올라오는 저력을 발휘하는 로마였다. 강한 로마의 비밀은 '패배'를 패배로 끝내지 않는 데 있었다. 로마인들은 실패에서 배운 교훈이 얼마나 가

칸나에 전투.
한니발의 군사들이 칸나에 전투에서 승리한 후 죽은 로마의 적들에게서 전리품을 빼앗고 있다. 19세기 영국 삽화. 출처:브리지맨 이미지

치 있는지를 잘 알고 있었다. 로마는 패전 장수를 내치지 않고 조국의 품으로 받아들였다. 그리스에서 패전 장수는 모국으로 돌아갈 수 없었다. 돌아가면 패전의 책임을 지고 운이 좋으면 추방, 최악의 경우에는 처형대로 향해야 했다. 현대인의 눈에는 잔혹하고 부당한 처사겠지만 고대에는 당연한 일이었다.

물론 로마도 비겁하게 싸운 자나 자신만 살려고 적 앞에서 도망친 자에게는 관용을 베풀지 않았다. 하지만 용감하게 싸우다 패한 자에게는 벌을 내리지 않았다. 대신 관대하게 받아주며 다음번에 설욕할 기회를 주었다. 칸나에 전투에서 7만 명의 사망자를 낸 패전 장수 바로도 로마로 무사히 귀환했고 로마는 그를 모질게 내치지 않았다.

로마가 패전 장수에게 관용을 베푼 데는 이유가 있었다. 로마인이라는 긍지를 지닌 그들에게 패배를 맛본 순간의 굴욕이 이미 충분한 사회적 재판이 되었다고 믿었기 때문이다. 로마는 패전 장수를 받아들였을 뿐 아니라 기회가 생기면 다시 장수로 기용해 설욕할 기회를 주었다. 로마인은 실패할 경우 그 실패에서 배울 수 있다고 믿었다. 로마인이 몇 번이고 쓰라린 패배를 경험하면서도 언제나 최후의 승자가 되었던 비결은 실패에서 배우는 것이 얼마나 중요한지 깨닫고 있었기 때문이다. 또 그들은 모름지기 로마인이라면 쓰러져도 다시 일어날 힘이 있다는 굳건한 믿음을 가지고 있었다.

로마 주변국들도 이러한 로마의 가치관과 그들의 강점을 잘 알고 있었다. 그랬기에 칸나에 전투에서 카르타고의 기적과 같은 승리에 동요해 로마를 배신하고 로마 진영에서 이탈하는 나라는 거의 없었다. 유일하게 마케도니아만 움직였다. 당시 그리스를 자신의 세력권에 둔 마케도니아는 로마의 세력 확장이 그리스에 미칠지도 모른다는 근심을 떨쳐내지 못했다. 그래서 칸나에 전투에서 로마가 대패하자 기회를 엿보아 로마에 선전 포고를 하고 반기를 들었다.

칸나에 전투에서 대규모 병력을 잃은 로마는 한니발과 다시 맞붙게 될 순간에 대비하며 몸을 사려야 했다. 그래서 마케도니아와 싸울 마음이 없었다. 로마는 교전을 최대한 피하면서 마케도니아에게 상당히 유리한 조건의 평화 조약을 체결하자고 제안했다. 로마의 그리스 진출을 우려하던 마케도니아는 이 조약을 냉큼 받아들여 제1차 마케도니아 전쟁은 결정적인 승패가 나지 않은 채 끝났다.

◇ '한니발 전법'을 응용해 자마 전투에서 한니발 군대를 꺾은 명장 스키피오

전열을 가다듬은 로마는 한니발에 맞서 싸울 새로운 지휘관을 물색했다. 희대의 명장 한니발 같은 상대와 싸우려면 일반적인 지휘관으로는 버겁다고 판단했다. 그때 한 청년이 "저에게 맡겨 주십시오"라고 손을 들고 나섰다. 그 청년은 명문 코르넬리우스 가문 출신 스키피오(Scipio Africanus, 기원전 236~기원전 183년)였다.

당시 그의 나이는 고작 스물대여섯 살. "모난 돌이 정 맞는다"는 말이 있듯 원로원은 튀는 행동을 하는 청년에게 선뜻 지휘권을 내주지 않고 골탕 먹이듯 그를 시험했다.

"자네가 그렇게 말한다면 자네에게 전 로마군의 지휘권을 줌세. 그 대신 병력 조달은 알아서 하게."

알아서 하라는 말은 군비 조달까지 자비로 부담하라는 뜻이었다. 스키피오는 기죽지 않고 차분하게 한니발에 대항할 부대를 조직했다. 그는 한니발을 쫓지 않고 그의 본국인 카르타고를 친다는 작전을 세웠다.

카르타고는 스키피오와 싸웠으나 패배했다. 초조해진 카르타고는 이탈리아반도에서 한니발을 불러왔다. 이렇게 기원전 202년 카르타고 서남부에 자리 잡은 '자마(Zama)'에서 두 나라가 격돌했다.

한니발이 이끄는 카르타고군은 보병 3만 6,000명에 기병 4,000명, 전투 코끼리 80마리로 부대를 편성했다. 스키피오가 이끄는 로마군은 보병 2만 9,000명에 기병 6,000명으로 숫자로 따지면 카르타고군과 비슷한 규모였다.

한니발은 선두에 80마리의 전투 코끼리를 배치해 로마 병사들에게 겁을 주려 했다. 그러나 스키피오는 그 작전에 말려들지 않고 군단과 군단 사이에 틈을 만들어 전투 코끼리를 그 틈으로 몰아넣는 기발한 작전으로 응수했다. 또 칸나에 패전에서 배워 스키피오 부대의 양 날개에는 수적으로 우세한 기병이 포진하고 있었다.

카르타고군의 사상자가 약 2만 명이었던 데 반해 로마군의 사상자는 고작 3,000명 남짓이었다. 전쟁의 결과는 로마의 압승이었다. 승리 요인 중 하나는 스키피오가 성실하게 한니발의 전법을 연구하고 학습했다는 데 있었다. 다음 가설을 뒷받침할 만한 증거 사료는 찾지 못했으나, 어쩌면 스키피오는 어린 나이에 칸나에 전투에 참전했을 수도 있다. 말 그대로 패전에서 배우고 배운 바를 멋지게 활용해 쟁취한 승리였던 셈이다.

다른 하나의 요인은 스키피오의 꼼꼼한 전투 준비에 있었다. 스키피오 부대의 기병이 카르타고군보다 수적으로 우세할 수 있었던 건 누미디아(Numidia)의 마시니사왕이 스키피오 진영에 가담한 덕분이었다. 자마 전투에서 순수한 로마 기병은 겨우 2,000명 정도였다.

카르타고의 이웃 나라인 누미디아는 본래 카르타고를 지원했다. 그런데 스키피오가 사전에 누미디아·카르타고 연합군을 무찔러 누미디아의 왕을 로마의 입김이 닿는 마시니사로 교체했다. 그 덕분에 자마 전투에서는 그때까지 카르타고군에 속해 로마를 괴롭혀왔던 막강한 누미디아 기병을 로마의 지원군으로 부릴 수 있었던 것이다.

스키피오라는 인물은 불가사의한 매력의 소유자였던 듯하다. 실제로 그가 카르타고 본국을 치기 위해 침공한 이베리아반도 각지에서 맞붙은 수많은 부족민의 마음을 사로잡았다는 전승이 남아 있다.

이베리아반도에서 벌어진 어느 전투에서 스키피오가 승리를 카르타고군을 격파한 영웅 스키피오.
'아프리카누스(Africanus, 아프리카의 정복자)'라는 호칭을 하사받았다.

거두었을 때의 이야기다. 패배한 부족장의 딸이 포로로 스키피오에게 보내졌다. 무척이나 아리따운 아가씨였다. '포로'라는 명목이었으나 실제로는 전리품 중 하나로 스키피오에게 바쳐진 여인이었다. 당시에는 승자가 패자에게서 여성을 전리품으로 빼앗아 오는 관습은 당연했다. 스키피오는 그 아가씨를 가질 권리가 있었다.

그런데 스키피오는 그 아가씨에게 약혼자가 있다는 사실을 알고 그녀를 약혼자에게 돌려보냈을 뿐 아니라 부족장이 바친 몸값까지 '축의금' 명목으로 돌려주었다. 부족장은 스키피오의 인품에 감동했고 죽는 날까지 로마군에게 충성을 바치겠다고 맹세했다.

자마 전투 이전에 스키피오는 카르타고를 에워싼 지역 사람들의 마음을 얻었다. 스키피오가 주변국의 민심을 사로잡았기에 카르타고는 어느 곳에서도 원군을 기대할 수 없는 상태로 로마의 대군에 맞서 싸워야 했다.

자마 전투에서 카르타고는 로마에 대패했고, 제2차 포에니 전쟁은 로마의 승리로 막을 내렸다. 카르타고를 철저하게 응징한 로마가 내민 강화 조건은 가혹했다.

— 로마군 중 탈주병과 포로를 모두 돌려보낸다.
— 카르타고의 젊은이 100명을 로마에 인질로 보낸다.
— 은 1만 탤런트(talent)의 배상금을 50년 분할로 납부한다.
— 선박 10척을 남기고 모든 전선 및 전투 코끼리는 몰수한다.

— 로마의 동의 없이는 어떤 교전도 허락되지 않는다.

개전 당시 카르타고 본국의 영토였던 아프리카 일대에 대한 영유권은 인정받았으나 배를 잃은 카르타고는 지중해 패권 경쟁에서 사실상 배제되었다.

◇ 스키피오는 왜 자신의 묘비에 "은혜를 모르는 조국이여, 너희는 내 뼈를 가질 자격이 없다"라는 글을 남겼나?

로마가 내건 가혹한 조건을 받아들인 카르타고 민중은 일시적이지만 로마에 본때를 보여준 영웅 한니발에게 국정을 맡기고자 했다. 그러나 그의 개혁 정책은 기득권을 잃을지 모른다는 위기감을 느낀 귀족 계급의 반발로 좌절되었다. 결국 한니발은 조국을 떠나 망명객의 신분이 되고 말았다. 한니발은 조국을 떠났으나 "평생 로마를 원수로 여기겠다"라는 어린 시절의 맹세를 한순간도 잊지 않았다.

제1차 마케도니아 전쟁에서 로마와 평화 조약을 체결한 마케도니아는 시리아 왕국과 동맹을 맺고, 기원전 192년 다시 로마와 맞붙었다. 이때 한니발은 시리아군 참모 중 하나로 참전했다. 시리아군은 명장 한니발의 전략을 받아들이지 않았고 전투에서 패배했다. 한니발이 여전히 로마에 복수의 칼을 갈고 있다는 사실을 알게 된 로마는 그의 뒤를 쫓았다. 한니발은 자신을 쫓는 로마의 추적자를 따돌리기 위해 각지를 떠돌았다. 그러나 방랑에 지친 한니발은 언젠가 로마에 사로잡혀 포로 신세가 되는 굴욕을 겪느니 깨끗이 목숨을 끊겠다며 기원전 183년 스스로 목숨을 끊었다. 향년 64세였다. 카르타고군을 자마 전투에서 무찌르고 구국의 영웅으로 칭송받은 스키피오도 남몰래 쓸쓸한 죽음을 맞이했다. 이는 공교롭게도 카르타고의 영웅 한니발이 극단적인 선택을 한 해의 일이었다.

스키피오가 자마 전투에서 승리를 거두고 로마로 개선했을 때 사람들은 그를 열광적으로 환영했다. 로마인들은 스키피오를 구국의 영웅이자 '아프리카의 정복자'라는 의미에서 '아프리카누스'라고 불렀다. 사람들은 스키피오를 칭송했고 종신 집정관이나 종신 독재관이 되어달라고 여러 차례 제안했다. 그러나 스키피오는 그 제안을 번번이 거절하고 공직에서 물러났다. 그는 카밀루스가 그랬듯 대중이 열광할수록 곱지 않은 시선으로 바라보는 사람들도 늘어난다는 것을 잘 알고 있었다. 로마의 역사에서는 비슷한 일이 언제나 반복되었다. 영웅이 등장하면 시기 질투하는 무리가 나타나 이내 그를 타도하자고 부르짖기 시작했다.

이때도 나중에 '대(大) 카토'라 불리는 마르쿠스 포르키우스 카토(Marcus Porcius Cato, 기원전 234~기원전 149년)가 사사건건 스키피오를 물고 늘어지며 "스키피오는 독재를 노리는 위험한 인물"이라고 비난했다. 스키피오가 아무리 독재관이 될 생각이 없다고 관직을 고사해도 카토는 믿지 않았다.

카토의 집요한 공격에 지친 스키피오는 사람들 앞에 모습을 드러내는 일을 꺼리게 되었다. 시리아와 로마가 싸울 때도 스키피오가 지휘관이 되지 못하고 동생인 루키우스를 내세운 채 자신은 참모로 참전하는 수준으로 자세를 낮추었다.

스키피오는 공격자들의 표적이 되지 않기 위해 애썼으나 그를 탄핵하는 사건이 일어나고야 말았다. 사건의 발단은 동생 루키우스와 관련된 부적절한 금전 문제였다. 시리아에서 승전 장군이 되어 귀환한 루키우스는 적인 시리아의 안티오코스왕에게 부정한 금품을 받아 챙겼다는 혐의로 고발당했다. 이 혐의로 함께 참전했던 애먼 스키피오에게까지 불똥이 튀었다.

그러나 유죄가 확실시되는 시점에 이르렀을 때 그때까지 조용히 침묵을 지키던 스키피오가 처음으로 언성을 높여 반론했다.

"1만 5,000탤런트의 전쟁 배상금을 어떻게 받아냈는지에는 관심이 없고, 3,000탤런트를 어떻게 얻었는지만 추궁하는 법이 어디 있단 말입니까!"

이 반론으로 스키피오 형제 고발 건은 각하되었다. 그러나 로마에서 벌어지는 권력 쟁탈전에 신물이 난 스키피오는 그 후 지방으로 내려가 칩거에 들어갔다. 그리고 그는 끝내 로마로 돌아가지 않은 채 쉰세 살의 나이로 조용히 생을 마쳤다.

만년의 스키피오에 관한 기록은 거의 없고 사인도 알려지지 않았다. 다만 로마에 있는 선조 대대로 그의 가문 사람들이 묻힌 묘에 안장되기를 거부하고 자신의 묘비에 "은혜를 모르는 조국이여, 너희는 내 뼈를 가질 자격이 없다"라고 새겼다는 이야기만 전해졌다.

마르키우스 포르키우스 카토

◇ 관용의 로마가 카르타고에만은 관용을 베풀지 않고 초토화한 이유

제2차 포에니 전쟁 직후 카르타고는 옴짝달싹도 할 수 없는 상태였다. 지중해 무역으로 번영을 누려온 상업 제국 카르타고가 원천적으로 선박 건조를 금지당했기 때문이다. 그뿐만이 아니었다. 그 어떤 이유로든 카르타고는 로마의 동의 없이는 교전을 할 수도 없고 바다로 나갈 수도 없게 되었다. 심지어 적에게 일방적으로 공격을 당해도 방어를 위한 전투조차 용인되지 않았다.

로마는 카르타고의 손발을 꽁꽁 묶어놓았고, 대다수 로마인은 카르타고의 존재를 두려워하지 않게 되었다. 그러나 카르타고의 위협을 강하게 느낀 한 남자가 있었다. 과거 스키피오를 궁지에 몰아넣어 실각시킨 카토였다.

카토는 연설할 기회가 있을 때마다 내용이 무엇이든 마지막에는 꼭 "카르타고를 멸망시켜야 한다(Delenda est Carthago)!"라는 말로 마무리 지을 정도로 집요하게 카르타고 섬멸을 주장했다.

그가 집착에 가까운 수준으로 카르타고 섬멸을 부르짖게 된 데는 합당한 이유가 있었다. 카토는 로마 사절단의 일원으로 카르타고를 방문했을 때 그곳에서 보고 듣고 느낀 바가 있었던 것이다. 그것을 계기로 그는 카르타고를 여전히 위협적인 존재로 인식했다.

잿더미에서 다시 일어설 수 없다고 여겨졌던 카르타고가 제2차 포에니 전쟁이 종결되고 얼마 지나지 않아 보란 듯이 다시 일어나

잘살게 되었다. 실제로 카르타고는 50년 분할로 갚기로 약속했던 배상금 1만 탤런트의 잔금을 일시불로 상환하겠다고 나섰다. 당시 카르타고 농업 생산 1년 치에 가까운 금액이 200탤런트였음을 감안하면 1만 탤런트는 50년 동안 나누어 갚아야 한다는 계산이 나올 정도로 어마어마한 금액이었다. 그 천문학적인 돈을 한꺼번에 갚겠다는 건 국가의 농업 총 생산 50년 치에 해당하는 금액을(이미 어느 정도 상환했다고는 하나) 일시불로 상환할 수 있을 정도로 경제력에 자신이 있다는 의미였다.

카르타고는 어떻게 이렇게 빨리 경제 부흥에 성공할 수 있었을까? 이유는 간단했다. 로마에 의해 재무장을 금지당하며 국방비에 돈을 쓰지 않았기 때문이었다. 역설적으로 카르타고는 국방비에 돈을 쓰지 않아 경제 활동에 전념할 수 있었고, 결국 기적적인 속도로 경제 부흥을 실현했다.

사절단의 임무를 마치고 로마로 돌아온 카토는 원로원 회의에 참석해 카르타고에서 가져온 무화과를 내보이며 말했다.

"이 탐스러운 과일이 열리는 나라는 로마에서 뱃길로 사흘이면 닿을 수 있는 곳에 있습니다."

그리고 연설 마지막을 "카르타고를 멸망시켜야 합니다!"라고 끝내며 이후 연설마다 '카르타고 섬멸'을 주장했다.

지성이면 감천이라고 집요하게 카르타고 섬멸을 주장하던 카토의 고집이 하늘을 움직였던 모양이다. 마침내 로마는 기원전 149년에 카르타고에 선전 포고를 했다. 카토가 여든다섯 살로 눈을 감기 직전의 일이었다.

지긋지긋하게 로마를 괴롭히던 카르타고는 이제 대항할 힘이 없었다. 싸우기 전에 승패는 이미 판가름이 난 것이나 마찬가지였다. 그러나 카르타고는 호락호락 백기를 들고 항복하지 않았다. 로마도 끝없이 기어오르는 카르타고에 세 번째 자비는 베풀지 않았다. 제1차 포에니 전쟁과 제2차 포에니 전쟁에서 갖가지 조건과 거액의 배상금을 조건으로 카르타고의 존속을 허용했던 것과는 대조적인 상황이었다.

수많은 카르타고인이 목숨을 잃었고, 최후까지 살아남은 사람들은 모조리 노예로 팔려갔다. 또 국토는 불태워져 잿더미가 되었으며, 풀 한 포기 다시 돋지 못하도록 소금까지 뿌려 카토의 주장대로 '섬멸'했다.

로마는 그때까지 여러 주변국과 교전했으나 대개 로마에 영토를 편입하는 형태로 확장했다. 로마의 방식은 스키피오의 일화가 상징하듯 정정당당하게 싸운 후에는 관용을 베풀고 로마에 대한 충성을 얻는 식이었다.

그런 로마가 카르타고만은 용서하지 않았다. 로마가 카르타고를 철저하게 응징한 데는 두 가지 이유가 있었다.

첫째, 주변국들에 로마와의 약속을 저버린 나라는 어떻게 되는지 '본보기'를 보여주기 위해서였다.

둘째, 불사신처럼 잿더미에서 부활하는 카르타고에 여전히 '공포'를 느꼈기 때문이었다. 한니발에게 당했던 순간의 트라우마, 그리고 아무리 쓰러뜨려도 부활하는 카르타고의 왕성한 경제력에 대한 공포였다.

로마가 그렇게까지 카르타고를 두려워할 필요가 있었겠느냐고 의문을 제기하고 싶은 독자가 있을지 모르겠다. 그도 그럴 것이 제1차 포에니 전쟁도 제2차 포에니 전쟁도 마지막에는 로마가 승리했으니 말이다. 그러나 제1·2차 세계대전에서 유럽인은 물론이고 전 세계인이 독일에 대해 느꼈던 감정을 떠올려보면 로마가 카르타고에 느낀 공포의 실체를 어느 정도 이해할 수 있지 않을까. 독일도 제1·2차 세계대전에서 모두 패배했고, 두 차례 세계대전의 원인도 모두 독일이 제공했으니 말이다.

제1차 세계대전 직후, 승리한 연합국이 독일에 막대한 배상금을 부과한 상황은 포에니 전쟁 전후 처리와 닮은꼴이다. 그리고 카르타고와 독일 두 나라 모두 경제 부흥을 거쳐 다시 전쟁을 일으키려 했다는 공통점이 있다.

제2차 세계대전 전후 처리에서는 인도적인 차원에서 독일 섬멸을 주장하는 사람은 없었으나, 연합국은 분할 통치로 독일이라는 못된 망아지의 고삐를 틀어쥐려 했다. 그 배경에는 단순한 이해관계뿐 아니라 전쟁과 부흥을 반복하는 독일에 대한 공포가 도사리고 있었다.

◇ 보수파 원로원 의원 카토는 왜 스키피오를 그토록 끔찍이 싫어했을까?

카토는 왜 스키피오를 그토록 싫어했을까? 그 이야기를 하기 전에 스키피오가 카르타고의 한니발 토벌 부대 장군으로 지명되었을 당시를 되짚어보자. 젊은 스키피오가 지휘관으로 입후보했을 때, 원로원은 전원 찬성하지 않고 마지못해 스키피오를 장군으로 임명했다. 그리고 앞에서 말했듯이 국비 지출에 동의하지 않고 전쟁 비용은 알아서 마련하라고 어깃장을 놓았다. 이 사실로 미뤄보아 스키피오가 민중에게는 영웅으로 인기가 있었으나 카토를 비롯한 원로원에서는 마뜩잖은 인물로 여겨졌음을 알 수 있다.

스키피오는 왜 원로원에 미운털이 박혔을까? 그가 누구보다 그리스를 사랑하는 '그리스 팬'이었던 까닭이다. 그리스는 로마보다 문화적으로 선진국이었다. 건국 당시 로마는 그리스와 에트루리아의 선진문화에서 다양한 분야의 지식과 기술을 배우고 받아들여 발전했다.

새로운 문물을 접했을 때 호기심을 느끼고 흥미롭게 받아들이는 사람이 있는가 하면, 고집스럽게 옛것을 고수하며 변화를 거부하는 사람도 있다. 로마인들도 마찬가지였다. 그리스의 선진문화를 동경하는 사람이 있는가 하면, 낯선 그리스 문화를 못마땅한 눈길로 바라보며 거부하는 사람도 있었다.

로마에서 스키피오 가문은 '진취적인 분위기'가 특히 강한 집안이었다. 그리스의 역사가 폴리비오스가 로마에 인질로 끌려갔을 때 스키피오 가문이 그의 뒤를 봐주었다.

당시 그리스 인질은 억류된 상태라고는 해도 족쇄를 차거나 노역에 시달리지 않았다. 로마 밖으로 나갈 수만 없을 뿐 일상생활은 자유로웠다. 그렇다면 로마는 왜 굳이 그리스인을 인질로 삼았을까? 로마인은 그리스 선진문화를 배우기 위해 인적 자원이 필요했다. 스키피오 가문은 그리스의 선진 문물을 받아들이자고 주장하던 세력의 중심에 있었다. 그런 가문에서 자란 스키피오 아프리카누스는 성장함에 따라 그리스 문화에 더욱 우호적인 모습을 보였다.

원로원은 마땅한 대안을 찾지 못해 스키피오를 지휘관으로 임명할 수밖에 없었다. 지휘관으로 취임한 스키피오는 시칠리아로 건너가 신병 군사 훈련을 실시했다. 신병 훈련소를 시찰하러 왔던 동년배 카토는 자기 눈을 의심했다. 그리스 문명에 심취한 스키피오가 그리스식 옷을 입고 병사들을 진두지휘하고 있었기 때문이다.

스키피오 가문이 그리스 애호가였다면 카토 가문은 전통을 중시하는 보수파의 대표 집안이었다. 그러한 가풍에서 자란 카토의 눈에 스키피오는 경박하게 '그리스식으로 차려입고 뽐내는 겉멋만 잔뜩 든 허풍쟁이'로 보였다. 게다가 스키피오군은 누가 봐도 군기가 해이했다. 미꾸라지 한 마리가 온 물웅덩이를 흐린다고, 스피키오군이 명예를 중시하는 로마군 전체를 충분히 타락시킬 수 있을 것처럼 여겨졌다.

카토는 그리스 문화를 노골적으로 혐오했다. 그는 그리스 문화에 젖은 사람들이 로마에 사치와 향락을 퍼뜨려 도덕적으로 퇴폐하게 만든다며 그리스 문화를 비판했다. 다음의 인용문에는 그의 그런 생각이 적나라하게 드러난다.

> 그리스인의 정체를 밝혀두고 싶다. ……그리스 녀석들은 타락의 끝을 보여주는 민족이다. 그들의 학문과 예술이 우리에게 전해진다면 로마가 쌓은 모든 것이 사라질 것이다.
>
> — 가이우스 플리니우스 세쿤두스, 『박물지』

훗날 카토가 스키피오를 끈질기게 탄핵한 이유는 뭘까? 스키피오가 한니발이 이끄는 카르타고군을 무찌르고 조국의 영웅이 된 것에 끓어오르는 질투를 느꼈기 때문이다. 그러나 그 전부터 카토는 그리스 문화 애호가에 규율까지 느슨한 스키피오를 질색했다.

아무리 카토가 실력자라도 개인의 호불호만으로 혼자서 국비의 사용처를 결정할 수는 없었다. 그리스 문화에 젖어 로마를 개혁하려는 '개혁파'에 반감을 느끼는 많은 원로원 의원이 카토를 은밀하게 지지했기에 가능한 일이었다.

그래서 원로원은 개혁파의 중심인물이라고 할 수 있는 스키피오의 카르타고 원정을 인정하면서도 적극적으로 원조하지 않는 이중적인 모습을 보이며 그를 골탕 먹였다.

로마에서 개혁파와 보수파의 갈등은 뿌리 깊었다. 이 두 진영의 갈등은 공화정 후기 '내란의 한 세기'라는 시대의 불씨를 지피게 되었다.

같은 맥락에서, 훗날 그라쿠스(Gracchi) 형제가 등장해 로마 사회의 개혁 정책을 소신 있게 밀고 나가자 카토 가문을 비롯한 보수파 사람들은 힘을 합쳐 개혁파의 움직임을 저지하려고 했다.

한데, 이들 형제 역시 스키피오 가문과 인연이 있는 인물들이었다. 그리고 이후 국정 개혁을 추진하는 카이사르 파벌과 이를 저지하려는 원로원 파벌이라는 대립 구도가 탄생했다. 이에 관한 좀 더 자세한 내용은 Part II에서 다루기로 하자.

③

Publicness

공공성

로마인의 철두철미한 '공공성'이 제국으로 도약하는 디딤대였다?

◇ 고대 로마를 단순한 공화정이 아닌 '공화정 파시즘'으로 이해해야 하는 이유

공화정 시기의 로마를 이해하려면 이 시대 정치 체제가 군사 체제와 밀접한 관계를 맺고 있음을 알아야 한다.

초반에 국정에 참여하지 않았던 시민이 참전을 계기로 국정에 참여하게 되면서 당시 정치는 국방과 일심동체가 되었다. 군사력 강화는 국정의 중요한 안건이었다. 로마에서는 조직적 군사 훈련과 군대식 규율을 경험해 강력한 국방력의 중요성을 깨달아야 비로소 사회생활에 참여할 자격을 얻을 수 있었다.

고대 '국가'는 시민 공동체인 동시에 군사 공동체였다. '농업에 종사하는 시민=전투에 참전하는 군인'이라는 공식은 고대 폴리스를 정의할 때 중요한 개념이다. 이러한 의미에서 로마의 공화정은 우리가 아는 현재의 공화정(공화제)과 다른 정치 체제였다.

고대 국가에서 시민은 평시에는 농업에 종사하는 농민이지만 전시에는 군인으로 변신해 전쟁터에 나가 싸웠다. 평소에는 정 많고 순박한 농민으로 살다가 전쟁이 터지면 전리품을 얻기 위해 싸우고 한 뼘의 땅이라도 더 확보하기 위해 폭력적인 행위도 불사하는 거친 전사로 돌변했다.

현대인은 이러한 이중성에 거부감을 느끼고 눈살을 찌푸린다. 그러나 고대인에게 이는 설명이 필요 없는 당연한 일이었다. 그들은 전리품과 새로운 토지를 얻을 수 있다면 목숨을 걸고 싸울 가치가 있다고 믿었다.

민중이 전쟁에서 실리를 추구했다면, 귀족 계층은 전리품보다 더 중요한 무언가를 노렸다. 바로 전쟁에서 공을 세우는 무훈(무공)이었다. 귀족 계층에게 무훈은 훈장이며 싸움터에서 목숨을 걸고 싸울 수 있는 동기 부여의 자극제였다. 이러한 경향은 특히 로마사에서 매우 큰 비중을 차지한다.

로마에서는 전쟁에서 승리하면 개선문을 세우거나 개선식을 열어 귀환 장병을 환영했는데, 이러한 전통으로 무훈이 로마 귀족에게 최대 명예였음을 알 수 있다. 전쟁에서 공을 세우면 그 사람의 권위를 높일 수 있었다. 다만 전쟁에서 세운 공적은 어디까지나 '권위'로 직결되었지, 권력으로 가는 지름길이 아니었음을 알아두자. 역사를 읽을 때 '권위'와 '권력'을 혼동하지 않는 게 중요하다.

이처럼 국정과 국방이 밀접하게 연관된 로마의 공화정을 이해하려면 단순히 '공화정 로마'라고 생각해서는 안 된다. 그보다는 '공화정 파시즘'이라는 새로운 개념으로 이해해야 한다. 우리는 20세기에 '독재정 파시즘'을 경험한 터라 파시즘이라는 말을 들으면 곧바로 무솔리니와 히틀러 같은 독재자를 떠올린다. 그래서 공화정과 파시즘을 한 쌍으로 연결한 개념에 거부감을 느끼는 사람이 많다. 그러나 본래 '파시즘'이라는 용어에는 독재라는 의미가 포함되어 있지 않다. 파시즘의 어원은 로마에서 권위의 상징으로 여겨졌던 도끼 장식 '파스케스(fasces, 속간)'다.

로마에서는 고위 공직자의 경호원들이 자작나무 작대기를 다발로 묶어 그 안에 도끼를 넣어 다녔는데, 이 다발을 '파스케스'라고 불렀다. 그 후 파스케스는 차츰 권위를 상징하게 되었다. 이렇듯 원래 권위를 의미하는 어휘였던 피스케스가 '파시즘=독재정 군국주의'라는 부정적인 이미지로 굳어져 우리의 뇌리에 각인되었다. 이는 20세기에 무솔리니의 파시스트당과 히틀러의 나치당이 등장하면서 생긴 현상이었다.

이 책에서 나는 고대 로마의 공화정에 굳이 '파시즘'이라는 용어를 사용했는데, 그 이유가 궁금할 것이다. 그것은 독재와 공화정이 서로 다른 정치 체제이지만 양자에서 공통된 부분을 찾아낼 수 있기 때문이다. 한마디로 '선제적 방위', 조금 쉽게 풀어서 설명하면 '공격이야말로 최선의 방어'라는 가치관이다. 그러므로 '공화정 파시즘'은 '공화정 군국주의'라고 바꾸어 말할 수 있다. 즉 로마에는 군사력에 의지하는 패권주의 측면이 있었음을 염두에 두어야 한다.

현대 파시즘이 독재와 군국주의의 결합인 데는 나름의 배경이 있다. 독일의 사례가 전형적이다. 독일 사회는 제1차 세계대전에 패배하며 막대한 배상금과 부채를 떠안고 대대적 사회 개혁을 단행해야 했다. 사회 개혁 과정에서 히틀러가 등장했다. 결과적으로 보면 독일에 막대한 배상금을 부과한 것이 히틀러의 등장, 즉 제2차 세계대전의 방아쇠를 당기는 계기가 되었다는 말이다.

영국의 경제학자인 케인스는 이 사태를 예측하고 이렇게 말했다.

"독일에 천문학적 배상금을 부과하면 돌이킬 수 없는 사태를 초래할 수 있다."

그는 독일에 배상금을 부과한 전후 처리 방식에 반대했다.

지금 우리는 히틀러를 극악무도한 독재자의 대명사로 여기나 그가 처음부터 독재자였던 건 아니었다. 그는 독일의 부흥을 목표로 독일 국민의 지지를 얻어 정권의 수장으로 취임했다. 실제로 히틀러 정권의 초반 몇 년 동안은 경제 정책에 중점을 둔 개혁을 단행했다. 그리고 그 개혁이 눈부시게 성공해 히틀러는 독일의 구세주로 국민에게 열광적인 지지를 받으며 권력을 획득했다.

히틀러는 독일 경기가 회복된 후 독선적인 방향으로 정책 노선을 변경했다. 빠른 속도로 경제 부흥에 성공한 독일은 이윽고 '독일의 생존권을 사수한다'는 명목으로 폴란드를 비롯한 이웃 나라를 침공했다. 당시 독일 국내의 공동체 의식을 고양하기 위해 아리아계 게르만 민족과 유대계 민족을 명확히 구별하며 게르만 민족의 우월성을 표방했다. 이 논리를 내세워 독일은 자신들의 침략 행위와 유대 민족 숙청을 정당화했다.

히틀러가 다른 나라를 침공한 이유가 먼저 공격을 당했기 때문이 아니라는 것을 확실하게 짚고 넘어가야 한다. '독일인의 생명이 위협받고 있다', '우리에게는 우리의 생명을 지킬 권리가 있다'며 자신들의 '생존권'을 주장한 침략 행위였다. 이는 대일본 제국을 표방한 과거 일본에도 해당하는 논리다. 당시 일본은 자국을 신의 나라로 여기고 다른 나라보다 우월하다는 논리를 내세워 대륙을 침공했다. 그리고 '만주는 일본의 생명선'이라며 권익 사수를 내걸고 만주 사변을 일으켰다. 즉 히틀러나 일본이나 일방적인 침략 행위를 자신들의 생존권으로 둔갑시키는 궤변을 펼쳤다.

이 책에서 공화정 로마를 '공화정 파시즘'으로 이해해야 한다고 한 것도 마찬가지다. 비록 배경은 다르나 타국에 대한 침공을 자국의 생존권으로 정당화했다는 점에서 독일 및 일본과 공통점을 찾을 수 있기 때문이다. 다만 고대 사회에 현대인의 논리를 그대로 적용할 수 없다는 전제를 깔고 이해해야 한다. 군국주의와 파시즘은 비단 로마만의 문제가 아니라 고대에는 국가로서 존속하기 위해 당연한 정치 방식이었다. 실제로 당시에는 어느 나라에서나 국가 예산의 70퍼센트 가까운 금액을 국방비로 지출했다.

고대는 힘이 정의였던 시대다. 침공이 자국의 이익으로 이어진다면 얼마든지 국경선을 무시하고 다른 나라로 쳐들어갈 수 있었다. 상대방이 자신에게 위협적인 존재가 될 가능성이 있다면 무슨 일이 생기기 전에 처치해야 했다. 즉 그들에게 미리 위험의 싹을 잘라내는 침략 행위는 정당한 주권 행사 행위였다. 위험을 감지하면 상대방이 손을 쓰든 쓰지 않든 자국 방어를 위해 공격에 나서는 '선제공격'이 정당화되었다. 고대 사회에 통용되던 이런 식의 가치관을 확실하게 알아두어야 로마사는 물론 고대사를 제대로 이해할 수 있다.

◇ 인류 역사상 '공적 개념'을 최초로 발견한 민족, 로마인

고대에는 어느 나라나 선제공격을 전제로 했다. 그런데 왜 로마만 패권을 잡고 제국으로 성장할 수 있었을까? 먼 옛날 폴리비오스에서 시작해 현대의 여러 학자와 연구자들에 이르기까지 연구를 거듭하며 답을 찾기 위해 노력 중인 화두다. 나름대로 로마 성장의 원인을 규명하는 데 성공했으나 이 책에서는 당시 기준으로는 탁월했던 로마인의 '국가에 대한 강한 자부심'에 집중해 이 물음에 대한 답을 찾고자 한다.

'그리스인이라고 국가에 대한 자부심이 없었을까?' 국가에 대한 자부심이라고 하면 이렇게 딴죽을 거는 사람이 있는데 '조국'이라는 의식, 즉 우리나라라는 '공(公)'적 개념에 대한 강한 귀속의식을 역사에서 최초로 발견한 이들은 로마인이었다.

기원전 3세기 이탈리아반도 북부에는 로마인이, 남단에는 그리스인이 살았다. 그리스인이 사는 남부는 '마그나그라이키아(Magna Graecia, 대 그리스)'라고 불렸다. 마그나그라이키아는 바다 건너에 자리 잡고 그리스 서북부를 다스리는 에페이로스(Epeiros) 왕국의 피로스왕에게 원군을 요청했다. 피로스왕은 이에 응해 로마와 싸웠다. 로마의 패권이 확장되고 마그나그라이키아와 로마 사이에 싸움을 피할 수 없게 되었을 때의 일이다.

전쟁은 로마의 패배로 끝났다. 당시 로마 국내에 그리스와의 강화를 요구하는 기운이 고조되었다. 그 기회를 놓치지 않고 피로스왕은 로마에 사절단을 파견해 강화를 맺으려 했다. 그러나 그 무렵 로마에서는 한 남자의 연설이 강화 분위기를 뒤집어놓았다. 원로원 의장에서 이미 은퇴해 눈먼 노인이 된 아피우스 클라우디우스가 연설대에 올랐다. 그는 '도로의 왕'이라는 별명으로 유명한 '아피우스 가도'의 창설자로, 입버릇처럼 "로마인은 평온할 때보다 난세에 신뢰할 수 있는 민족"이라고 주장한 인물이다.

아피우스는 이제 눈도 침침해지고 혼자서는 걸을 수조차 없을 정도로 쇠약해져 있었다. 원로원이 그리스의 피로스왕과 강화를 맺을 심산이라는 소문을 듣고 그는 안절부절못하다 아들들의 부축을 받고 의장에서 발언했다.

원로원 의사당.
포룸 로마눔(Forum Romanum, 이탈리아어로 포로 로마노)에 세워진 원로원 의사당. 현존하는 건물은 카이사르가 재개발로 세우고, 디오클레티아누스가 개축했다고 추정된다. 내부(아래 사진)에 들어가면 오른쪽에 트라야누스 황제가 사용했다는 연단의 난간이 놓여 있다. 찬성파와 반대파가 좌우로 나뉘어 앉아 토론했다.

"나는 눈이 침침해지다 못해 이제 앞이 보이지 않는다. 차라리 귀도 먹었으면 좋겠다는 심정이다. 피로스왕이 어디 강화 조약을 맺을 인물이더란 말이냐. 평소에 큰소리를 떵떵 치던 제군들은 다 어디로 갔는가. 만약 알렉산드로스 대왕이 이탈리아에 와서 우리 아버지들과 싸웠더라면 지금쯤 그는 무적의 화신으로 칭송받기는커녕 꽁지가 빠지게 도망쳐서 어쩌면 저세상 사람이 되었을 수도 있다. 그 기개는 다 어디로 갔단 말인가."

— 플루타르코스, 『영웅전』 중 「피로스」

아피우스의 감동적인 연설은 원로원 의원들의 마음을 움직여 로마는 다시 싸울 것을 결의하고 사절을 피로스왕에게 돌려보냈다. 피로스왕은 로마에 다녀온 사절에게 원로원의 동태를 자세히 물었다.

그러자 사절은 "제 눈에 원로원은 수많은 왕자가 모인 곳처럼 보였습니다"라고 보고했다. 당시 승부욕을 불태운 것은 원로원(귀족)뿐 아니라 민중도 마찬가지였다. 민중까지 '나라의 명예를 위해 전쟁에 나가 싸워 이기겠다'는 강한 신념을 지닌 나라는 당대의 많은 나라를 통틀어 로마 외에는 없었다. 가령 페르시아 전쟁 당시 페르시아군에는 국가를 위해 전쟁에서 이겨야 한다는 마음가짐으로 나선 민중은 거의 찾아볼 수 없었다. 나라의 명예를 위해 자신의 목숨까지 바친다는 사고방식이 옳은지 그른지는 여기서 논외로 하자. 조국이나 국가 등 '공공'에 헌신한다는 마음가짐을 귀족은 물론 민중까지 강하게 지니고 있었다는 점이 로마를 특히 눈여겨보아야 할 이유다.

◇ 로마인은 어떻게 그토록 강한 '공공 의식'을 갖게 되었을까?

로마인은 왜 이 정도로 강한 '공공' 의식을 가졌을까? 그 의식의 근원에는 면면히 이어져 내려온 '조상의 유훈'이 있었다. '조상의 유훈 또는 관습'을 라틴어로 '모스 마이오룸(Mos maiorum)'이라고 불렀다. 앞에서 설명했듯이 로마인은 전쟁에서 세우는 무공을 무척 중시했다. 로마에서는 어려서부터 귀에 딱지가 앉도록 '용기와 명예'를 중시하는 말을 듣고 자랐기 때문이다. 로마인들은 조상의 명예로운 이야기를 아이들에게 반복해서 들려주었다.

어느 나라에나 민족정신을 상징하는 단어가 있다. 예를 들면 미국인의 민족정신을 상징하는 단어 '프런티어(Frontier)', 일본인의 민족정신을 상징하는 '무사도' 등이다.

"로마인은 결코 패배를 잊지 않는다."

— 플루타르코스의 『영웅전』 중 「피로스」

이 말을 맨 처음 한 사람은 명연설로 그리스와의 강화를 뒤집은 아피우스다.

로마의 군대는 무적의 상비군이 아니었다. 삼니움 전쟁에서도 포에니 전쟁에서도 패배한 적이 있고 그 굴욕을 자양분으로 삼아 승리를 거머쥐었다. '절대 굴욕을 잊지 않는' 로마인의 기질을 북돋운 정신도 그 정신에 깊숙이 새겨진 마음가짐도 '조상의 유훈'이었다.

로마 귀족 가정에는 조상의 모습을 새긴 조각상이 반드시 있었다. 그리고 무슨 일이 있을 때마다 그 조각상 앞에 가서 "할아버님은……", "증조부님은……"이라고 조상의 무용담을 이야기했다.

요즘은 게임이나 인터넷처럼 오락거리가 워낙 많아서 옛 조상의 이야기에 눈을 초롱초롱 빛내며 듣는 아이는 거의 없다. 요즘 아이들이라면 시큰둥한 반응을 보이며 마지못해 뚱한 표정으로 듣는 둥 마는 둥 할 것이다. 그러나 당시 로마 아이들에게는 별다른 장난감도 놀이도 없었다. 그러므로 아버지가 아들에게 들려주는 조상의 무용담은 그 어떤 옛날이야기보다 흥미진진하고 가슴 두근거리는 엔터테인먼트였다.

로마의 아이들은 몇 번이고 반복해서 이야기를 들으며 무엇이 명예이고 무엇이 불명예인지를 구분할 줄 아는 가치관을 배웠다. 또한 뭔가 문제가 일어났을 때는 어떻게 행동해야 하는지 등의 행동 규범을 배웠다. 로마인들은 자신이 '그 조상에 그 후손'이라는 말을 들을 수 있도록 행동거지를 조심했다. 그들은 훌륭한 조상의 얼굴에 먹칠하지 않도록 행동에 신경을 쓰고, 전쟁에 나가 공을 세우기 위해 노력하고, 자손들에게 자신의 이야기를 들려주며 신념을 지켰다.

일본에는 다른 나라에서는 보기 힘든 세습 의원 관습이 있다. 아버지의 지역구를 아들이 물려받아 출마하는 식인데 흔히 "2세 정치인은 아버지만 못하다"라는 말이 있다. 그러나 로마의 원로원 의원은 죄다 2세, 3세 아니 4세, 5세도 수두룩할 정도로 대물림하는 직종이었다. 2세라서 아버지만 못한 게 아니라 2세로서의 자긍심을 제대로 가르쳐주지 못했기 때문에 덜떨어진 행보를 보이는 것이다.

'조상의 유훈'을 중시하는 사고방식은 유교 문화권에도 있었다. 자라면서 '조상 얼굴에 먹칠하지 않도록', '가문의 명예를 더럽히지 않도록' 등의 말을 들은 탓에 행실에 신경을 써야 한다는 인식이 있었다. 지배 계층뿐 아니라 일반 민중도 명절에는 제사를 지내며 조상을 기렸다. 그렇게 그들은 조상과 가문에 누가 되지 않도록 반듯하게 살겠다는 가치관을 가지고 살았다.

물론 로마인뿐 아니라 다른 나라 사람에게서도 많든 적든 '조상에 대한 자부심'이 있다. 그러나 로마인은 조상을 자랑스럽게 여기고 기리는 마음이 각별했다. 로마인에게 '조상의 유훈'은 일종의 관습이자 행동 규범이며 명예를 중시하고 높은 긍지를 갖고 살아가게 하는 원동력이었다. 그러나 그들에게 '조상의 유훈'이 선민의식은 아니었다.

나는 선민의식 없는 자부심이 로마인의 성실함과 모략을 꾸미지 않는 당당한 싸움 방식으로 나타났다고 믿는다. 적어도 로마인은 음모나 모략을 뛰어난 지략이라고 자랑하지 않았다. '우리는 유대인처럼 신에게 선택받은 민족은 아니지만, 우리가 내세우는 명예는 유대인 이상으로 고귀하다. 그래서 매사에 최선을 다해야 한다'는 게 말하자면 로마인의 사고방식이었다. 정정당당하게 싸웠다면 패전 장수라도 받아들였던 로마의 관용은 이러한 가치관에서 비롯되었다.

◇ 신앙심이 깊었던 로마인이 현세의 가호를 빌지 않은 까닭

로마인은 귀족과 평민은 물론이고 하층민에 이르기까지 '조국'을 위해 충성을 바친다는 강한 신념을 가지고 있었다. 귀족의 의식에서는 '조상의 유훈'이 큰 비중을 차지했고 평민과 하층민의 의식 밑바탕에는 '경건한 신앙심'이 자리잡고 있었다.

> "로마는 종교의 힘으로 다른 나라를 앞질렀다. 다른 나라에서라면 미신으로 치부될 일도 로마인들은 국가 통합의 원동력으로 삼았다. 모든 종교 행사는 엄숙하게 치러지고 공인으로서나 사인으로서나 시민 생활을 꼼꼼하게 규제했다. 종교만큼 이 역할을 제대로 해내는 장치도 없다. ……민중이 모두 투철한 이성을 지녔다면 문제 될 게 없겠지만, 민중은 격정에 사로잡혀 폭발할 수도 있다. 그 폭발을 억누르려면 공포가 필요하다."

폴리비오스가 쓴 『역사』의 한 구절이다. 폴리비오스는 로마에 그리스 출신 로마 역사가 폴리비오스.

서 이방인이었다. 그리스인이었던 그는 로마인을 그리스인과 비교했다. 그는 로마인들의 독실한 믿음과 경건한 신앙생활에 놀랐다. 그러나 로마인 중에서도 자신들의 유별난 신앙심을 자각한 사람이 있었다. 철학자 키케로(기원전 106~기원전 43년)는 다음과 같은 말을 남겼다.

> "로마는 인구 면에서는 이스파니아(오늘날의 스페인과 포르투갈)보다 떨어지고, 활력 면에서는 갈리아인에, 다재다능함에서는 카르타고인에 그리고 학문과 예술 면에서는 그리스인에 미치지 못한다. 그러나 신들을 경애하는 마음(pietas)과 신앙심(religio)에서는 로마인을 능가할 사람이 없다."

그리스에서 온 폴리비오스도 로마인인 키케로도 로마인의 신앙심을 강조했으니 어느 정도 근거가 있는 주장으로 보아도 좋지 않을까. 다만 그리스인보다 로마인이 종교적으로 경건하다는 식으로 우열을 가리는 문제가 아님을 알아두어야 한다. 신앙심은 각각의 종교관에 따라 나타나는 양상이 달라지기 때문이다. 이러저러한 이유로 로마인이 더 신앙심이 깊은 사람들이었다고 획일적으로 말할 수는 없을 것이다. 그러므로 실제적인 우열이 아니라 동시대 사람들에게 '로마인이 독실한 신자로 보였다'는 부분에 논의의 초점을 맞추는 게 합리적일 것이다.

본래 로마인에게 신은 인격을 가진 존재가 아니라 천재지변을 일으키는 '정령'과 같은 경외의 대상이었다. 요즘에는 로마 신화를 '그리스·로마 신화'라는 형태로, 즉 두 나라의 이름을 아울러 하나의 이야기로 다루는 경향이 있다. 이는 원래 신화가 없었던 로마가 그리스 문화의 영향을 받으며 나타난 현상이다. 로마는 그리스 신화에 등장하는 신들을 자기네 신들로 받아들여 발전시키는 과정에서 신화도 자신들의 신화로 소화했고, 따라서 둘의 신화를 따로 떼어 생각하기 어려워졌다. 그러므로 로마 신화 속에서는 로마인이 지닌 신앙심의 뿌리를 찾을 수 없다. 그렇다면 무엇을 보아야 로마인의 종교관을 알 수 있을까? "로마인은 신들에게 무슨 기도를 드렸을까?"라는 질문으로 그 답을 찾을 수 있다. 로마인은 종교 의례에서 신들에게 현세의 가호를 빌지 않았다.

현대인은 신에게 기도하는 행위는 '기원', 즉 '소원을 비는 일'이라고 생각하는 경향이 있다. 로마인들이 신에게 현세의 가호와 은총을 빌지 않고 도대체 무엇을 기도했는지 짐작하기 어려운 것은 그래서다. 로마인들은 "좋은 일이 생기게 해주세요"가 아니라 "나쁜 일이 생기지 않게 해주세요"라고 기도했다. 구체적으로 말하면 '풍년'을 기원하기보다 '천재지변이 일어나지 않게 해달라'고 기도하는 식이었다. 현대인이 보기에는 상당히 겸허한 기도이나 농경 민족인 로마인에게는 이것만큼 간절하고 절실한 기도가 없었다.

로마에서 가장 큰 재난은 '천재지변'이었다. 굶주림, 가뭄, 역병, 지진, 화산 폭발…… 모두 인간의 힘으로는 어찌할 도리가 없는 자연현상이다. 그 자연현상이 왜 일어나는지를 모르는 고대인들에게 천재지변은 신들의 분노 이외에는 달리 설명할 길이 없는 현상이었다. 그래서 정성 들여 제사를 지내고 천재지변이 일어나지 않게 해달라며 신들이 노여움을 거두고 잠잠해지기를 빌었다. 이 간절한 기도의 배경에는 천재지변만 일어나지 않는다면, 평범한 일상이 이어진다면, 나머지 일은 자신들의 힘으로 어떻게든 할 수 있다는 성실한 사고방식이 반영되어 있다.

로마인만이 아니라 고대인 대다수가 은혜와 가호보다 평온을 빌었다. 그러한 종교관을 지닌 시대에 로마인은 특히 신앙심이 투철한 민족으로 여겨졌다. 그러면서도 로마인은 태생적으로 자신의 성실함과 능력을 믿고 열심히 노력하는 사람들이었다고 보는 것이 합당하다. 그리고 이러한 신앙심은 전쟁에 나가 비겁한 술수를 쓰지 않고 정정당당하게 싸우는 자세와 패배하더라도 포기하지 않고 두 번 세 번 승리를 거둘 때까지 끈기 있게 싸우는 모습으로 이어졌다. 그와 더불어 신들에 대한 믿음이 있었기에 로마인은 '나'라는 개인의 자아를 억누르고 나라를 위해, 공공을 위해 내 한 몸 바치는 기질을 기를 수 있었다.

◇ 고대 로마 명장 투베르투스는 왜 규율을 위반한 친아들의 목을 베었나?

조상의 유훈과 신앙심 그리고 공화정 파시즘이 어우러져 열매를 맺은 집단이 로마군이었다. 고대 세계는 역시 군사력이 관건인 세계, 힘이 법이 되는 약육강식의 세계였다. 그래서 군사력이 제 기능을 하게 만드는 것이 국가의 최후선 과제 중 하나였다. 로마인은 군인 정신의 기본 소양으로 '엄격한 규율과 협조'를 지키라고 반복해서 들려주며 강조했다.

기원전 431년, 아이퀴족(Aequi)과 싸웠을 때 개선장군이었던 아울루스 포스투미우스 투베르투스(Aulus Postumius Tubertus)의 사례를 동해 살펴보자. 어느 날, 투베르투스의 아들이 젊은이 특유의 혈기를 이기지 못하고 전열에서 이탈하는 규율 위반을 저질렀다. 로마군에게 규율 위반은 중죄였다. 그러나 중죄를 저지른 죄인이라고는 해도 친아들이었다. 사람들은 적당히 벌을 주고 용서해줄 것이라 예상했지만 투베르투스는 규율 위반으로 군기를 어지럽혔다며 아들의 목을 쳤다.

또 기원전 4세기의 군인 토르콰투스(Manlius Torquatus)와 그의 아들에게도 비슷한 이야기가 전해진다. 어느 전투에서 기병대장을 맡은 아들이 적군 대장의 도발에 넘어가 일대일로 겨뤄보자며 대열에서 이탈했다. 아들은 용감하게 싸웠고 멋지게 적장의 목을 베었다. 의기양양하게 부대로 돌아온 아들을 토르콰투스가 맞이했다. 그러나 토르콰투스는 아들의 용기를 칭찬하면서도 "네 행동은 중대한 규율 위반이다"라며 역시 아들의 목을 쳤다.

이와 비슷한 사례인데 결말이 다른 이야기도 있다. 로마가 갈리아인에 맞서 싸울 때의 이야기다. 갈리아인은 앵글로색슨 계열 민족이라 라틴계 민족인 로마인보다 키가 크고 체격도 좋다. 로마인에게 갈리아인은 백병전을 벌여 힘으로 맞붙기에는 버거운 상대였다. 안 그래도 체급 차이가 큰데 어느 날 눈에 띄게 덩치가 큰 갈리아인 병사가 로마군을 도발했다. 그러자 한 로마 병사가 나와 일대일로 결투를 벌였다. 뜻밖에도 결과는 로마 병사의 승리로 마무리되었다. 전우들의 갈채를 받으며 귀환한 로마 병사는 부대로 복귀해서도 아무런 처벌도 받지 않고 대장에게 명예롭게 잘 싸웠다고 칭찬받았다.

이 병사의 어떤 행동이 토르콰투스의 아들과 달랐을까? 알고 보니 로마 병사는 대열에서 빠져나와 결투를 벌이기 전에 대장에게 가서 확실하게 보고하고 허가를 받았다. 이 일화들은 모두 로마군의 엄격한 규율을 방증하는 이야기다. 허가 없이 대열을 이탈한 자는 설령 대장의 아들이라 해도 적을 이기는 공을 세워도 군기 위반으로 처형당하고, 규율을 지켜 대장의 허가를 받은 다음에 행동하면 공을 인정받고 상도 받을 수 있다. 로마군에서는 개인의 공보다 군대라는 조직의 규율이 더 우선되었음을 알 수 있다.

◇ 연대 책임에 기초한 형벌 '10분의 1형' 데키마티오를 엄격히 시행한 로마군

로마에서는 용감하게 싸웠음이 증명되면 설령 패전 장수라도 관대하게 받아들여졌고 다시 싸울 기회를 얻어 복수전에 나설 기회를 주었다. '용기'는 로마에서 결과의 승패와 다른 차원으로 칭찬받아 마땅한 가치였기 때문이다.

용기 있는 자에게는 합당한 보상이 주어졌으나 비겁한 자에게는 반대로 엄중한 벌이 내려졌다. 로마군의 '10분의 1형'을 보면 잘 알 수 있다. '10분의 1형'은 라틴어로 '데키마티오(decimatio)'다. 요즘 말로 바꾸면 '연대 책임에 기초한 형벌'이다. 가령 부대원이 100명인 한 부대가 전쟁터에 나가 싸웠다고 치자. 각 부대원은 용감하게 최선을 다해 싸웠는데, 전체적으로 발이 맞지 않는다거나 지휘관의 지시에 따르지 못하고 대열이 흐트러질 때가 있다. 또는 몇몇 부대원이 한심하게 싸워 부대 전체의 움직임이 둔해질 때도 있다. 그러면 100명의 부대원 중 제비뽑기로 10명을 뽑아 처형하는 벌이 '10분의 1형'이다.

한심하게 싸운 사람과 지휘관의 통제에 따르지 않은 자를 골라내 처벌하는 게 합리적인데, 무작위로 뽑은 10명, 즉 부대원의 10분의 1을 처형한다는 것은 어떤 의미에서는 불합리한 처벌이었다. 그래서 용감하게 싸운 병사가 억울하게 처형당하기도 했고, 비겁하게 싸운 병사가 운 좋게 살아남기도 했다.

왜 로마 병사들은 이 불합리한 형벌에 이의를 제기하지 않았을까? 로마인들은 제비뽑기 결과는 오직 신만이 아는 일이라고 생각했기 때문에 그 누구도 불만을 토로하지 않았다. 즉 무작위로 선택된 10명은 다시 말해 신이 선택한 10명이다. 신앙심 깊은 로마인은 이 신들의 판결을 겸허하게 받아들였다.

그렇다 치더라도 도대체 로마군은 왜 이렇게 불합리한 형벌을 없애지 않았을까? 답은 간단하다. 병사들에게 공포심을 심어주기 위해서였다. 단순히 '비겁하게 싸우면 군법에 따라 처형하겠다'는 으름장보다 '네가 비겁하게 싸우면 다른 누군가가 너 대신 희생당할 수 있다'는 심리적 압박이 더 효과적이었기 때문이다. 실제로 이 형벌의 위력은 대단했다. 공화정 시대뿐 아니라 제정 시대에 접어들어서도 데키마티오 형을 집행했다는 기록을 찾아볼 수 있다.

이렇게 로마는 다양한 형태로 모름지기 군인으로서 가져야 할 마음가짐을 조직적으로 함양하는 시스템을 갖추고 있었다. 로마의 공화정은 단순한 공화정이 아닌 공화정 파시즘으로 바라보아야 할 필요를 느끼게 해주는 사례들이다.

어떻게 하고 많은 도시국가 중에서 오직 로마만이 차근차근 영토를 확장해 세계 제국으로 성장할 수 있었을까? 이 물음을 염두에 두고 로마사를 읽으면서 공화정 파시즘이라는 관점으로 바라보면 매우 의미 있는 통찰이 가능해지리라 믿는다.

M·AGRIPPA·L·F·COS·TERTIVM·FECIT

part

II

최고 영웅 카이사르와 최고 황제 아우구스투스, 로마를 반석 위에 세우다

율리우스-클라디우스 왕조의 성쇠,
그라쿠스 형제의 개혁

④

Confrontation & Competition

대립과 경쟁

'대립'하며 혼란을 겪고, '경쟁'하며 발전하는 로마

◇ 카르타고와의 포에니 전쟁에 승리한 뒤 '승자의 저주'에 빠진 로마

기원전 146년은 로마에 큰 분기점이 된 해였다. 한 세기에 걸친 카르타고와의 전쟁을 로마의 대승으로 마무리 지은 해이며, 서지중해를 로마의 앞바다로 만든 뜻깊은 해였다. 또 그리스의 여러 폴리스를 통합한 마케도니아 세력권에 편입되어 끝까지 로마에 저항하던 코린트를 제압하고, 로마가 동지중해의 마케도니아령이었던 지역을 모조리 속주로 삼은 해이기도 하다. 이 시점에서는 아직 황제가 등장하지 않았기에 정식 '제국'은 아니었다.

그러나 로마는 이 해에 사실상 제국을 완성했다.

로마는 지중해의 패권을 장악했으나 이 승리의 맛이 달콤하지만은 않았다. 오히려 '승자의 저주(Winner's Curse)'를 초래했다. 다양한 요인이 복잡하게 얽히며 로마의 승리는 비극으로 점철되었다.

첫째, '정복지가 증가'했다. 정복지를 확장하는 과정에서 얻은 막대한 전리품과 토지 그리고 그 정복지에서 새로 얻게 될 이익 등 전반적으로 '부'가 균등하게 분배된다면 문제가 없을 것이다. 그러나 예나 지금이나 부의 균등 분배는 이룰 수 없는 헛된 꿈과 같다. 로마에서는 가진 자(부유층)와 못 가진 자(빈곤층)의 격차가 급속히 확대되었다.

오랜 세월 이어진 전란의 영향으로 '농지의 황폐화'가 나타났고 이것이 빈부 격차를 조장했다. 남성이 국방의 의무를 다하는 동안 농지는 여성과 노인, 어린이에게 맡겨졌다. 농기계나 농약이 없던 당시의 농사는 중노동이었다. 김을 매고 밭고랑을 갈고 물을 대야 하는 농사는 오로지 노동력으로 해결해야 하는 일이었다. 농사꾼의 손길이 닿지 않은 농지는 갈수록 황폐해졌고 농지가 황폐해지자 당연히 수확량이 줄었다. 결국 경제적으로 궁핍해진 농민은 농지를 팔거나 농촌을 떠났다.

농민이 떠난 농지는 가진 자인 상류계급이 차지했다. 귀족은 저렴하게 사들인 토지에 전쟁으로 얻은 '노예'라는 이름의 노동력을 부려 경작했다. 이렇게 '노예제 라티푼디움(Latifundium)'이 탄생했고, 상류계급의 주머니로 더 많은 부가 흘러 들어갔다. 부자는 더 부자가 되고 가난한 자는 더 가난해졌다.

'라티푼디움'은 라틴어로 '광대한 토지'라는 뜻인데, 여기서 대토지 소유제도를 뜻하는 '라티푼디아(latifundia)'라는 말이 생겨났다. 토지를 뜻하는 '푼디움(fundium)'의 복수형 '푼디아(ifundia)'를 사용한 것으로 보아 광대한 하나의 토지가 아니라 곳곳에 흩어진 토지를 소유한 형태임을 알 수 있다. 요즘으로 치면 여기저기에 아파트를 몇 채씩 가지고 세입자에게 임대료를 받는 임대사업자와 같다.

한편 생활고로 토지를 잃은 농민은 일자리를 찾아 로마 등의 대도시로 흘러 들어갔고, 도시에는 무산계급이 급속히 증가했다. 새로 도시로 유입된 인구는 못 가진 자, 즉 도시 빈곤층이었으나 로마 시민권은 가지고 있었기에 정치적으로는 무시할 수 없는 세력을 형성했다. 가진 자와 못 가진 자라는 계급에 따른 빈부 격차가 발생하며 폴리비오스가 말한 혼합 정치 체제(원로원과 집정관과 민회)에서 유지되던 로마의 정치적 균형이 무너졌다. 그리고 마침내 계급 대립은 내란으로 발전했다.

둘째, 사람들의 의식이 변화했다. 눈에 띄게 수면으로 떠오르기 시작한 대립과 내란의 배경에는 가진 자와 못 가진 자라는 빈부 격차가 도사리고 있었다. 빈부 격차는 로마인의 국가에 대한 인식 변화를 가져왔고 변화된 가치관은 대립 구조에 큰 영향을 주었다.

로마인의 조국에 대한 사랑은 로마의 발전을 밑바닥에서부터 떠받치고 있었다. 개인보다 공공을 우선하는 로마인의 애국심이 계급 투쟁으로 사라지고, 그 자리를 자기애나 신분에 대한 애착 등의 개인을 중시하는 의식이 차지했다. 이러한 변화가 조국 전체가 아닌 자신이 속한 계급 혹은 자신의 권익을 지키는 마음으로 이어지며 대립의 골이 깊어지고 사회적 갈등이 내란으로 격화되었다고 볼 수 있다.

◇ 명문 귀족 가문 출신 그라쿠스 형제가 가난한 평민을 위한 개혁에 나선 이유

사람들의 인식이 조국애에서 자기애로 변화하는 가운데 여전히 애국심을 내걸고 로마를 개혁하자고 나선 이들이 있었다. 바로 그라쿠스 형제였다. 가난한 평민을 구하고 국가의 안정을 되찾기 위한 개혁에 전념한 그라쿠스 형제는 로마의 명문 귀족 가문 출신이었다. 형제의 어머니인 코르넬리아(Cornelia)는 제2차 포에니 전쟁에서 로마의 숙적 한니발을 쓰러뜨린 대 스키피오(스키피오 아프리카누스)의 딸이었고, 아버지인 티베리우스 셈프로니우스(Tiberius Sempronius)는 집정관(콘술)에 두 번이나 취임한 경력을 자랑하는 사회적 명사였다.

나이 차가 많이 나는 부부였으나 금실이 좋아 열두 명의 자녀를 둔 다복한 가정을 이루었다. 그러나 유아 사망률이 높은 고대에 열 명의 자식을 먼저 떠나보내고 무사히 성장한 자식은 티베리우스와 가이우스 두 아들뿐이었다. 그 두 아들이 채 성장하기도 전에 코르넬리아는 남편을 여의고 과부가 되었다.

코르넬리아의 친정인 스키피오 가문은 로마 귀족 중에서도 선진적인 개혁 사상을 지닌 사람들이 모인 개방적인 집안이었다. 그라쿠스 형제가 개혁 사상에 눈뜬 것도 어떤 의미에서는 어머니의 친정, 즉 그들 외가의 영향을 받았다고 볼 수 있다. 그라쿠스 형제는 로마의 질서 회복을 추구했다. 무너진 질서를 회복하기 위해 농촌을 떠나 도시로 몰려든 무산 시민들을 다시 농촌으로 돌려보내는 게 시급히 해결해야 할 과제였다.

형인 티베리우스 그라쿠스(Tiberius Gracchus, 기원전 162~기원전 132년)가 먼저 행동에 나섰다. 티베리우스는 제3차 포에니 전쟁의 참전 용사로, 잿더미로 변한 카르타고의 모습을 망막에 새기고 귀국했다. 그런데 막상 로마로 돌아와보니 조국의 농지는 황무지로 변했고 거리에는 농촌을 떠난 가난한 시민이 넘쳐났다. '이대로 두면 로마도 카르타고처럼 멸망하고 말 것'이라는 위기감을 느낀 티베리우스는 기원전 133년, 20대의 젊은 나이에 호민관에 취임해 토지 개혁에 착수했다.

그가 제안한 토지 개혁은 '대토지 소유 제한' 조치였다. 실은 옛 로마법에 이미 대토지 소유를 제한하는 '리키니우스 섹스티우스 법(leges Liciniae Sextiae)'이 있었다. 이 법에는 '누구든지 500유게라(약 125헥타르) 이상의 토지를 보유해서는 안 된다'는 규정이 있다. 그러나 현실에서 이 법은 지켜지지 않았다. 그래서 티베리우스의 개혁에서는 구법의 제한을 조금 완화해 한 사람이 소유할 수 있는 농지 면적의 상한을 조정하고 조건을 덧붙였다. 여러

자녀를 둔 사람이라면 1,000유게라(약 250헥타르)까지 토지를 보유할 수 있도록 하는 법을 제안해 원로원의 승인을 요청했다.

법이 무시되는 세태를 법에 따를 수 있게 바로잡자고 호소하며 통 큰 양보까지 한 덕분에 티베리우스의 주장은 정당성을 확보할 수 있었다.

그는 개혁으로 상류계급이 법정 면적 이상으로 소유한 토지를 국가에 반환하게 하고, 반환된 농지를 무산 시민이 된 사람들에게 평등하게 분배해 귀농을 유도하고자 했다. 그러나 이미 노예제 기반의 대토지 소유제인 라티푼디움으로 재미를 보던 귀족들은 새 법안에 맹렬히 반발했다. 이렇게 가진 자와 못 가진 자의 대립은 벌족파(optimates, 원로원파)와 평민파라는 당파 싸움의 형태로 표면화했다.

티베리우스는 당연히 반발을 예상했다. 그가 개혁을 시작하며 호민관으로 취임한 것도 그래서였다. 호민관은 공화정 초기 신분 투쟁 과정에서 신설된 관직이었다. 당시 신분 투쟁에서는 힘없는 평민들은 귀족과 직접 대결을 피하고 로마라는 도시를 떠나 산에 틀어박혀 저항을 이어갔다. 산중 농성은 말하자면 파업이었다. 평시에는 노동력이고 전시에는 중요한 전력인 평민들이 산에 틀어박혀 나오지 않으면 주변국이 기회를 틈타 쳐들어올 위험이 있다. 만약 실제로 외세가 쳐들어온다면 귀족들만으로는 도저히 로마를 지켜낼 수 없다. 그래서 귀족들은 평민을 달래기 위해 이런저런 요구를 들어주었다. 제1장에서 소개한 12표법도 호민관도 평민의 요구를 반영한 정책이었다.

호민관의 임기는 1년, 선거로 선출하며 정원은 약 10명. 호민관은 귀족들이 평민에게 무리한 요구를 강요할 때 '거부권'을 발동할 수 있었다. 가령 어떤 평민이 부당하게 귀족에게 강제 연행될 때 호민관이 부당하다고 항변하면 연행을 멈출 수 있었다. 게다가 호민관의 몸은 신성불가침한 대상으로 규정되어 누구도 함부로 손을 댈 수 없었다. 오늘날 일부 국가에서 국회의원 등에게 부여하는 불체포특권과 비슷하다.

티베리우스가 개혁에 착수하기 전에 호민관으로 취임한 것은 원로원이 반발해도 거부권을 행사할 수 있다고 생각했기 때문이다. 또 반대 세력이 습격해도 신성불가침의 호민관 신분이라면 신변을 보호받을 수 있다. 실제로 티베리우스는 반대하는 원로원에 대항해 개혁을 단행하기 위해 거부권을 행사했다. 하지만 이번에는 반대 세력이 티베리우스의 파면을 요청해 정쟁이 한층 격화되었다. 그리고 티베리우스의 호민관 임기가 끝났을 때 그는 100명 이상의 동지와 함께 참살되었고, 그의 시신은 무참하게 테베레강에 던져졌다.

◇ 가이우스 그라쿠스의 곡물법 개혁안을 반대하던 원로원 의원은 왜 배급을 타기 위해 줄을 섰나?

티베리우스의 무참한 죽음은 민중의 분노에 불을 붙였고, 로마에는 스멀스멀 내란의 기운이 피어올랐다. 민심에 밀린 원로

그라쿠스 형제와 어머니 코르넬리아.
스키피오 아프리카누스의 딸 코르넬리아는 홀몸으로 두 아들을 훌륭하게 길러냈다.
피에르-쥘 카벨리에(Pierre-Jules Cavelier)의 조각 작품. 오르세 미술관 소장.

원도 어쩔 수 없이 티베리우스가 제안한 정책을 승인하고 농지 분배에 착수했다. 실제로 이 시기 농지 재분배를 기록한 라틴어 비문과 경계석이 많이 남아 있다.

그러나 당연히 벌족파는 앙심을 품었고, 이후로도 살아남은 티베리우스 지지파의 주장에 트집을 잡고 물고 늘어지며 공격하기를 반복했다. 그 상황을 보다 못한 티베리우스의 동생 가이우스 그라쿠스(Gaius Gracchus, 기원전 154~기원전 121년)가 정치판에 뛰어들었다.

기원전 123년 티베리우스보다 여덟 살 어린 가이우스도 형의 뒤를 이어 호민관으로 취임해 국가 재편에 매진했다. 가이우스의 개혁은 형의 유지를 이으면서도 원로원의 지배 영역을 깊숙이 파고드는 대담한 정책이었다.

가이우스의 개혁이 한창이던 와중에 흥미로운 일화가 남아 있다. 당시 주요 식량인 곡물을 수입에 의존하던 로마에서는 기상이변 등 여러 요인이 겹치며 곡물 가격이 크게 요동쳤다. 가난한 사람들은 곡물 가격이 상승하자마자 배를 곯기 시작했다. 가이우스는 경제적 약자들이 곡물 배급을 받을 수 있도록 곡물법을 제정했다. 그 당시 곡물 배급을 받으러 민중들이 늘어선 줄에 곡물법 제정에 반대하던 유력 원로원 의원이 끼어 있었다.

"형편이 어려운 이들을 위한 배급입니다. 왜 당신이 여기 있습니까?"

"내 몫을 찾으러 왔소. 나한테 뜯어간 세금 아니오. 그러니 내 몫을 찾아가는 게 당연하지 않겠소?"

그 원로원 의원은 뻔뻔하게 대꾸했다. 과거 그리스인이 "당당한 왕자 무리와 같다"고 감탄했던 원로원의 품위와 긍지는 찾아볼 수 없게 되었다. 이 일화만 봐도 로마인의 애국심이 자기애로 옮겨갔음을 짐작할 수 있다. 가이우스는 애국심이 투철한 청년이었다. 그러나 젊은이답게 조금은 이상주의에 빠졌을 수도 있다.

국토가 확장되고 속주가 늘어난 로마에서는 원로원 의원 중 고위 공직 경험자에게 속주 총독 자리를 승인했다. 속주 총독 대부분은 현지 민중에게 과도한 공납을 강요했고 부정하게 이득을 챙겨 제 주머니를 채웠다. 총독의 비위를 심리하기 위한 법정도 마련되어 있었으나, 배심원 대부분이 원로원 의원으로 제 식구 감싸기 일색이라 실제로는 비위를 감시하고 처벌하는 효과가 거의 없었다. 가이우스는 배심원에서 원로원 의원을 배제하고 기사 신분을 가진 사람으로 채우자고 제안했다. 물론 원로원은 이 제안에 맹렬하게 반대했으나 배심원 개혁안은 근소한 차이로 가결되었다. 이로써 가이우스는 원로원 전체를 적으로 두게 되었다. 그의 등에 칼을 꽂으려는 적이 늘어나도 가이우스는 개혁의 고삐를 늦추지 않았다.

그는 이탈리아 주민에게 로마 시민권을 부여하자는 법안을 발의했다. 로마 시민권은 공직자 선거 투표권과 면세권 등 수많은 특권을 포함한 권리였다. 당시 이탈리아에 살아도 로마 시민권이 없는 사람이 많아 시민권을 가질 수 없는 사람들의 불만이 상당했다. 가이우스의 제안은 지방 도시의 빈곤층에게는 환영받는 정책이었으나 그때까지 그라쿠스 형제의 개혁을 지지하던 로마 민중에게는 달갑지 않은 정책이었다. 자신들이 지닌 특권을 지방 도시 민중에까지 확대한다는 의미였기 때문이다. 이에 반대 의사를 개진하는 여론이 일반적이었다. 이렇게 로마 시민권 확대는 원로원 의원은 물론 그때까지 그라쿠스 형제의 개혁에 힘을 실어주던 민중까지 반대하며 법안이 부결되었다.

이 사건을 계기로 개혁 반대파의 목소리에 힘이 실렸고 가이우스는 수세에 내몰렸다. 가이우스의 신변이 위험해지자 어머니 코르넬리아가 아들 앞으로 보낸 편지로 추정되는 글귀가 남아 있다.

> "아들아, 네 형 티베리우스를 살해한 자를 제외하면 어떠한 적이라고 해도 네가 하는 일만큼 이 어미 가슴이 멍들고 찢어지는 아픔을 느끼는 일도 없구나. 너는 내 남은 희망이다. 네 형의 몫까지 짊어진 네가 이 늙은 어미의 마음을 어지럽히지 않도록 조금만 자중해주지 않으련? 살날이 얼마 남지 않은 이 어미를 위해서 말이다. 이 어미를 돕는 셈 치고 잠시라도 몸을 사리고 시국이 조용해질 때까지 가만있을 수 없겠니? ……만약 이 어미의 말을 들어줄 수 없다면 이 어미 눈에 흙이 들어간 후에 너 좋을 대로 마음껏 살려무나."
>
> — 코르넬리우스 네포스, 『일화집』(Exempla)

아들에게 "왜 너는 국가를 바꾸려는 무모한 일을 벌여 이 어미의 속을 뒤집어놓는 게냐. 그 꿈을 도저히 포기할 수 없다면 적어도 살날이 얼마 남지 않은 이 어미의 숨이 끊어지고 난 후에 하려무나"라고 호소하는 이 편지의 작성자가 정말로 코르넬리아라는 증거는 없다. 그러나 마지막으로 남은 자식의 신변을 걱정하는 애끓는 어머니의 심정을 읽을 수 있다.

그러나 허망하게도 어머니의 바람은 이루어지지 못했다. 가이우스는 반대파에게 압박을 받으며 신변의 위협을 느끼자 스스로 목숨을 끊고 세상을 등졌다. 원로원은 가이우스가 눈엣가시를 넘어 철천지원수 같았던지 생때같은 자식을 모두 잃은 코르넬리아가 상복을 입을 권리조차 박탈했다. 사랑하는 두 아들을 먼저 보낸 어머니는 마음껏 애도조차 하지 못했다고 전해진다.

◇ 마리우스와 술라라는 간판을 내걸고 대립한 '평민파'와 '벌족파'

그라쿠스 형제 사후 로마에서는 평민파와 벌족파의 대립이 격화되어 내란이 빈발했다. 그 틈을 노려 주변국이 잇따라 로마 국경을 넘어 침공해 왔다. 북아프리카에서는 동맹국이었던 누미디아가 선전 포고를 하며 전쟁(유구르타 전쟁)을 일으켰고, 북방 갈리아에서는 게르만계 민족이 로마의 국경을 침범했다. 그런데 로마군의 사기는 땅에 떨어져 적의 침공을 격퇴하기는커녕 수많은 희생자만 냈다.

이 위기에서 로마를 구원한 지도자가 가이우스 마리우스(Gaius

Marius, 기원전 157~기원전 86년)였다. 마리우스는 가난한 평민 출신이었으나 전쟁에 나가 공을 세워 승진했고 집정관 자리에 올랐다. 무공을 세운 마리우스는 명예뿐만 아니라 막대한 전리품과 영토를 얻었고 일약 부호의 반열에 들었다.

집정관이 된 마리우스는 종군 자격이 없던 무산 시민의 입대를 허용해 실업 문제와 군사력 저하를 한꺼번에 해결했다. 또한 퇴역 군인에게는 토지를 분배해 생활을 꾸려나갈 수 있는 기반을 마련해줌으로써 군의 사기를 진작하는 데 성공했다.

평민 출신 마리우스의 급부상에 위기감을 느낀 원로원 의원들은 유구르타 전쟁에서 활약한 루키우스 코르넬리우스 술라(Lucius Cornelius Sulla Felix, 기원전 138~기원전 78년)의 인기를 등에 업고 '벌족파'를 결성, 마리우스를 중심으로 뭉친 '평민파'와 대립했다.

술라는 귀족 출신이었으나 재산이 없어 연상의 여인에게 생계를 의지하는 처지였다. 그러다 유구르타 전쟁과 미트리다테스 전쟁(소아시아에 있던 폰토스 왕국과 벌인 전쟁)에서 승리하며 막대한 전리품을 얻어 빈곤 귀족에서 벗어났다. 재산이 생긴 술라는 아내와 이혼하고 유력 원로원 의원의 딸과 재혼하면서 벌족파의 후원을 배경 삼아 마리우스와 대결했다.

두 사람 사이의 싸움은 고령이었던 마리우스의 죽음으로 결판이 났다. 술라는 독재관으로 취임했다. 벌족파인 술라는 예전처럼 원로원 중심의 공화정으로 돌아가는 국내 개혁에 착수했다. 원로원의 힘을 강화하기 위해 의원 정수를 기존의 300명에서 그

벌족파의 지도자 술라의 흉상.
평민파를 제압하고 강력한 정권을 완성했다.

갑절인 600명으로 늘리고 다양한 직책을 신설했다. 이렇게 원로원 강화를 꾀하며 동시에 평민파 힘의 원천인 호민관의 권한 범위를 축소했다. 사실 사사건건 트집을 잡는 호민관이라는 직책 자체를 폐지하고 싶었으나 아무리 술라라도 로마의 전통을 무시할 수는 없었다.

어쨌든 약 3년 동안 부지런히 개혁을 단행한 술라는 깨끗하게 권력을 내려놓고 권좌에서 물러났다. 술라는 황제가 아니었으나 실질적으로는 독재자 수준의 권력을 행사했다. 최고의 권력을 누리다가 스스로 자리에서 물러난 사례는 기나긴 로마 역사에서 술라를 제외하면 기원후 3세기 말에 군인황제 시대 위기를 수습한 디오클레티아누스 황제 한 사람밖에 없다.

정계에서 은퇴한 술라는 젊은 아내를 얻어 새장가를 들었고 (원로원 의원의 딸은 이미 고인이 되어 술라는 홀아비 상태였다) 사냥을 즐기고 회상록을 쓰며 2년 남짓 조용히 여생을 보내다가 세상을 떴다.

제정기 역사가 플루타르코스의 『영웅전』 중 「술라」를 다룬 장에는 술라의 묘비명이 이렇게 기록되어 있다.

> "은혜를 베푸는 벗으로 그만한 사람이 없고 해를 끼치는 적으로도 그만한 사람이 없었다."

이 말은 자신의 편에게는 한없이 관대하고 온정을 베풀지만 적은 철저하게 응징하는 사람이라는 뜻이다. 술라는 독재자로서 활약한 공적인 시간과 은퇴 후의 사적인 시간을 확실하게 나눈 것으로도 알 수 있듯 공과 사를 구별할 줄 아는 사람이었다. 마찬가지로 그는 자신의 적과 아군도 확실히 구별한 인물이었다.

◇ 스파르타쿠스 난 진압으로 명성을 얻은 크라수스와 폼페이우스는 어쩌다 앙숙이 되었을까?

술라가 정계에서 은퇴한 후로도 수면 아래에서는 벌족파와 평민파의 대립이 여전했다.

라티푼디움에서 가혹한 강제 노동에 시달리던 노예들은 고향으로 돌려보내달라고 요구하며 반란을 일으켰다. 이 노예 전쟁은 반란군의 지도자인 스파르타쿠스(?~기원전 71년)의 이름을 따서 '스파르타쿠스의 난(War of Spartacus)'이라고 부른다. 반란군에 엄청난 수의 노예가 합류하며 전성기에는 10만 명 이상에 달할 정도로 규모가 커져 로마군을 몇 차례나 습격했다.

이 반란을 진압한 이는 명문 귀족 출신인 마르쿠스 리키니우스 크라수스(Marcus Licinius Crassus, 기원전 106~기원전 48년)였다. 크라수스는 귀족 가문 출신이나 20대 시절 마리우스가 술라파를 숙청할 때 아버지와 형을 잃고 이스파니아(이베리아반도)로 피신했다. 그런 중에도 사병을 조직하고 마리우스 타도를 결의한 술라의 수하로 가담한 꽤 심지 굳은 인물이었다. 크라수스는 술라 진영에서 두각을 나타냈는데, 전쟁에서 공을 세워서가 아니라 탐욕스러운 영리 활동 덕분이었다.

크라수스는 술라의 정적을 숙청하기 위해 작성한 명부에 자산가의 이름을 멋대로 적어넣고 재산을 몰수하는 형태로 빼앗았다. 또 로마에서 수시로 발생하는 화재를 틈타 토지를 사재기해 한몫 단단히 챙기는 등 상당히 지저분한 수법으로 탐욕스럽게 자산을 증식했다. 그러나 평소에는 근검절약하고 평민에게도 깍듯이 인사하는 소탈한 면모를 드러내 부자이면서도 민중에게 밉상으로 여겨지지 않았다.

또 크라수스는 장사 수완에도 뛰어났다. 당시에는 고귀한 귀족 가문 출신이 대놓고 상업 활동에 종사하는 행위는 금지되어 있었다. 그랬기에 그는 자신의 해방 노예를 내세워 장사하거나 대리인을 두고 은행업을 벌였으며 대부업으로도 상당한 자산을 일구었다.

'대부호'라는 별명을 얻은 크라수스는 로마 시내에서 그의 땅을 밟지 않고 지나다닐 수 없다는 말이 나올 정도로 땅 부자가 되었다. 그러나 그에게도 단 하나 손에 넣지 못한 것이 있었다. 바로 '무훈'이었다. 전쟁에 나가 공을 세우고 싶었던 크라수스는 스파르타쿠스의 난 진압에 출사표를 던져 멋지게 스파르타쿠스의 목을 베었다.

그런데 스파르타쿠스의 난 진압에 나선 건 크라수스뿐만이 아니었다. 당시 화려한 전적을 자랑하며 급부상한 폼페이우스(Gnaeus Pompeius Magnus, 기원전 106~기원전 48년)도 반란 진압에 나선 쟁쟁한 경쟁자였다. 스파르타쿠스의 반란군은 신속하게 출동해 현지에서 싸운 크라수스가 정리했으나 노예 패잔병은 뒤늦게 후발대로 도착한 폼페이우스의 부대가 소탕했다.

개선장군이 되어 로마로 돌아온 크라수스는 당연히 자신이 가장 큰 공을 세웠다고 속으로 쾌재를 불렀다. 그러나 폼페이우스가 "노예 반란군은 크라수스가 무찔렀으나 반란 자체를 진압한 사람은 접니다"라고 원로원에 보고하는 바람에 폼페이우스와 공을 나누어 가져야 했다.

이 일로 앙금이 쌓인 크라수스와 폼페이우스는 서로 적의를 품은 앙숙이 되었다. 비록 드러내놓고 충돌하지는 않았으나 기원전 70년 두 사람 모두 집정관으로 취임하며 본격적인 경쟁전에 돌입했다.

◇ 독재자 술라의 압박에도 카이사르가 아내 코르넬리아와 이혼하지 않은 까닭은?

집정관으로 취임한 폼페이우스는 기원전 67년 원로원에서 당시 지중해 동부를 휘젓고 다니며 노략질하던 해적을 토벌하라는 명령을 받았다. 그러나 이는 원로원으로서는 내키지 않는 결정이었다. 해적 토벌은 발등에 떨어진 불이었으나 원로원은 폼페이우스에게 비중있는 지휘권을 맡겼다가 그가 독재자가 되는 사태를 우려했다. 그러나 민중이 폼페이우스에게 거는 기대가 워낙 컸기에 원로원은 민심을 반영해 울며 겨자 먹기로 지휘권을 맡길 수밖에 없었다.

폼페이우스는 민중의 기대에 부응해 멋지게 해적을 소탕했다. 그 후 그는 두 번에 걸쳐 로마를 침공한 미트리다테스 전쟁에도 참전해 승리를 거두었다. 그리고 원로원의 우려를 불식하듯 깔끔하게 지휘권을 반납했다. 그렇다고 원로원의 걱정이 사라지지는 않았다. 원로원은 치사하게 전후 처리를 미적미적 미루며 폼페이우스를 부당하게 대우했다. 폼페이우스는 원로원의 그런 처사에 서운함과 불만이 쌓였다.

그 무렵 율리우스 카이사르(기원전 100~기원전 44년)가 무대 전면에 등장했다. 카이사르는 이베리아반도 정벌이라는 공을 세우고 집정관 취임을 계기로 로마로 복귀했다.

카이사르가 태어난 율리우스 가문은 로마에서도 가장 유서 깊은 명문 귀족 집안이었다. 그러나 그가 태어난 무렵 율리우스 가문은 재산을 잃고 허울뿐인 명문가로 초라하게 몰락한 상태였다. 그 탓에 그는 로마 시내에서도 가난한 사람들이 모여 사는 빈민가에서 자랐다. 자산도 인맥도 없던 카이사르에게 행운이 찾아왔다. 그의 고모가 가이우스 마리우스에게 시집가는 가문의 경사가 생긴 것이다. 이 기회를 잡은 카이사르는 마리우스파의 중심인물 중 하나인 킨나(Lucius Cornelius Cinna, ?~기원전 84년)의 딸 코르넬리아와 결혼해 처가의 인맥을 발판으로 젊은 나이에 유피테르 신전의 사제로 부임했다.

그러나 마리우스가 세상을 떠나고 정권이 술라의 손에 넘어가자 대대적인 평민파 숙청이 벌어졌다. 그 과정에서 카이사르는 아내인 코르넬리아와 이혼하라는 압박을 받았다. 그런데 카이사르는 술라의 명령에 따르지 않고 조강지처와의 이혼을 거부했다. 격노한 술라는 카이사르의 사제직을 박탈했고 그는 처지가 곤란해졌다. 다행히 주위 사람들이 온갖 연줄을 동원한 덕분에 가까스로 목숨은 부지했다. 이때 술라는 "저 젊은이 속에는 마리우스가 몇 명이나 들어 있다"고 말하며 카이사르가 하룻강아지가 아닌 범의 새끼임을 간파한 듯한 말을 남겼다.

주위 사람들의 도움으로 위기를 넘긴 카이사르에게는 사람을 끄는 특별한 매력이 있었다. 그는 그 매력을 발휘해 인맥을 확장하고 동원해 자신의 정치적 자산으로 삼았다. 마침내 카이사르는 무대 뒤의 대기실에 머물지 않고 무대 전면에 등장해 열연을 펼쳤다. 카이사르는 빈털터리였으나 사치가 심했다. 늘 화려하게 차려입고 출세를 위해서라면 거액의 뇌물 공작도 서슴지 않았다. 그러면 그 돈은 어디서 나왔을까? 답은 의외로 간단했다. 빚이었다.

담보로 잡힐 재산이 없는 사람이 어디서 돈을 빌릴까? 아무나 할 수 있는 일이 아니었다. 출세해야 돈을 갚을 수 있으니 도중에 실각하면 돈을 빌려준 사람은 고스란히 돈을 떼이게 된다. 이렇게 위험한 투자는 돈을 빌려주는 사람이 카이사르라는 인간에게 매력을 느끼지 않으면 할 수 없는 일이다. 담보 하나 없이 순전히 인간적 매력만으로 거액의 대출을 성사시킨 카이사르. 그의 매력이 어느 정도였는지 어렴풋이나마 가늠할 수 있게 한다.

카이사르는 서른일곱 살에 공직 경험이 풍부한 고령자가 아니면 취임할 수 없는 최고 신관 자리에 취임했다. 이후 그는 법무관을 거쳐 서른아홉 살에 이베리아반도 전투에서 공을 세워 로마에서 열리는 개선식에 참가하기 위해 귀국했다.

로마로 돌아온 카이사르는 성대한 개선식에 참석하고 바로 집정관에 입후보할 작정이었다. 그러나 카이사르의 화려한 행적과 튀는 행보에 반감을 느낀 원로원은 개선식 개최를 승인하지 않았다. 그 대신 그 길로 곧장 이탈리아 산적 퇴치에 출정하도록 명령했다.

평범한 사람이라면 자신의 불운을 탓할 만도 한데, 카이사르는 평범한 사람이 아니었기에 포기하지 않았다. 그는 예전부터 자신의 후원자였던 로마 최대 부호 크라수스와 원로원에 묵은 원한이 있는 폼페이우스를 끌어들여 원로원에 대항하는 공동 전선을 구축했다. 로마 최대 부호 크라수스와 당대 최고의 영웅 폼페이우스를 끌어들인 카이사르는 기원전 59년 당당하게 집정관에 취임했다.

집정관이 된 카이사르는 폼페이우스가 추진하던 퇴역 군인에게 토지를 분배하는 법안을 통과시켰다. 그런 다음 그는 이혼하고 홀아비가 된 폼페이우스에게 자신의 딸 율리아를 시집보냈다. 참고로 폼페이우스와 이혼한 아내는 카이사르와 불륜을 저질렀다는 소문이 돌았으니 참으로 요지경처럼 복잡한 인간관계였다.

폼페이우스는 카이사르보다 연배가 위였기에 율리아는 친정 아버지보다 연상인 남편에게 시집간 셈이었으나 부부 금실이 좋

카이사르의 조각상.
로마 공화정 말기의 정치인, 군인, 문필가. 제1차 삼두정치 후 권력을 집중시켜 종신 독재관이 되었다. 무리한 방식에 반감을 품은 원로원파에게 암살당했다.
왼쪽은 바티칸 미술관, 오른쪽은 루브르 미술관 소장.

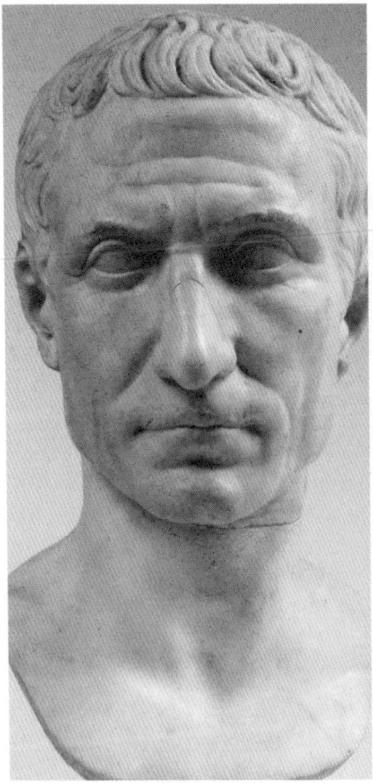

폼페이우스의 흉상.
폼페이우스는 뛰어난 군인이었으나 정치인으로서는 자질이 부족했다.

아 율리아의 존재가 카이사르와 폼페이우스 사이를 연결하는 다리 역할을 했다.

카이사르·크라수스·폼페이우스로 이루어진 제1차 삼두정치는 권력과 무력과 부라는 세 가지 힘을 두루 갖춘 강력한 정권이었다. 그러나 폼페이우스의 아내 율리아가 기원전 54년에 산욕열로 저세상 사람이 되자 삼자 관계에도 미묘한 균열이 발생했다.

급기야 기원전 53년, 크라수스가 파르티아 원정 도중에 전사하자 카이사르와 폼페이우스의 갈등은 수면 위로 드러났고 둘의 대립은 가시화되었다.

◇ 폼페이우스 vs. 카이사르 내전에서 카이사르가 최종 승자가 되게 한 결정적 무게추는 그의 '관대함'이었다?

크라수스와 폼페이우스는 본래 대립 관계였으나 폼페이우스와 카이사르의 관계는 그 정도로 적대적이지 않았다. 오히려 두 사람은 서로 호의를 품고 있었다고 해도 지나친 말이 아니었다. 특히 카이사르가 폼페이우스에게 호의를 품었다고 추정되는데, 실제로 자신의 딸을 시집보냈고 폼페이우스가 좋은 사람이라고 자주 말했다는 기록이 남아 있다. 폼페이우스도 율리아가 살아 있는 동안에는 카이사르와 매우 돈독한 관계를 구축했기에 카이사르를 딱히 싫어하지 않았다.

그렇다면 왜 두 사람은 대결 구도로 돌아섰을까? 폼페이우스는 카이사르의 독재화를 염려한 원로원의 부추김을 받아 어쩔 수 없이 대결 구도가 만들어졌다고 추정할 수 있다. 만약 율리아가 살아 있었더라면 세계사의 물줄기가 크게 달라졌을 수도 있다.

폼페이우스라는 사람은 뛰어난 군인이었으나 정치인으로서는 자질이 부족했다. 카이사르가 갈리아 평정을 위해 로마를 떠나 있는 동안 폼페이우스는 공화정 옹호를 강하게 주장하는 원로원에 설득당했을 가능성이 크다. 어영부영하는 사이에 폼페이우스는 본심과 달리 카이사르 반대 진영의 중심인물로 부상했다.

원정군이 로마로 귀국할 때는 무장을 해제하고 루비콘강을 건너야 하는 규정 및 관례가 있었다. 그러나 로마에서 자신에 대한 반대 움직임이 고조되고 있음을 전해 들은 카이사르는 기원전 49년 무장한 채로 루비콘강을 건넜다. 이 행동이 로마에 반기를 든 의미라는 것을 카이사르 자신도 잘 알고 있었다. 그러나 최종적으로 승부를 결정짓는 건 군사력이었다. 그 사실을 알았던 카이사르는 루비콘강을 건널 때 "주사위는 던져졌다"라는 유명한 말을 남겼다.

카이사르의 군대가 무장한 채 로마로 진군하는 이상 폼페이우스는 대결을 피할 수 없었다. 그러나 로마에서 예상만큼 병사를 모으지 못한 폼페이우스는 우선 이탈리아반도를 떠나 과거 동방 원정으로 그를 따르는 무리가 많은 갈리아에서 군대를 재편성했다. 카이사르의 군대는 신속하게 이탈리아반도를 제압하고 폼페이우스의 뒤를 쫓아 아드리아해를 건넜다.

이렇게 둘은 그리스 북방에 자리 잡은 파르살루스 평원에서

카이사르 가계도

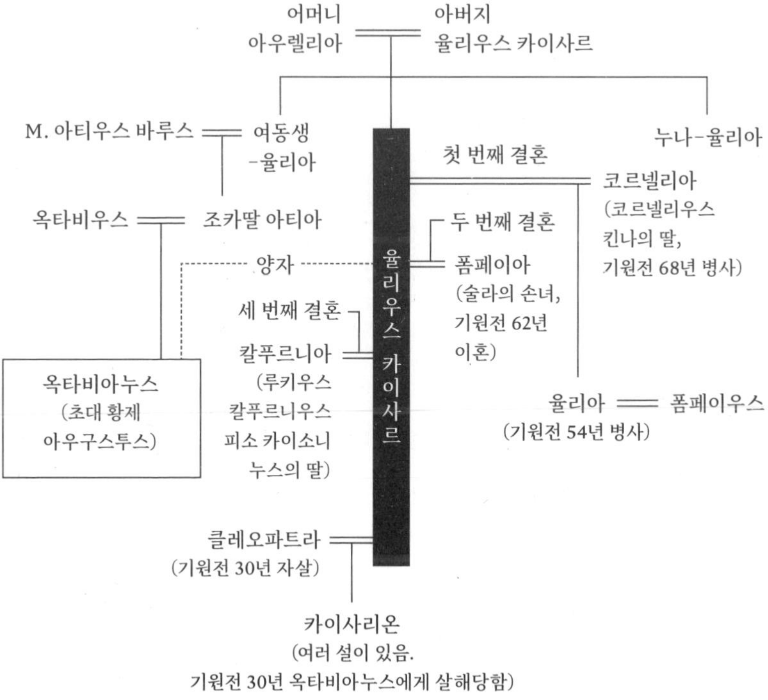

어머니
아우렐리아
아버지
율리우스 카이사르
M. 아티우스 바루스
여동생
-율리아
누나-율리아
첫 번째 결혼
코르넬리아
(코르넬리우스
킨나의 딸,
기원전 68년 병사)
옥타비우스
조카딸 아티아
두 번째 결혼
양자
폼페이아
(술라의 손녀,
기원전 62년
이혼)
율리우스 카이사르
세 번째 결혼
칼푸르니아
(루키우스
칼푸르니우스
피소 카이소니
누스의 딸)
옥타비아누스
(초대 황제
아우구스투스)
율리아
폼페이우스
(기원전 54년 병사)
클레오파트라
(기원전 30년 자살)
카이사리온
(여러 설이 있음.
기원전 30년 옥타비아누스에게 살해당함)

맞붙게 되었다. 폼페이우스는 보병 5만 명에 기병 7,000명의 군대를 동원했다. 이에 맞선 카이사르의 군대는 보병 2만 2,000명, 기병 1,000명이었다.

누가 봐도 카이사르의 열세였다. 그러나 전술은 카이사르가 몇 수 위였던지라 폼페이우스는 전투에서 패배했고 상선을 얻어 타고 이집트로 도피했다. 하지만 로마의 내분에 휘말렸다가 고래 싸움에 새우 등 터지는 신세가 될까 두려웠던 이집트는 폼페이우스가 이집트 땅을 밟기 전에 손을 썼다. 폼페이우스가 상선에서 접안용 나룻배로 갈아타려는 틈을 노려 이집트가 보낸 자객이 폼페이우스를 처리했다.

카이사르가 폼페이우스를 추격해 이집트에 도착했을 때는 폼페이우스가 불귀의 객이 된 지 이미 나흘이나 지난 후였다. 이집트 궁정에서 폼페이우스의 머리를 건네받은 카이사르는 눈물을 흘리며 그의 죽음을 애도했다고 전해진다.

폼페이우스를 무찌르고 로마로 돌아온 카이사르는 폼페이우스에게 가담했던 그의 수하들을 한 사람도 처벌하지 않고 모두 용서했다.

두 사람 사이의 대결이 코앞으로 닥쳤을 때 폼페이우스는 "나를 따르지 않는 자는 적으로 간주하겠다"라고 으름장을 놓았고, 이탈리아로 밀고 들어온 카이사르는 "누구도 따르지 않는 자는 아군으로 간주하겠다"라고 공언했다고 알려졌다. 물론 카이사르의 탁월한 전술이 승리에 이바지했다. 게다가 카이사르의 관대함이 두 사람의 승패를 가르는 무게추 역할을 했을 수도 있다.

⑤

Heros & Emperors

영웅과 황제

로마를 반석 위에 세운 최고의 영웅과 황제는?

◇ '파트로네스'와 '클리엔테스'라는 사적 관계는 공화정 말기 로마에 어떤 영향을 미쳤나?

'내란의 한 세기'로 일컬어진 공화정 말기의 역사를 이해하려면 '파트로네스(patrones)와 클리엔테스(clientes)'라는 사적 관계가 국가에 어떠한 영향을 주었는지를 고찰하는 과정이 꼭 필요하다.

'파트로네스와 클리엔테스'의 관계는 쉽게 말하면 '대장과 부하'의 관계다. 라틴어로 파트로네스는 '보호자'를, 클리엔테스는 '피보호자'를 뜻한다. 기본적으로 파트로네스는 부유한 귀족이고 클리엔테스는 평민이었다.

부유한 귀족인 파트로네스에게 가난한 평민인 클리엔테스가 보살핌을 받음으로써 성립하는 종속적 인간관계로 이 관계가 반드시 보호·피보호라는 일방적 관계를 의미하지는 않았다. 클리엔테스는 자유롭게 파트로네스를 선택할 수 있었기 때문이다. 클리엔테스는 피보호자의 위치였으나 힘과 돈이 파트로네스에게 복종하는 유일한 이유는 아니었다. 그들은 신뢰할 수 있는 인물, 존경할 수 있는 인물을 선택했다.

클리엔테스는 의지할 곳이 필요하면 파트로네스를 찾아가 의논했다. 그러면 파트로네스가 도움을 주며 버팀목이 되어주었다. 기본적으로는 도움을 청하고 도움을 주는 과정이 반복되며 파트로네스에 대한 믿음이 두터워졌는데, 클리엔테스라고 해서 평생 도움을 청할 일만 생기는 건 아니었다. 별다른 일이 없으면 클리엔테스는 인사를 하고 안부를 묻는 차원에서 파트로네스를 방문했고, 파트로네스는 자신을 찾은 반가운 손님에게 잔뜩 선물을 들려 돌려보냈다.

힘들 때 의지가 되어주고 평소에는 살뜰하게 보살펴주는 큰형 같은 사람, 그런 파트로네스가 선거에 출마하거나 공직에 취임하면 클리엔테스는 공사를 막론하고 최선을 다해 힘을 보탰다. 파트로네스와 클리엔테스의 관계는 상호호혜주의로 더욱 끈끈한 인연으로 발전했고, 이 돈독한 관계가 대물림해 이어지는 경우도 적지 않았다.

로마에는 "권위를 가지고 통치하라"라는 말이 있다. 파트로네스와 클리엔테스의 관계 역시 '권력'이 아니라 '권위'에 기초한 신뢰 관계를 축으로 삼았다.

현재 로마사 학계에서는 공화정에서 제정으로 넘어가는 과도기, 즉 황제 권력이 완성되는 과정에서 파트로네스와 클리엔테스의 관계가 사회 변화에 어떤 영향을 미쳤는지에 대해 크게 두 가지 관점의 해석이 이루어지고 있다.

하나의 해석은 1902년에 『로마사』로 노벨 문학상을 받은 독일의 역사학자 테오도어 몸젠(Theodor Mommsen)의 논리에 바탕을 둔 관점에서 출발한다. 그는 로마에서 황제 권력이 완성되는 과정을 공직 제도, 그중에서도 속주의 총독 임명권이 어떻게 황제에게 집중되었는지를 파트로네스와 클리엔테스의 관계로 설명한다.

공화정 로마에서 사회적 위계질서는 '공직'이라는 형태로 완성되었다. 로마가 이탈리아반도, 그리고 지중해 전역으로 지배력과 영향력을 확장해가는 과정에서 속주 총독 임명권이 탄생했고, 그 중요성은 국토 확장과 더불어 크게 증대되었다. 따라서 황제가 어떻게 그 임명권을 보유하게 되었는지는 이 시대 로마를 알기 위한 매우 중요한 사료다.

실제로 속주 총독 임명권은 한동안 원로원과 황제가 동등하게 나누어 가졌다. 아우구스투스(재위 기원전 27~기원후 14년)가 초대 황제로 취임하고 로마가 명실상부한 '제국'이 된 기원전 27년 이후의 상황이다. 말하자면 이는 변경에 가깝고 대규모 군대를 배치해야 할 필요가 있는 지역은 황제가, 제국 내부의 비교적 평화로운 지역은 원로원이 각각 임명권을 보유하는 형태였다. 그러다가 점차 황제에게 속주 총독 임명권이 집중되어가는데, 몸젠의 관점은 이 과정을 '파트로네스와 클리엔테스의 공적 관계'로 해석하려는 입장이다.

또 다른 관점은 '파트로네스와 클리엔테스의 사적 관계'에 주목한다. 다시 말해 대장과 부하의 관계 구도가 로마에서 이탈리아반도 전역으로 그리고 제국 전체로 퍼지며 로마 제국이 황제라는 한 인간을 정점으로 한 피라미드 형태의 새로운 계급 질서로 통합되는 흐름을 파악하려는 논리다.

로마 공화정 말기에는 빈부 격차가 크게 벌어졌다. 그 결과 가진 자와 못 가진 자의 관계가 여러 계층에 존재하게 되었다. 다시 말해 어떤 계층에서는 파트로네스인 사람이 바로 위 계층에서는 클리엔테스가 된다는 말이다. 대장이 더 강한 대장의 부하가 되고, 그 대장 위에 더 높은 대장이 있다. 이러한 대장과 부하라는 위계질서가 점점 갖추어지며, 최종적으로 '황제'를 정점으로 하는 계급 질서가 완성되는 흐름을 읽어낼 수 있다.

이 두 가지 해석 방법은 서로 관점은 달라도 둘 다 파트로네스와 클리엔테스의 관계를 이 시대의 중요한 사료로 본다는 점에서 공통점이 있다. 재미있게도 알고 보면 중국사 연구에서도 한 제국 성립 과정을 다룰 때 제도적인 부분에 주목하는 고찰 방법과 대장과 부하 관계를 중시한 고찰 방법 두 가지를 볼 수 있다. 이로써 대제국이 완성되는 과정에는 제도적 측면과 사적인 관계, 즉 사람과 사람 사이의 인연이라는 측면이 반드시 존재했음을 유추할 수 있다.

◇ 군대가 징병제에서 지원제로 바뀌면서 병사의 충성 대상이 '국가'가 아닌 '장군'으로 바뀐 것이 로마 멸망의 보이지 않는 원인이었다?

다중적 파트로네스와 클리엔테스 관계, 즉 대장 위에 더 높은 대장이 있고, 그 위에 다시 더 높은 대장이 있는 구도는 카이사르 시대에서 아우구스투스 시대에 걸쳐 또렷하게 부각되기 시작했다. 그 배경에는 마리우스에서 시작된 군제 개혁이 자리하고 있었다.

마리우스는 기존에 입대 자격이 없던 무산 시민의 입대를 허용해 징병제였던 군대를 모병제로 바꾸었다. 토지를 잃고 집도 절도 없는 떠돌이가 된 무산 시민들에게 입대는 엄청난 기회였다. 입대하면 의식주가 제공된다. 숙식 걱정이 없어지는 데다 꼬박꼬박 급여까지 나온다. 운이 좋으면 전쟁에서 전리품을 챙길 수도 있다.

군대가 징병제에서 모병제로 바뀌며 병사가 충성을 맹세하는 대상도 바뀌었다. 그때까지는 국가에 충성을 맹세하고 조국을 위해 싸웠는데, 이후로는 입대 자격을 준 직속 장군에게 충성을 맹세하고 장군과 자신의 이익을 위해 싸우게 됐다. 이런 장군과 사병의 관계가 파트로네스와 클리엔테스 관계로 자리 잡았다.

마리우스와 술라가 대립각을 세웠던 시대에 이 구조는 엄청난 의미를 지니게 되었다. 그때까지 로마는 적대 관계가 탄생해도 어디까지나 개인 대 개인의 관계였다. 그러다가 장군과 사병 관계가 파트로네스와 클리엔테스 관계로 굳어지며 무력을 갖춘 조직 사이의 항쟁으로 발전했기 때문이다.

더욱이 이러한 조직적 항쟁은 마리우스와 술라 시대에 끝나지 않고 이후로도 계속되었다. 이는 크라수스와 폼페이우스 그리고 카이사르 등의 지휘관에게 각각 군인 신분의 부하가 따르면서 그들 사이에 항쟁이 되풀이되는 형태로 나타났다. 그런 점에서 이 시기에 두각을 나타낸 사람은 죄다 군인의 마음을 사로잡을 줄 아는 능력이 탁월한 사람들이었다.

철학자로 알려진 키케로는 이 시대 유력자 중 한 사람으로 정치에 적극적으로 관여했다. 그는 소아시아의 그리스 총독으로 부임했을 때 부임지에서 일어난 내란 진압 등에도 참여했다. 그런데도 그가 카이사르 시대의 패권 경쟁에 발을 들이지 않은 이유는 군인들을 클리엔테스로 확실하게 휘어잡지 못했기 때문이라고 추정할 수 있다.

앞에서 로마에서는 시민이 전쟁에 참전해 농지가 황폐해지고 경제적으로 곤궁해진 시민이 토지를 매각하고 무산 시민이 증가했다고 이야기했다. 그러나 이러한 비극은 실상 로마뿐 아니라 이탈리아 전역에서 일어나고 있었다.

이는 이탈리아 각지의 농민들도 로마의 동맹군으로 입대해서 전쟁에 참전했기 때문이다. 티베리우스 그라쿠스의 동생 가이우스 그라쿠스가 이탈리아 전역을 대상으로 로마 시민권 부여를 제안한 정책에는 이러한 시대적 배경이 깔려 있었다. 마찬가지로 로마의 확장을 뒷받침하면서도 시민으로서 특권을 부여받지 못했다는 불만이 이탈리아 동맹 시민 사이에 시나브로 피어오르고 있었다.

로마에서는 마리우스의 군제 개혁으로 무산 시민이 구제되었으나, 동맹 도시에서는 이러한 개혁이 제대로 적용되지 않았기에 생활고가 개선되지 않은 채 병역 의무만 남은 억울한 상황이 지속되었다.

가이우스 그라쿠스의 제안이 원로원에 의해 막히자 동맹 도시의 불만은 고조되었다. 그러다가 급기야 기원전 91년 로마 시민권 부여를 둘러싸고 로마에 반기를 드는 '동맹시 전쟁'이 발발했다. 발등에 불이 떨어진 로마는 부랴부랴 동맹 도시의 호소를 받아들였고, 기원전 88년 동맹 도시를 로마로 편입해 시민권 부여를 승인했다.

동맹 도시가 로마 제국의 판도 안으로 편입됨에 따라 동맹 도시의 무산 시민들도 로마군에 입대할 수 있는 길이 열렸다. 하지만 동맹 도시 출신 병사들에게는 애초에 로마를 조국으로 생각하는 애국심이 없었다. 그랬기에 국가보다 장군 개인에게 충성을 맹세하는 '파트로네스와 클리엔테스 관계'는 더욱 강화되는 결과로 이어졌다.

역사를 거슬러 올라가면 '파트로네스와 클리엔테스'는 공화정이 탄생하기 전부터 로마에 존재했던 아주 오래된 인간관계였다. 그 오랜 인간관계가 기원전 1세기 무렵 공화정 말기에 군제 개혁을 거치며 장군과 병사를 강한 유대관계로 연결시켰다. 그와 함께 개인적 관계에서 공적 관계로 그리고 마침내 황제를 보필하는 커다란 계급 피라미드 형성으로 이어졌다.

◇ 의원 정수를 늘리는 교묘한 방법으로 원로원을 장악한 정치 천재 카이사르

카이사르가 폼페이우스를 굴복시키자마자 모두가 그의 발아래 꿇어 엎드리지는 않았다. 폼페이우스의 아들과 그를 따르는 잔당이 상당한 세력을 유지한 채 이집트, 소아시아, 아프리카 등지의 지중해 동부와 이스파니아에 남아 있었기 때문이다. 카이사르는 이들을 하나하나 정리해야 했고, 완전히 제압할 때까지 몇 년의 세월이 필요했다. 카이사르와 이집트의 여왕 클레오파트라 사이에 벌어진 역사적으로 유명한 일화는 이 시기에 일어난 사건이다.

카이사르는 로마사에 딱히 관심이 없는 사람도 이름을 들어본 적이 있을 만큼 인지도가 높은 인물이다. 그런데 알고 보면 카이사르가 실권을 장악한 기간은 생각보다 짧았다.

카이사르는 기원전 49년 루비콘강을 무장한 채로 건너 로마를 제압했다. 그다음 폼페이우스를 굴복시키고 그의 잔당을 일소한 뒤 기원전 46년에 로마로 개선했다. 그리고 기원전 44년에 암살되었으니 그의 치세는 길게 잡아도 5년 남짓, 로마에서 활동한 기간은 고작 2년밖에 되지 않았다.

로마로 개선한 카이사르를 민중은 열광적으로 환영했다. 그는 명실상부한 절대 권력자로 거듭났다.

로마로 돌아온 카이사르는 몇 가지 개혁을 단행했다. 로마 전군의 지휘권을 장악하고 전란으로 문란해진 풍기를 단속했으며,

율리우스력(태양력)을 도입했고, 빈민에게 손을 내밀었다. 또 속주의 유력 시민에게 로마 시민권을 부여하고 이베리아반도를 비롯한 속주 각지에 이민자를 보내 식민지를 건설했다.

카이사르가 이렇게 빠른 속도로 개혁을 추진할 수 있었던 비결은 원로원을 수중에 넣고 쥐락펴락할 수 있었기 때문이다. 그렇다면 카이사르는 어떻게 천하의 원로원을 지배할 수 있었을까? 그는 원로원 의원 정수를 늘려 얼핏 보면 원로원의 힘을 강화하는 것 같은 실로 교묘한 방법으로 원로원의 목줄을 틀어쥐는 데 성공했다.

독재를 혐오하는 원로원은 당연히 카이사르의 독재적 방식에 반감을 표했다. 카이사르는 자신을 못마땅하게 여기는 원로원의 의중을 꿰뚫어보고 있었다. 자신에게 반발하는 세력을 억누르기 위해 카이사르는 당시 이탈리아반도의 여러 도시에서 탄생한 신흥귀족들을 원로원에 끼워넣었다. 이렇게 원로원 안에 카이사르를 지지하는 무리가 늘어났고 결과적으로 카이사르의 의향이 원로원에서 승인되기 쉬운 상황이 만들어졌다. 기원전 44년 카이사르는 드디어 종신 독재관으로 취임했다.

Part I에서 다뤘듯이 독재를 혐오하고 공화정을 지키는 데 집착에 가까운 고집을 보인 로마에서도 비상사태에는 지휘 계통을 명확히 할 필요가 있었기에 임기 반 년짜리 독재관을 용인했다.

카이사르는 이 제도를 이용해 처음에는 1년, 그 후에는 10년으로 연장했고, 마지막에는 종신 독재관 자리를 꿰차는 데 성공했다. 사실상 독재라고는 하나 카이사르는 왕(렉스, Rex)을 자처하지 않았다. 어디까지나 공화정 체제에서 인정되는 독재관의 기간을 연장해 공화정 체제 자체는 존중하고 수호했다. 그러나 예전부터 카이사르의 독단적 방식을 마뜩잖게 여기던 기존 원로원 의원들의 반감은 더 깊어졌고 종신 독재관 취임으로 정점에 달했다.

독재자 암살 계획에 시동이 걸렸다. 항간에 떠돌던 소문이 독재관의 출현을 꺼리는 사람들의 마음에 불을 지폈고 암살 모의에 속도가 붙었다. 그 소문은 바로 '카이사르가 외국에서 데려온 천박한 여자를 여왕으로 삼고 그 아들을 황태자 자리에 앉히려는 속셈'을 가지고 있다는 내용이었다. 여기서 천박한 여자는 이집트 여왕 클레오파트라를, 그 아들은 그녀가 낳은 카이사리온을 가리킨다.

이렇게 기원전 44년 3월 15일을 맞이했다. 사실 예전부터 점술가는 카이사르에게 "3월 15일까지는 조심하셔야 합니다"라고 충고했다. 카이사르는 15일 아침을 맞이했을 때 점술가에게 "엉터리 점쟁이야, 아무 일도 일어나지 않았잖은가"라고 큰소리를 쳤고 점술가는 "3월 15일은 아직 끝나지 않았습니다"라고 대꾸했다.

점술가의 말을 믿지 않았는지 카이사르는 호위 무사를 거느리고 다니면 거추장스럽다며 홀로 원로원으로 입장했다. 그리고 암살을 모의한 무리에 둘러싸여 죽음을 맞이했다. 그 일당 중에는 카이사르가 아끼던 브루투스(기원전 85~기원전 42년)도 끼어 있었다. 카이사르가 숨을 거두며 "브루투스 너마저(Et tu, Brute?)"

카이사르의 암살.
율리우스 카이사르는 회랑에 있던 폼페이우스 조각상 앞에서 숨이 끊어졌다.
프랑스의 화가이자 조각가인 장레옹 제롬(ean-Léon Gérôme)의 작품.
미국 메릴랜드주 볼티모어 월터스 미술관 소장.

라고 말했다는 이야기는 유명하나 그 이유를 아는 사람은 그다지 많지 않다.

브루투스의 어머니는 카이사르의 연인이었다. 연구자 중에는 브루투스가 카이사르의 아들이라고 의심하는 사람도 있다. 그러나 두 사람은 열다섯 살 정도밖에 터울이 지지 않아 브루투스가 카이사르의 아들일 확률은 그다지 높지 않다.

브루투스가 폼페이우스 파벌에 가담하며 문제가 불거졌다. 카이사르는 몇 번이나 브루투스와 갈등을 겪었으나 그때마다 브루투스를 용서했다. 그런데 브루투스는 카이사르를 지지하지 않았고 그를 '독재자가 될 위험이 다분한 인물'이라고 여기는 카이사르 반대파에 가담했다. 폼페이우스 파벌은 카이사르를 예비 독재자로 보았고 공화정의 전통을 수호하기 위해 카이사르를 견제했다. 다만 카이사르와 그의 지지자들이 보기에 500년 동안 이어져온 공화정은 이제 더 이상 '대제국이 된 국가를 다스리기에는 역부족인 정치 체제'였다. 다시 말해 카이사르와 그의 지지자들은 새로운 체제를 만들지 않으면 제국 규모로 성장한 당시 상황에 대처할 수 없다고 생각했다.

양측은 대립각을 세우고 싸웠다. 브루투스를 어린 시절부터 알아온 카이사르는 그를 애지중지 아들처럼 아꼈다. 몇 번이고 용서한 아들 같은 브루투스의 모습을 암살자 무리에서 발견하고 엉겁결에 "브루투스 너마저"라고 중얼거리지 않았을까. '나는 네 허물을 몇 번이고 감싸주었는데, 왜 너는 나를……'이라는 카이사르의 안타까운 심정이 묻어나는 말이었다고 짐작된다.

◇ 수많은 반대파와 정적에게 보여준 무한 관용이 부메랑이 되어 그의 심장에 꽂히다

원로원 파벌에게는 카이사르가 혐오의 대상이었으나 그는 인간적 매력이 넘치는 사내였다. 나는 개인적으로 카이사르는 세계사에서 다섯 손가락 안에 꼽힐 정도로 압도적인 카리스마를 지닌 인물이라고 평가한다.

카이사르의 매력 중 하나는 탁월한 언변이었다.

"주사위는 던져졌다."

"왔노라, 보았노라, 이겼노라."

"누구나 현실을 볼 수 있는 것은 아니다."

그는 수많은 명언을 남겼고, 동시대의 철학자 키케로가 "평생에 걸쳐 수사학을 배워도 그에 범접할 수 없다"고 높이 평가할 정도로 탁월한 재능의 소유자였다.

카이사르의 화술이 얼마나 뛰어났는지를 알 수 있는 유명한 일화가 있다. 갈리아 전쟁이 장기화 국면에 접어들자 지친 병사들 사이에 불평불만이 새어나왔다. 막사에서 오랜 시간 부대끼는 병사들 사이에 시비가 붙어 드잡이하거나 싸움판이 벌어지는 광경을 매일같이 보게 되었다. 초반에는 카이사르의 부하들이 나서 병사들을 진정시키려 했으나 뜻대로 되지 않았다. 부하들이 쩔쩔매자 카이사르가 직접 나섰다. 그는 단 한마디로 소동을 잠재웠고, 병사들의 불평불만까지 봄볕에 눈 녹듯 사라졌다.

도대체 카이사르는 뭐라고 말했을까? 그는 평소에 병사들을 부를 때 '전사 제군'이라고 말했다. 통상적으로 장군들이 사병을 부를 때 사용하는 '병사 제군'보다 친근감이 느껴지는 호칭이었다. 파트로네스와 클리엔테스라는 밀접한 관계를 실감하게 하는 이 호칭은 병사들의 마음을 사로잡는 놀라운 효과를 발휘했다.

그런데 카이사르는 평소처럼 병사들을 '전사 제군'이라 부르지 않고 '로마 시민 여러분'이라고 불렀다. 정식 호칭은 아니나 '병사 제군'보다 기리감이 느껴지는 표현이었다. 이 한마디에 병사들은 이성을 되찾았고 소동이 잠잠해졌다. 카이사르의 마음속에 생긴 거리감에 겁을 집어먹고 자신들의 불만 따위는 사소한 투정에 지나지 않음을 깨달았던 것이다.

원로원 파벌 사람들에게는 독재자로 불리던 카이사르였으나, 그는 당시 기준으로는 독보적인 '관용'의 소유자이기도 했다. 로마는 국토를 확장하는 과정에서 로마의 방식을 정복지에 강요하지 않고 어느 정도 자유와 자치를 인정했다. 고대에는 보기 드문 이러한 관용은 '로마의 관용'으로 일컬어졌다. 넓은 의미로 관용이라는 뜻의 라틴어 '클레멘티아(Clementia)'는 'Clementia Caesaris(카이사르의 관용)'처럼 카이사르를 상징하는 말로도 사용되었다.

앞장에서 폼페이우스를 이야기할 때 다루었듯이 카이사르는 적대하는 벌족파(원로원파) 사람들을 대부분 처형하지 않고 용서해주었다. 반대파를 숙청하기는커녕 자신과 대립한 사람을 일부러 고위 관직에 앉히기도 했다. 이러한 카이사르의 관용은 민중과 군대에서 엄청난 인기로 이어졌다. 그러나 그가 인기를 얻을 수록 원로원 파벌 사람들은 카이사르를 두려워하고 미워하며 암살 모의에 골몰했다. 아이러니하게도 그의 관용이 오히려 그의 숨통을 조인 올무가 된 셈이었다.

카이사르는 칼을 들고 덤비는 이민족은 무자비하게 처단했으나, 공손하게 복종의 예를 갖춘 사람이나 동맹에는 아낌없는 관용을 베풀었다. 카이사르는 누군가를 지독히 원망한 적이 없었다. 설령 잠시나마 원한을 품더라도 바로 잊어버리는 성격이었다. 나는 이러한 카이사르의 모습을 상상할 때마다 존 F. 케네디 대통령의 다음과 같은 말이 떠오른다.

> Forgive your enemies, but never forget their names.
>
> (적이라도 용서하라. 다만 그 이름은 잊지 말라.)

똑같이 적을 용서하고 민중을 사랑한 카이사르와 케네디. 두 사람은 암살로 목숨을 빼앗기는 죽음의 방식까지 빼닮았다.

◇ 안토니우스는 왜 카이사르의 유언장을 대중 앞에서 공개했을까?

카이사르를 처치한 원로원파 귀족들은 여론이 카이사르의 독재를 우려하는 방향으로 흘러간다고 예상했다. 그래서 카이사르를 암살한 직후, "우리는 로마의 민중을 위해 엄청난 공을 세웠 카이사르 장례식에서 연설하는 마르쿠스 안토니우스.
조지 에드워드 로버트슨(George Edward Robertson)의 1895년 작품.

다"고 선언했다. 자신들이 카이사르를 처리했다는 사실을 알면 민중은 기뻐 날뛰며 자신들을 지지해줄 거라는 계산이었다. 그러나 그들의 예상은 빗나갔다.

카이사르 장례식에는 수많은 시민이 문상하러 찾아왔고 밤새도록 구슬피 곡하는 소리가 끊이지 않았다. 당시 카이사르 파벌의 일인자였던 마르쿠스 안토니우스(기원전 83~기원전 30년)는 카이사르가 습격을 받고 숨을 거두는 순간에 걸쳤던 피로 물든 옷가지를 손에 들고 연설했다. 안토니우스는 카이사르와 함께 집정관 자리에 있었던 인물로 갈리아 전쟁과 폼페이우스와의 대결에서도 카이사르와 함께 싸운 전우였다.

슬픔으로 먹먹한 새벽이 오자 안토니우스는 신전에서 카이사르의 유언장을 꺼내 시민들 앞에서 낭독했다. 암살을 예감했던 카이사르는 죽기 6개월 전 만일의 사태에 대비해 유언장을 남겼다. 유언장에는 자신의 집을 시민에게 개방하고 사재의 대부분을 로마 시민에게 나누어주라는 당부가 담겨 있었다. 안토니우스는 사람들에게 물었다.

"카이사르가 왜 비참한 죽음을 맞이해야 했단 말입니까. 그는 이토록 민중을 사랑했습니다. 그는 민중을 위해 모든 것을 남기고 민중을 위해 자신의 모든 것을 바쳐 봉사했습니다."

안토니우스의 연설에 감동한 민중은 원로원 파벌을 규탄했고 암살자들을 로마에서 추방했다. 여론은 원로원 파벌의 예상과 완전히 다른 방향으로 흘러갔다.

그러나 안토니우스도 상황을 '오판'했다. 안토니우스가 카이사르의 장례식에서 상주 역할을 맡은 건 자신이 카이사르의 후계자로 유언장에 명기되어 있을 것이라고 믿었기 때문이다. 그런데 카이사르가 유언장에서 후계자로 지목한 사람은 가이우스 옥타비아누스(기원전 63~기원후 14년)였다. 옥타비아누스는 카이사르의 조카딸이 낳은 아들이었다. 대를 이을 후계자를 얻지 못해 속앓이하던 카이사르는 병치레가 잦아 늠름하다고는 할 수 없는 젊은이였으나 옥타비아누스의 재능을 높이 평가해 자신의 양자로 삼았다.

당시 옥타비아누스는 열아홉 살, 안토니우스는 서른아홉 살이었다. 장군으로도 정치인으로도 물이 오른 시기였던 안토니우스가 보기에는 가당치 않은 인선이었다. 하지만 카이사르의 유언장에 '후계자는 옥타비아누스'라고 똑똑히 적혀 있는 이상 그것에 따를 수밖에 없었다. 유언에 따라 카이사르의 막대한 유산을 상속받은 옥타비아누스는 병사와 로마 시민에게 흔쾌히 재산을 나눠주며 일약 인기인으로 부상했다.

옥타비아누스와 안토니우스 사이에 생긴 대립 분위기를 감지하고 두 사람에게 협력을 촉구한 인물이 당시 집정관으로 취임한 마르쿠스 아이밀리우스 레피두스(Marcus Aemilius Lepidus, 기원전 70년경~기원전 13년경)였다. 레피두스는 안토니우스와 옥타비아누스에게 자신과 함께 셋이서 로마를 공동 통치하자고 제안했다. 두 사람은 기꺼이 그의 제안을 받아들였고 기원전 3년, 제2차 삼두정치가 출범했다.

세 사람은 국토를 셋으로 나누어 옥타비아누스는 이탈리아반도와 유럽을, 안토니우스는 이집트와 그리스를, 레피두스는 아프리카를 각각 다스리기로 결정했다. 그러나 이 제2차 삼두정치는 오래가지 못했다.

레피두스가 제일 먼저 탈선하고 뒤를 이어 옥타비아누스가 악티움 해전(기원전 31년)에서 안토니우스를 무찔렀다. 그리고 최종적으로 서쪽 지방을 기반으로 삼은 옥타비아누스가 이탈리아 지방 귀족의 지지를 등에 업고 승리를 거두었다.

내전에서 살아남아 승자가 된 옥타비아누스는 사실상 단독 지배자였음에도 '비상 대권'을 원로원과 민회에 반환하겠다고 요청했다. 카이사르 암살 사건으로 교훈을 얻은 옥타비아누스는 적어도 표면상으로는 원로원을 내세우고 공화정을 지속하는 게 현명하다는 사실을 잘 알고 있었다.

원로원은 독재관 자리를 권했으나 옥타비아누스는 취임을 거절하고 공화정을 수호하는 자세를 보여주었다. 원로원은 그런 옥타비아누스를 높이 평가해 기원전 27년, '존엄한 자'를 뜻하는 '아우구스투스'라는 칭호를 내리고 국정을 원로원과 아우구스투스가 분담하기로 결의했다. 이 결정으로 아우구스투스, 즉 옥타비아누스는 사실상 '황제'가 되었다.

한 인물의 배후에는 다양한 인간관계가 펼쳐진다. 특히 정치판에서 활동하는 정치인은 이념과 정책만으로 움직이지 않는다. 그의 배후에는 다양한 이해관계의 그물망이 촘촘히 쳐 있다. 그래서 무언가 이념이나 정책을 실현하려고 할 때 정치인과 그 주변 인물들이 적과 아군으로 나뉘어 정쟁을 펼치게 된다. 정쟁에서는 친형제, 가족, 친척, 친구, 지인 등의 혈연과 인맥이 큰 의미를 지닌다. 특히 격동기에는 그러한 인맥이 중대한 결과를 초래할 수 있다.

그라쿠스 형제의 개혁 운동에 계기를 마련한 공화정 말기 100년은 이러한 인간관계 그물망이 복잡하게 얽혀 펼쳐진 시기였다. 얽히고설킨 인간관계 그물망을 이해하려면 프로소포그래피(Prosopography, 인물 조사학)라는 방법으로 풀어내는 과정이 필요하다. 어떤 인물 주위에 있는 누군가가 아군인지 적군인지 알려면 그의 친형제부터 친구, 지인에 이르는 인간관계를 토대로 조사해야 한다. 고대사는 사료가 적어 인간관계를 중심으로 해석하는 프로소포그래피 연구가 어려운 측면이 있다. 그나마 공화정 말기는 키케로 등 문인 정치가의 변론과 서간이 남아 있어 나은 편이다.

프로소포그래피 기법을 적용해 분석하면 최종적으로 카이사르 파벌을 규합한 옥타비아누스가 어떻게 권력을 구축했는지를 알 수 있다. 기원전 1세기에는 이전 시대에 세력가였던 로마 주변의 구 원로원 귀족이 쇠퇴하고, 그들을 대신해 이탈리아 지방 도시의 유력자가 부상하는 모습을 볼 수 있다. 이들 지방 호족이 카이사르 파벌에 '지인'이라는 아군으로 받아들여졌고, 이러한 인간관계가 황제 권력의 등 뒤에 도사리고 있었다.

프로소포그래피 연구는 로널드 사임(Ronald Syme)의 『로마 혁명』(The Roman Revolution)이라는 명저로 대표되는데, 세계사의 어떠한 시대에도 필요한 탐구 자세로 볼 수 있다.

◇ 고대 로마의 공화정 시대에 최고 신관이 최고 권력자인 집정관보다 높은 직위였다고?

아우구스투스의 최종 직함은 엄청나게 길다.

Imp., Caesar, Divi F., Augustus, Pontif.Maxim., Cons. XIII, Imp. XX, Tribunic.potest.XXXVI, P.P.

이것은 그가 세상을 떠난 해에 붙여진 정식 직함으로, 번역하면 '최고 사령관 · 카이사르 · 신의 아들 · 아우구스투스 · 최고 신관 · 집정관 13회 · 최고 사령관 20회 · 호민관 직권 행사 37년 차 · 국부'다.

첫머리에 붙은 'Imperator(임페라토르)'는 이 시점에서는 최고 사령관으로 아직 황제는 아니었다. 이어지는 '카이사르'는 고유명사가 호칭으로 굳어지며 직함이 되었고, 이어지는 '아우구스투스'는 그에게는 이름에 해당하나 후대에는 '정식 황제＝아우구스투스', '부황제＝카이사르'라는 식으로 사용하게 되었다. 그 밖에도 그의 업적이라 할 수 있는 집정관 취임 횟수와 호민관으로서의 활동이 포함되어 있는데, 'Pontif.Maxim(최고 신관)' 부분에 집중해보자. 이 직함은 공화정 시대에 최고 권력자인 '집정관'보다 상위였다.

제2차 삼두정치 시대에 최고 신관 자리에는 세 명의 최고 관료 중에서도 가장 나이가 많은 레피두스가 취임했다. 레피두스가 옥타비아누스에게 반기를 들었을 때 옥타비아누스는 레피두스에게 국외 추방령을 내렸다. 그러나 옥타비아누스는 레피두스의 최고 신관 지위를 박탈하지는 않았다. 이 사실로 보아 최고 신관 자리는 아무런 권력도 없음을 추정할 수 있다.

그런데도 레피두스가 기원전 13년경에 고인이 되자 '아우구스투스'가 된 옥타비아누스는 최고 신관 자리에 취임했다. 왜 아우구스투스는 권력과 무관한 최고 신관 지위에 집착했을까? 최초로 최고 신관 자리에 앉은 인물은 카이사르였다. 이쯤에서 기억을 되살려보자. 젊은 카이사르는 유피테르 신전의 사제로 부임했었다. 그는 기원전 84년에 사제가 되었는데 아직 열대여섯 살밖에 되지 않았던 무렵이었다.

그 후 권력이 마리우스에서 술라에게로 옮겨가자 마리우스 밑에 있던 카이사르는 술라에게 아내 코르넬리아와의 이혼을 강요당했고, 카이사르는 이를 거부했다. 그는 절대 코르넬리아와 헤어지려 하지 않았다.

이렇게 쓰고 보니 마치 카이사르가 코르넬리아를 사랑해서 그녀에게 집착한 것으로 보이는데, 실은 카이사르는 코르넬리아가 아니라 사제라는 종교 관직에 집착했다. 카이사르가 유피테르 신전의 사제가 된 건 코르넬리아 덕분이었다. 유피테르 신전의 사제는 유서 깊은 귀족 가문의 딸과 혼인하는 관례가 있었다. 그래서 카이사르는 약혼자와 헤어지고 네 번이나 집정관을 역임한 정계의 거물 킨나의 딸 코르넬리아와 결혼했다. 만약 코르넬리아와 이혼하면 카이사르는 유피테르 신전의 사제 자격을 잃어버리게 된다. 그래서 카이사르는 코르넬리아와 절대로 갈라설 마음이 없었다. 그러나 최고 권력자 술라의 명령을 거스른 카이사르는 유피테르 신전의 사제 자리도, 아내의 지참금도, 조상 대대로 내려온 세습 재산도 빼앗기고 도피 생활을 했다. 그런데도 카이사르는 끝까지 사제직에 집착했다.

기원전 73년 그는 드디어 최고 신관 자리에 올랐고 과거 술라에게 빼앗긴 영예를 회복했다. 그리고 기원전 63년에 전임자가 영면에 들며 최고 신관 자리가 공석이 되자 서른일곱 살이라는 젊은 나이에 최고 신관 자리에 입후보했다.

신관 정원은 10명 정도였기에 어느 정도 지지층을 거느린 사람이라면 입후보해 당선될 수 있었다. 그러나 최고 신관은 10명의 신관 중에서 선거로 단 한 사람만 선출했다. 관례상 집정관처럼 수년간 국가 행정 요직을 경험한 인물이 선출되는 명예직이었다. 아직 한 번도 집정관 자리에 오르지 못한 서른일곱 살의 젊은이가 입후보하자 전대미문의 당돌한 행동으로 받아들여졌다.

선거 당일 아침에 카이사르는 어머니에게 "어머니, 오늘 당신 아들은 최고 신관이 되거나 망명자가 되거나 둘 중 하나가 될 겁니다"라고 비장한 각오를 밝혔다. 만약 최고 신관이 되지 못한다면 망명할 수밖에 없다는 말은 젊은 나이에 최고 신관으로 입후보하는 행동이 얼마나 무모하고 파격적인 행보인지, 낙선한다면 되바라진 젊은이가 분수를 모르고 까불다 혼쭐이 났다며 여론이 싸늘하게 식을 거라는 사실을 예상했음을 알 수 있다.

그런데도 한다면 하는 카이사르였다. 엄청난 액수의 돈을 뿌리고 매수 같은 뒷공작도 서슴지 않은 결과 마침내 최고 신관 자리에 올랐다. 이후로도 카이사르는 최고 신관 자리에 계속 마음을 두었고, 끝내 종신 최고 신관이 되었다.

아우구스투스는 이러한 카이사르를 본받아 최고 신관 자리에 올랐다. 그 후 최고 신관은 대대로 황제가 물려받게 되었고, 모름지기 황제라면 최고 신관에 취임하는 게 로마의 전통으로 자리 잡았다. 현재 로마 제국은 사라졌으나 '폰티펙스 막시무스(Pontifex maximus, 대제사장)'라는 칭호는 지금도 어느 곳에서 계승되고 있다. 바로 바티칸이다.

가톨릭 신자가 아니라면 모르는 사람이 더 많은데 로마 교황의 정식 명칭은 'Pontif Maxim', 즉 로마 최고 신관과 같다. 그래서 나는 때때로 내가 가르치는 학생들에게 "카이사르는 로마 교황이었다"고 반쯤 농담 삼아 말하는데, 이 농담에는 절반의 진실이 섞여 있다.

◇ 카이사르와 아우구스투스는 왜 권력과 무관한 '최고 신관' 지위에 그토록 집착했을까?

카이사르는 왜 집착에 가까울 정도로 '최고 신관' 자리에 연연했을까? 어디까지나 사견인데 카이사르는 '권위'에 집착했을 가능성이 크다. 신앙심이 투철했던 로마인에게 최고 신관은 특별한 권위를 지닌 존재였다.

카이사르는 신앙이 독실한 로마인의 정점에 설 사람은 역시 종교적 권위를 갖춘 신성한 인물이나 신의 경건한 뜻을 전할 수 있는 신앙심 깊은 사람이어야 한다는 신념을 품고 있었을지도 모른다. 실제로 카이사르는 고모인 율리아가 세상을 떠났을 때, 장례식 자리에서 율리아는 신의 자손이라고 이야기하며 자신의 출신 가문인 율리아의 집안이 여신 베누스(Venus, 사랑과 미의 여신 비너스)와 이어지는 성스러운 일족임을 은근히 암시했다. 카이사르의 후계자가 된 아우구스투스도 최고 신관 자리에 오르자 자신의 이름을 걸고 평화를 기원하는 제단과 수많은 신전을 지었다.

또 앞에서 소개한 그의 직함에서 볼 수 있는 'Divi F'는 '신의 자손'이라는 뜻으로, 여기서 말하는 신은 앞에 적은 '카이사르'를 가리킨다. 이는 안토니우스의 움직임을 경계한 원로원이 카이사르를 신격화한 것과 연관이 있다. 이에 따라 카이사르의 자식(양자)인 아우구스투스도 자신을 '신의 아들'로 지칭해 권위를 부여했다.

이러한 사실은 아우구스투스 조각상에도 잘 나타난다. 아우구스투스라고 하면 떠오르는 작품은 '프리마포르타의 아우구스투스상(Augustus of Primaporta, 바티칸 미술관 소장)'이 유명한데, 그 조각상 발치에 작은 아모르(큐피드)가 있다는 사실을 아는 사람은 그리 많지 않다.

뜬금없이 아모르가 왜 등장할까? 아모르는 여신 베누스의 아들로 여신을 따르는 율리우스 가문의 성스러운 혈통을 지녔음을 암시하는 예술적 장치다. 또 프리마포르타의 아우구스투스상이

프리마포르타의 아우구스투스상.
아우구스투스상 중에서 특히 유명한 대리석상. 그의 아내 리비아 드루실라가 은거한 로마 교외의 프리마포르타에서 발견되었다. 바티칸 미술관 소장.

토가 차림의 아우구스투스. 로마 시민의 상징 '토가'를 두른 조각상.
아우구스투스는 신을 섬기는 최고 신관으로 독실한 신앙심을 보여주는 조각상 제작을 지시해 민심을 장악했다. 로마 국립박물관 소장.

너무 유명해 아우구스투스라고 하면 갑옷 차림부터 떠올리는 사람이 많다. 그러나 실제로 로마 유적에서 발굴되는 아우구스투스상 대부분은 토가를 후드처럼 머리에 쓴 모습이다.

토가는 로마 시민을 나타내는 복식으로 반원 모양의 커다란 천을 몸에 둘러 입었다. 일반적으로 한쪽 끝을 왼쪽 어깨에 걸쳐 몸 앞쪽으로 늘어뜨리고, 나머지를 등에서 앞으로 두른 다음 복잡한 주름을 잡고 마지막으로 복잡한 주름을 왼쪽 팔에 걸쳐 정리하는 방식으로 착용했다. 로마 시민의 정장이라고 할 수 있는 토가를 머리까지 뒤집어쓴 차림은 종교 행사에 참여할 때 따라야 하는 예법이었다. 따라서 토가를 후드처럼 머리까지 뒤집어쓴 아우구스투스상은 신관으로서의 모습을 반영한 것으로 추정된다. 즉 아우구스투스는 군인 신분보다 신관으로 '기도하는' 모습을 선호해 조각상을 그렇게 만들도록 지시했다고 볼 수 있다.

카이사르도 아우구스투스도 독실한 신자가 절대 다수를 차지하는 로마 사회에서 자신이 신을 섬기는 데 가장 적합한 존재임을 보여주기 위해 최고 신관이 되었다.

현대인의 관점으로는 권력자가 왜 그 정도로 종교적 권위에 집착했는지 의문이 들 수 있다. 카이사르와 아우구스투스는 고대를 살았다. 고대에는 신들의 존재를 감히 의심하는 불경한 사람은 단 한 사람도 없었다는 사실을 간과하기 때문이다.

천둥 번개가 치는 광경을 보면 요즘 사람들은 과학적 원리를 알기에 자연스러운 기상 상황이라고 가볍게 고개를 끄덕이고 넘어간다. 그러나 당시에는 왜 하늘에서 불빛이 번쩍이고 굉음이

나는지 알지 못했다. 온갖 지혜를 동원해도 이해할 수 없는 현상은 신들의 분노라고 설명할 수밖에 없었다.

그밖에도 설명할 수 없는 현상은 차고 넘쳤다. 지진, 화산 분화, 홍수와 가뭄, 역병 등 신들의 분노는 언제 어떠한 형태로 인간을 덮칠지 알 수 없었다. 자연재해의 원리를 이해하지 못한 고대인들은 자연재해 발생 자체로 이미 신들의 존재가 증명되었다고 믿었다.

역사, 특히 고대와 같은 옛 시대를 검증할 때는 당시 사람들의 눈높이를 의식하는 연습이 중요하다. 당시 사람들의 의식과 가치관을 고려하지 않으면 왜 카이사르와 아우구스투스가 최고 신관 자리에 집착했는지, 최고 신관이 지닌 권위가 얼마나 중요했는지를 이해하기 어렵다.

⑥

Succession Structure

후계 구도

로마 제국의 '성쇠'를 좌우했던 후계 구도 문제

◇ 카이사르는 왜 병약하고 군사 재능도 뛰어나지 않은 옥타비아누스를 후계자로 점 찍었을까?

카이사르는 왜 새파랗게 젊은 애송이 옥타비아누스를 자신의 후계자로 지명했을까? 후계자가 될 수 있는 친아들이 없었기에 그나마 피붙이인 옥타비아누스를 선택했다고 볼 수도 있으나 다른 이유도 있었다. 어쩌면 카이사르는 옥타비아누스가 지닌 '위정자의 자질'을 정확히 꿰뚫어보았을 수도 있다.

카이사르는 옥타비아누스가 10대 중반인 청소년 시절부터 전쟁터에 데리고 다니는가 하면 자신의 개선식에 참여시키는 등

늘 옆에 끼고 다니며 아꼈다. 아마 그 무렵부터 이미 카이사르는 자신의 후계자로 옥타비아누스를 점찍었던 모양이다.

개선식은 승리에 이바지한 사람들이 민중의 환영을 받는 의식으로 행사 참여 자체가 대단한 명예로 여겨졌다. 쉽게 비교하면 막대한 상금이 걸린 경마 레이스에서 최종 우승한 말의 고삐를 여러 관계자가 함께 잡고 관중 앞을 행진하는 모습과 비슷하다. 원래는 마주와 기수, 조련사 등 그 말의 승리에 공헌한 사람들만 참가 자격이 주어지는데, 실제로는 관계자 가족과 지인 등 직접 관계가 없는 사람들까지 행진 무리에 섞여 관중의 환호를 받는다. 로마 개선식도 비슷했다. 직접 전투에 참전하지 않아도 개선 장군인 카이사르가 옆에 세우면 누구도 따지고 들 수 없었다.

카이사르가 옥타비아누스에게 옥에 티라고 느꼈던 부분은 단 하나, 어려서부터 잔병치레가 잦은 병약한 체질이었다는 점이다. 이 시대 위정자는 정치인으로서의 능력뿐 아니라 대군을 이끄는 장수로서의 능력도 반드시 갖추어야 했기에 병약한 체질은 흠이 될 수 있었다. 군사적 재능 부분에서 약간의 문제가 있다고 판단한 카이사르는 옥타비아누스를 일부러 이런저런 전투에 데리고 다녔을 수도 있다.

다행히 옥타비아누스는 체력은 떨어져도 매우 용감한 청년이었다. 카이사르의 이스파니아 원정에 따라갔을 때는 폼페이우스의 아들들과 함께 중상을 당하면서도 용감히 싸웠고, 배가 난파되었을 때도 절대 진군을 포기하지 않는 등 옥타비아누스의 용기를 전해주는 일화는 수없이 많다.

옥타비아누스의 미래에 기대를 걸었던 카이사르는 그를 신관으로 임명하고 '공부를 계속 시키기 위해' 달마티아(발칸반도 서부)의 아폴로니아로 유학을 보냈는데, 옥타비아누스는 그곳에서 그 후 그의 인생 버팀목이 되어줄 중요한 인물을 만나 우정을 다졌다.

어쩌면 카이사르는 마르쿠스 아그리파(Marcus Vipsanius Agrippa, 기원전 63~기원선 12년)의 재능을 일찍이 알아보고 그의 존재를 염두에 두고 옥타비아누스를 후계자로 지명했을 수도 있다. 그렇다면 카이사르의 예상은 적중했다. 몸이 약한 옥타비아누스가 황제 자리까지 오를 수 있었던 건 아그리파가 수많은 전투에서 승리하고 그 영광을 모두 옥타비아누스에게 돌렸기 때문이다.

실제로 정적 안토니우스는 아그리파가 세운 공에 의존하는 옥타비아누스에 대해 "옥타비아누스는 침대에 누워 멍하니 하늘만 바라보고 있구나. 아그리파가 적을 모조리 처리할 때까지 납작 엎드려서 숨죽이고 있다니"라고 야유했을 정도다.

옥타비아누스는 군사 면에서 큰 의지가 되었던 아그리파를 만났을 무렵 문화와 정치 방면의 조력자가 되어줄 가이우스 마이케나스(Gaius Maecenas, 기원전 70~기원전 8년)를 만났다. 마이케나스는 원로원 자리도 고위 공직도 마다하고 옥타비아누스의 개인비서처럼 그를 곁에서 보필했다. 이렇게 유능한 측근들이 그림자처럼 그의 곁에 붙어 충성을 다한 것은 그가 공사를 명확히 구별할 줄 아는 사람이었기 때문이다.

옥타비아누스는 공적인 자리가 아닌 곳에서는 정이 많고 온화한 성격이었다. 어느 날 옥타비아누스와 그를 시중들던 회계 담당자가 함께 산책에 나섰다. 그러다가 갑자기 뛰어 들어온 멧돼지에 소스라치게 놀란 회계 담당자가 아우구스투스를 떠밀고 도망치는 실책을 저질렀다. 측근으로서는 용서받을 수 없는 일이었다. 그때도 아우구스투스는 겁 많은 회계 담당자를 웃으며 용서해주었다. 하지만 종자(從者)가 원로원 의원 집안의 여성과 간통하는 사건을 저질렀을 때는 그의 다리를 자르는 엄한 벌을 내렸다.

이런 사례를 든 이유는 둘 중 어느 한쪽이 옥타비아누스의 본모습인지를 얘기하려는 것이 아니다. 옥타비아누스가 사사로운 감정에 흔들리지 않고 공과 사를 철저하게 구별하며 적합한 판단을 내리는 냉철함을 갖추고 있었음을 보여주려는 것이다. 카이사르도 공과 사를 확실하게 구별할 줄 아는 사람이었지만, 그 방면에서는 옥타비아누스가 한 수 위였다. 공사를 구별하는 능력은 매우 중요한 '황제의 자질'이라고 할 수 있다.

◇ 옥타비아누스가 원로원과 민회가 부여한 온갖 특권을 정중히 사양한 까닭

카이사르가 암살자의 칼에 쓰러진 순간 가이우스 옥타비아누스는 아직 열아홉 살의 청년이었다. 카이사르가 암살당한 후 옥타비아누스는 악티움 해전에서 경쟁자인 안토니우스를 무찌르고 멋지게 양아버지 카이사르의 기대에 부응해 로마의 실질적 권력자로 우뚝 섰다.

그러나 앞에서 살펴보았듯 옥타비아누스는 카이사르와 다른 선택을 했다. 카이사르는 권력을 손에 넣은 기원전 49년부터 기원전 44년까지 5년 동안 온갖 특권을 차근차근 확보했다. 물론 카이사르가 특권을 내놓으라고 요구하지는 않았다. 그저 주위에서 알아서 그에게 이런저런 권리를 바쳤다. 그는 주위의 청을 물리지 않고 모두 받아들여 마지막에는 종신 독재관이 되었고 "카이사르는 공화정을 우습게 아는 독재자"라는 비난을 받고 죽임을 당했다.

이러한 카이사르의 최후를 목격한 옥타비아누스는 원로원과 민회가 그에게 온갖 특권을 주어도 모조리 거절했다. 그는 속주 총독 임명권 일부와 호민관 특권 정도만 받아들였다.

아우구스투스는 호민관 자리에 남다른 애착을 느껴 매년 호민관으로 재선출될 때마다 자격을 취득했다. 그러나 호민관은 몇 사람이나 있고 임기도 1년으로 정해져 있다. 아우구스투스는 종신 호민관이 되려 하지 않았고 여러 명의 호민관 중 한 사람으로 임기 1년짜리 호민관 자리에 만족했다.

옥타비아누스는 원로원과 대립을 피하고 손에 넣은 모든 특권을 원로원에 반납하며 자신에게 독재자가 될 뜻이 없음을 보여주었다. 그러면서 자신은 어디까지나 '프린켑스(Princeps, 제1 발언권을 지닌 시민)'라며 공화정의 유지를 명확히 선언했다.

이렇게 기원전 27년, 옥타비아누스는 '존엄한 자'라는 뜻의 칭호 '아우구스투스'를 수락했고, 이후 아우구스투스로 공화정의 형태를 유지하며 사실상 제정을 이끌었다.

아우구스투스는 현실이 어떻게 돌아가든 자기 한 사람에게 권력이 집중되는 것처럼 보이는 상황이 바람직하지 않음을 배웠기에 카이사르와 다른 선택을 했다.

총명한 아우구스투스는 40년의 치세 동안 공화정 시기 국가 체제를 거의 변경하지 않고 새로운 구조를 창출했다. 그는 공화정 국가의 운영 기구를 갈아엎지 않고도 광활한 제국에서 실질적으로는 독재자로 군림한 탁월한 정치 감각의 소유자였다. 아우구스투스는 이 어려운 일을 해내면서 동시에 민중의 신뢰까지 손에 넣었으니 그야말로 황제의 그릇이었다.

'로마의 기존 체제는 대제국으로 성장한 현재의 로마를 다스리기에는 역부족이다. 거대한 제국의 규모에 걸맞은 새로운 체제를 만들어 변화한 시대에 대처해야 한다.'

카이사르를 반면교사 삼아 다른 길을 걸었던 아우구스투스였으나 카이사르의 신념은 확실하게 계승했다. 카이사르는 자신이 황제가 되려는 개인적 욕심에서 종신 독재관이 되지 않았다. 그는 현재 로마 사회에 무엇이 필요한지를 꿰뚫어보고 더 나은 로마를 만들기 위해 권력을 잡으려 했다. 구체적으로 '식민지 건설'을 예로 들 수 있다.

아우구스투스는 포에니 전쟁에서 풀 한 포기 나지 않을 정도로 철저하게 짓밟은 카르타고에 새로운 식민지를 건설했는데, 카르타고 식민지 건설은 본래 카이사르가 세운 계획이었다. 또 아우구스투스는 식민 도시 건설과 시민권 정책을 병행했다. 새로 식민지가 된 속주에 로마의 가치관을 홍보해 지배권을 공고히 하려는 정책이었다. 아우구스투스는 카이사르를 본받아 고분고분 순종하며 속주가 되는 부족에게는 '클레멘티아'를 보여주고 결코 로마의 지배방식을 강요하지 않았다. 속주 주민이 로마를 동경하고 자진해서 로마의 정책을 따르는 방향으로 그들을 유도했다.

새로운 로마에 무엇이 필요했을까? 로마를 세계의 수도에 걸맞은 장엄하고 화려한 도시로 탈바꿈시키는 작업이 필요했다. 로마는 본래 홍수와 화재에 취약한 도시였다. 연거푸 일어난 재난 속에서 급하게 도시를 재건하다 보니 아무래도 기초가 튼튼하지 못했고 완성도가 떨어졌다. 무질서하게 난립한 건물에 구획 구분도 엉성한 마구잡이식 도시개발로 대제국의 수도답지 않은 난잡한 모양새였다.

아우구스투스가 직접 쓴 『아우구스투스 업적록』(Res Gestae Divi Augusti)에는 "벽돌의 도시 로마를 물려받아 대리석의 도시로 물려주겠다"는 포부가 드러나 있다. 그는 자신의 공약을 지켜 로마를 제국의 수도에 걸맞은 웅장한 도시로 재탄생시켰다.

카이사르는 로마 사회에 필요한 일을 해서 더 나은 로마를 만들겠다는 목표를 내세웠는데, 한마디로 '로마의 안녕, 제국의 평화'였다. 100년이나 난세가 이어졌던 탓에 카이사르는 로마의 평화를 절실히 바랐다.

실제로 아우구스투스는 사실상의 황제가 되었을 때 전쟁이 없을 때만 문을 닫아거는 '야누스 신전'의 문을 닫는 의식을 성대

로마의 지배 체제

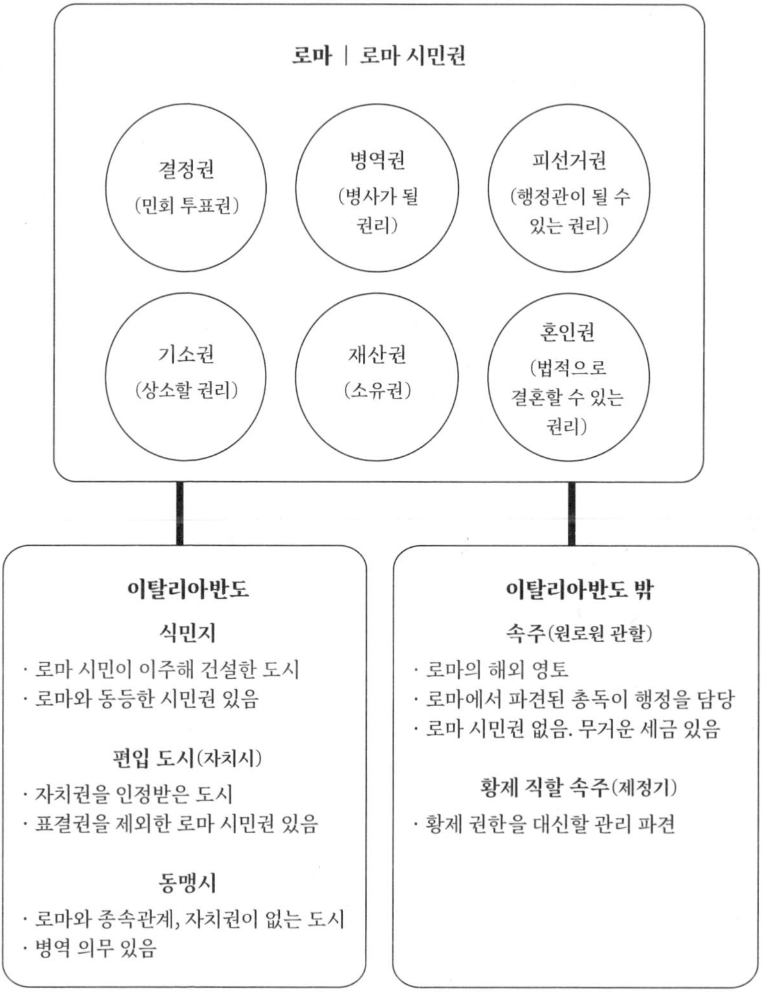
로마 | 로마 시민권
결정권
(민회 투표권)
병역권
(병사가 될 권리)
피선거권
(행정관이 될 수 있는 권리)
기소권
(상소할 권리)
재산권
(소유권)
혼인권
(법적으로 결혼할 수 있는 권리)
이탈리아반도
식민지
· 로마 시민이 이주해 건설한 도시
· 로마와 동등한 시민권 있음
편입 도시(자치시)
· 자치권을 인정받은 도시
· 표결권을 제외한 로마 시민권 있음
동맹시
· 로마와 종속관계, 자치권이 없는 도시
· 병역 의무 있음
이탈리아반도 밖
속주(원로원 관할)
· 로마의 해외 영토
· 로마에서 파견된 총독이 행정을 담당
· 로마 시민권 없음. 무거운 세금 있음
황제 직할 속주(제정기)
· 황제 권한을 대신할 관리 파견

하게 거행했다. 이로써 오랜 세월 이어진 내란의 시대가 끝났음을 민중에게 알렸다.

로마가 제국의 수도로 화려하게 재탄생하는 과정에서 아우구스투스는 엄청난 수의 공공 건축물을 건설했는데, 그중에서도 신전 수가 압도적으로 많았다. 최고 신관인 자신이 몸소 신들에게 로마에 평화를 달라고 기도하는 마음을 표현하기 위해서였다.

아우구스투스의 로마 재건이 카이사르의 뜻을 계승한 것인지, 아우구스투스 자신의 뜻이었는지는 알 수 없다. 그러나 카이사르가 바란 로마의 평화를 후계자인 아우구스투스가 물려받아 실현했음은 그 누구도 부인할 수 없는 역사적 사실이다.

◇ 아우구스투스는 왜 피 한 방울 섞이지 않고 인간적으로 좋아하지도 않은 티베리우스를 후계자로 지명할 수밖에 없었을까?

만사가 뜻대로 풀리는 것처럼 보이던 아우구스투스 시대에도 끝까지 그를 고민하게 한 문제가 딱 하나 있었다. 바로 '후계자 문제'였다.

아우구스투스는 세 번 결혼했는데 유난히 아들 복이 없었다. 친자식은 두 번째 아내인 스크리보니아(Scribonia)와의 사이에서 태어난 딸 율리아 하나뿐이었다.

그래서 아우구스투스는 세 번째 아내인 리비아(Livia)가 전남편과 사이에서 얻은 두 아들 티베리우스(Claudius Nero Tiberius, 기원전 42~기원후 37년)와 드루수스(Claudius Nero Drusus, 기원전 38~기원전 9년)에게 기대를 걸었다. 그러나 이 둘은 아우구스투스와 혈연관계가 아니었기에 성스러운 율리우스 가문의 혈통에 속하지 않았다고 보아 후보자에서 제외되었다.

그러자 아우구스투스는 딸 율리아를 여동생의 아들, 즉 조카인 마르쿠스 클라우디우스 마르켈루스(Marcus Claudius Marcellus, 기원전 42~기원전 23년, 앞에 등장한 로마 공화정의 정치가로 총 다섯 번의 집정관 경력이 있는 마르쿠스 클라우디우스 마르켈루스와 동명이인-옮긴이)와 결혼시켰는데 그는 10대 후반의 창창한 나이에 일찍 세상을 떠났다.

후계자 후보를 잃은 아우구스투스는 딸 율리아를 재혼시켜 딸이 낳은 외손자에게 희망을 걸기로 했다. 문제는 율리아의 재혼 상대였다. 앞으로 태어날 아이가 성장하기 전에 아우구스투스에게 무슨 일이 생기면 재혼 상대, 즉 사위가 후계자 자리를 차지하게 되니, 그렇게 되면 죽 쑤어서 개 주는 꼴이었다.

고심 끝에 아우구스투스는 믿을 수 있는 벗이자 심복인 아그리파를 선택했다. 그리고 당시 유부남이던 아그리파를 일부러 이혼시켜 율리아와 재혼시켰다. 아그리파는 율리아보다 스물다섯 살이나 위였는데 두 사람은 세 아들과 두 딸을 둔 다복한 부부가 되었다. 흡족해진 아우구스투스는 그들의 장남인 가이우스와 차남인 루키우스를 양자로 맞아 후계자 후보로 삼았다.

그런데 그 아이들이 아직 어린 나이였던 기원전 12년, 아그리파가 세상을 떠나자 아우구스투스는 갑자기 불안에 휩싸였다. 만약 자신의 신변에 무슨 일이 생기면 어린 후계자들을 누가 돌본단 말인가.

아우구스투스는 리비아의 아들로 이미 장성한 티베리우스에게 아내와 헤어지고 율리아와 재혼해 어린 외손자들의 후견인이 되어달라고 강요했다. 애처가였던 티베리우스는 막무가내식 명령에 반발했으나 황제의 명령을 거스를 수는 없는 노릇이었다. 티베리우스와 율리아의 결혼식은 이듬해인 기원전 11년 2월 본인의 의사와 무관하게 거행되었다.

이 결혼은 율리아와 티베리우스 두 사람 모두에게 불행을 가져다주었다. 원치 않는 상대와 억지로 결혼하게 된 티베리우스는 아무리 애를 써도 아내에게 정이 가지 않았고 두 사람의 결혼은 일찌감치 파국을 맞았다. 아내를 돌같이 보는 무심한 남편을 둔 율리아는 외간남자와 만난다며 자신의 외도 사실을 일부러 흘렸으나 티베리우스는 그런 아내를 탓하지도 이혼을 요구하지도 않았다.

돌연 티베리우스는 기원전 6년 홀로 로도스섬으로 건너가 은거에 들어갔다. 쇼윈도 부부나 다름없는 결혼 생활에 신물이 났거나, 후계자 다툼에 휘말려 귀찮아졌거나, 어쩌면 모든 게 싫어졌을지도 모른다.

아우구스투스의 외손자인 가이우스와 루키우스는 민중에게 인기가 있었다. 특히 장남 가이우스는 순조롭게 아우구스투스의 후계자가 되는 길을 걷는 듯 보였다.

그런데 기원후 2년에 동생인 루키우스가 급환으로 사망하고, 2년 후인 기원후 4년에 전투에서 얻은 부상이 깊어진 가이우스마저 세상을 떠나며 아우구스투스는 두 외손자를 한꺼번에 잃게 되었다.

게다가 엎친 데 덮친 격으로 항간에는 이런 소문이 떠돌았다. 리비아가 자기 아들을 아우구스투스의 후계자로 만들기 위해 그 형제를 죽였다는 소문이었다. 확증은 없으나 아주 근거 없는 이야기도 아니었다.

사실 후계자 후보는 하나 더 있었다. 율리아와 아그리파 사이에 태어난 세 번째 아들인 아그리파 포스투무스였다. 그런데 가이우스와 루키우스가 허망하게 세상을 떠난 후 티베리우스와 함께 양자로 삼은 아그리파 포스투무스는 도저히 감당할 수 없을 만큼 난폭했다. 그는 양자가 된 지 3년 만에 토스카나제도의 피아노사섬(Pianosa)으로 종신 유형 처분을 당했다.

율리아의 아들이 모두 후보에서 사라지며 아우구스투스는 최종적으로 피 한 방울 섞이지 않은 티베리우스를 후계자로 지명했다.

티베리우스는 뛰어난 군사적 재능의 소유자였으나 아우구스투스는 그가 성에 차지 않았던 모양이다. 티베리우스를 최종 후계자로 지명한 것도 나머지 후보가 모조리 저세상 사람이 되어버려 어쩔 수 없이 선택한 것에 불과했기 때문이다.

티베리우스의 친아버지가 티베리우스 클라우디우스 네로라는 인물이었기에 아우구스투스부터 네로 황제까지 이어지는 일련의 혈통을 '율리우스·클라우디우스 왕조'라 부른다.

리비아의 흉상.
아우구스투스의 아내로 제2대 황제 티베리우스의 어머니.

◇ 유능한 황제 티베리우스는 어쩌다 로마 시민에게 증오의 대상이 되었나?

후계자 문제로 골머리를 앓던 아우구스투스의 뒤를 이어 티베리우스가 쉰다섯 살에 황제(재위 기원후 14~37년)로 즉위했지만, 그 역시 후계자 문제로 골치를 썩게 되었다.

율리아와 파경을 맞은 티베리우스는 전처와 사이에 아들이 있었으나 율리우스 가문의 피가 섞이지 않은 사내아이를 후계자로 지목할 수는 없었다. 그래서 티베리우스는 동생인 드루수스의 아들인 게르마니쿠스(Germanicus, 기원전 15~기원후 19년)를 양자로 맞아 후계자로 삼았다.

티베리우스가 황제 자리에 올랐을 때 게르마니쿠스는 스물여덟 살. 아버지는 현 황제의 동생 드루수스이고 어머니는 선제 아우구스투스의 누나 옥타비아와 정적 안토니우스 사이에 태어난 소 안토니아, 후계자로 흠잡을 데 없는 혈통이었다. 게다가 게르마니쿠스의 아내는 아우구스투스의 손녀 아그리피나(뒤에 등장하는 딸의 이름도 아그리피나, 둘을 구별하기 위해 어머니는 대아그리피나, 딸은 소아그리피나로 부른다-옮긴이)였다.

이 젊은이의 존재에 생전의 아우구스투스도 눈독을 들여 게르마니쿠스는 아우구스투스의 명령이라는 형태로 티베리우스의 양자가 되었다. 어쩌면 아우구스투스는 게르마니쿠스에게 기대를 걸었고, 티베리우스는 게르마니쿠스가 황제 자리에 오를 때까지 공백을 채워줄 대타로 여겼을 수도 있다.

게르마니쿠스는 우수한 혈통에 무용까지 뛰어났다. 또 키가 크고 훤칠한 미남이었다. 뛰어난 학식에 웅변 능력, 수많은 공을 세웠는데도 잘난 척하지 않고 다른 사람을 따뜻하게 대하는 완벽한 남자였다. 수려한 외모에 용기와 재능을 두루 갖춘 젊은이를 로마인들은 열광적으로 사랑했고 그의 인기는 하늘을 찔렀다.

그런데 티베리우스가 황제 자리에 오르고 나서 5년밖에 지나지 않은 기원후 19년, 게르마니쿠스가 속주 문제를 해결하기 위해 파견된 시리아에서 병으로 사망하고 말았다. 아직 살날이 더 많은 서른네 살이었다.

그의 부고는 곧 로마에 전해졌다. 로마 시민들은 비탄에 잠겼다. 게르마니쿠스를 가까이서 본 속주 사람들은 눈물을 흘렸고 타국의 왕도 그의 안타까운 죽음에 애석함을 표했다. 적대하던 사람들까지 휴전하고 그의 죽음을 애도했다고 전해진다.

너무나 갑작스러운 부고였기에 사람들은 게르마니쿠스의 죽음에 의문을 품게 되었고, 누가 먼저랄 것도 없이 게르마니쿠스가 독살당했다는 소문이 돌기 시작했다.

시리아 총독으로 게르마니쿠스와 대립각을 세운 그나이우스 칼푸르니우스 피소(Gnaeus Calpurnius Piso)가 범인으로 지목되었다. 게르마니쿠스의 독살 혐의를 뒤집어쓴 피소는 압박감을 이기지 못하고 자살로 생을 마감했다. 그러나 사람들의 범인 찾기는 피소가 죽은 후에도 끝나지 않았다.

이번에는 피소는 실행범이고 배후가 따로 있다며 게르마니쿠스의 인기를 시기한 티베리우스가 피소에게 그를 죽이라고 사주했다는 이야기로 발전했다. 물론 소문을 뒷받침할 만한 증거는 없었다.

티베리우스의 속내는 알 수 없으나 사람들의 시선이 닿는 곳에서는 비통한 표정으로 게르마니쿠스의 너무 이른 죽음을 애도했다. 그런데도 사람들은 게르마니쿠스의 죽음을 가장 바라는 사람이야말로 누구보다 더 절절하게 그의 죽음을 애도하는 모습을 보일 거라고 수군거렸다.

아우구스투스와 게르마니쿠스라는 두 빛나는 영웅 사이에서 티베리우스는 내성적이고 음흉한 인물로 묘사될 때가 많다. 그러나 나는 개인적으로 그가 상당히 우수한 자질을 갖춘 황제였다고 평가한다.

티베리우스는 황제에 오른 초반 10년 동안 로마에서 행정 수완을 멋지게 발휘했고, 남은 10년 동안에는 로마를 떠나 카프리섬에서 은둔했다. 관점을 달리하면 초반 10년 사이에 황제가 로마를 떠나 있어도 알아서 굴러가는 행정 체제를 완성했다고 볼 수 있다.

그러나 현실에서는 로마에서 실권을 장악한 티베리우스의 부하 세야누스(Sejanus)가 정치를 자기 뜻대로 주무르는 사건이 종종 발생했다. 카프리섬 밖으로 한 발짝도 나오지 않고도 티베리우스는 이 사실을 알고 세야누스를 처형했다.

티베리우스는 카이사르나 아우구스투스와 같은 창업자 유형의 인물이 아니기에 민중의 인기와 카리스마라는 후광을 두르지 못했으나 2대 황제로서 할 일은 제대로 해냈다.

갖가지 문제를 일으킨 게르마니쿠스의 죽음으로 티베리우스는 새로운 후계자를 선정해야 한다는 압박감에 시달리게 되었다. 후보는 두 명. 첫 번째는 게르마니쿠스의 유복자인 가이우스였고 두 번째는 자신의 친아들 드루수스의 아들 티베리우스 게멜루스였다. 즉 게르마니쿠스의 아들과 자신의 손자, 둘 중 하나를 선택해야 했다. 최종적으로 티베리우스는 게르마니쿠스의 아들 가이우스를 후계자로 지명했다. 이 가이우스가 훗날 악명 높은 칼리굴라 황제(기원후 12~41년 / 재위 기원후 37~41년)가 되었다.

기원후 37년 티베리우스는 카프리섬 맞은편 해안인 캄파니아 지방을 순시하던 중 몸 상태가 나빠져 바닷가 별장에서 일흔아홉 해의 생애를 조용히 마쳤다. 딱하게도 그의 죽음이 로마에 전해졌을 때 로마 시민들은 슬픔의 통곡 대신 기쁨의 눈물을 흘렸다고 한다. 민중에게는 마치 범죄자처럼 여겨진 가엾은 황제, 심지어 티베리우스의 유해를 테베레강에 내다버리라고 외치는 사람들까지 있었다.

선제 아우구스투스에게도 아내 율리아게도 로마 시민에게도 사랑받지 못하고 끝난 티베리우스의 인생이었다.

◇ 유혈이 낭자한 검투사의 경기에 로마인이 열광한 이유는?

티베리우스는 왜 로마 시민에게 사랑받지 못했을까? 여러 이유 중 하나로 그에게 드리운 '음흉한 인상'을 꼽을 수 있다. 카이

율리우스·클라우디우스 왕조의 가계도(숫자는 황제 즉위 순서)

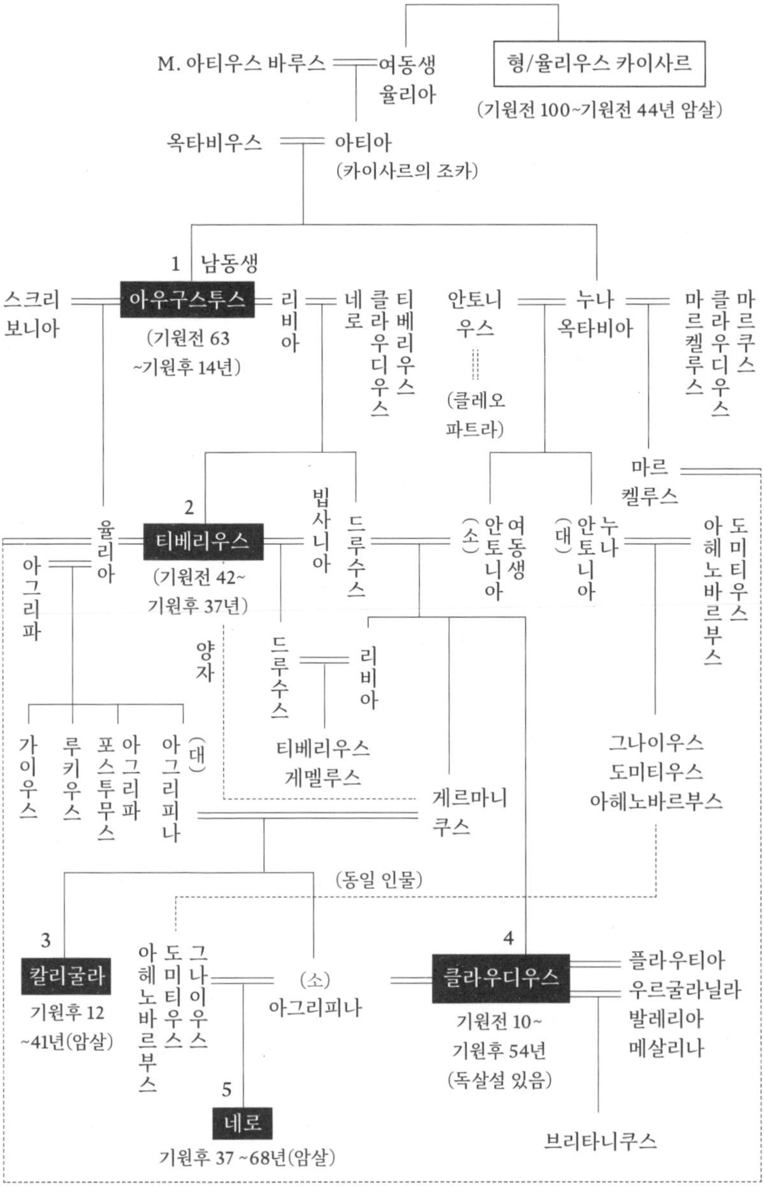

(마르켈루스는 율리아의 첫 남편)

사르와 아우구스투스는 대중을 휘어잡는 화술에 가끔 후하게 금전을 뿌려 시민의 마음을 사로잡고는 했다. 반면 티베리우스는 치세 후반을 카프리섬에 틀어박혀 두문불출하며 지냈고 눈에 띄는 정치적 행보도 없었다.

은둔자로 지내다 보니 아무래도 그에게는 소심하고 쩨쩨하다는 이미지가 덧씌워졌다. 민중은 그가 검투사와 전차 경주로 대표되는 경기와 각종 구경거리를 제공하지 않는다며 불만이 팽배했다. 당시 로마 시민에게 이런 '볼거리'는 빼놓을 수 없는 오락으로 이미 삶의 일부로 자리 잡았기 때문이다.

로마사에 '빵과 서커스'라는 말이 있다. 이 말은 네로 황제에서 하드리아누스 황제에 이르는 시대를 살았던 풍자 시인 데키무스 유니우스 유베날리스(Decimus Iunius Iuvenalis)가 남긴 말에서 비롯되었다.

> "과거 권세와 국위와 군사 등에 전력을 쏟았던 로마 시민들도 지금은 옹기종기 모여앉아 단 한 가지 일에 몰두한다. 바로 빵과 서커스다."

'빵'은 시민에게 지급되는 곡물을, '서커스'는 시민에게 제공되는 다양한 볼거리를 의미한다. 즉 유베날리스는 로마 시민이 곡물 배급에 의지해 일하지 않고 오락으로 제공되는 구경거리에 정신이 팔려 정치에 관심을 잃어버렸다고 개탄했다.

참고로 여기서 말하는 '서커스'는 우리가 아는 곡예가 아니다.

전차 경주에 사용된 타원형 코스를 뜻하는 '키르쿠스(circus)'를 영어식으로 읽은 단어다.

티베리우스 황제 시대에 이미 당연해진 '빵과 서커스'가 언제부터 로마 시민에게 제공되었는지는 확실히 알 수 없다. 아무튼 기록에 따르면 공화정 말기, 티베리우스 그라쿠스가 호민관이 되고 토지 소유제 개혁에 착수한 기원전 133년 무렵 등장했다. 당시에는 가진 자와 못 가진 자의 격차가 급격히 벌어지던 시대였다. 도시에는 토지를 잃고 고향을 떠난 무산 시민이 넘쳐났다.

제정기에는 황제가 로마 시민에게 '빵과 서커스'를 제공했으나 황제가 존재하지 않던 공화정 말기에는 이를 부유한 귀족이 제공했다. 처음에는 무료가 아니었고 시장 가격보다 약간 저렴하게 제공하기 시작했다. 다시 말해 '빵과 서커스'는 가진 자가 못 가진 자에게 부를 재분배한다는 의미에서 베푼 일종의 자선 행위였다.

'빵'은 가난한 무산 시민이 살아가기 위해 꼭 필요한 물자였으니 이해할 수 있다. 그런데 왜 빵과 함께 검투사 경기 같은 '볼거리'를 제공했을까?

검투사 경기는 원래 캄파니아 지방의 풍습으로 장례식에서 거행하는 의식이었다. 왜 장례식에서 무기를 들고 싸웠을까? 당시에는 죽은 사람의 영혼이 인간의 피를 영양분으로 삼아 안식을 얻는다는 관념이 있었다. 그래서 어느 한쪽이 죽을 때까지 싸우는 것이 아니라 한쪽이 피를 흘리면 승부가 결정되는 방식으로 경기를 종료했다.

실제로 로마의 기록에 남은 가장 오래된 검투사 경기는 기원전 264년 율리우스 가문의 페라 장례식에서 개최되었다. 당시에는 특별히 마련된 경기장이 아니라 광장이나 개인 저택에서 경기를 치렀다.

'종교의식'에서 시작된 검투사 경기는 공화정 말기에 '여흥을 위한 볼거리'로 성격이 달라졌다. 노예제를 기반으로 한 라티푼디움으로 거대한 부를 쌓은 귀족이 자신의 부를 과시하기 위해 사유물인 노예를 육성해 검투사 경기를 주최하게 되었다. 참고로 기원전 73년 스파르타쿠스의 반란 주동자였던 스파르타쿠스는 검투사로 알려졌는데 당시 검투사 대부분은 노예나 전쟁 포로였다.

구경거리로 검투사 경기를 자주 열게 되자 전용 경기장이 건설되었고 아예 시민의 오락으로 정착했다. 그러자 권력을 얻으려는 사람들이 인기를 끌기 위해 이를 이용하게 되었다. 실제로 카이사르는 상당한 돈을 써서 몇 번씩 검투사 경기를 주최했다. 그리고 카이사르의 정치적 행보를 아우구스투스가 물려받아 티베리우스 시대에는 황제가 시민에게 마땅히 제공해야 하는 오락으로 자리 잡았다.

텔레비전도 영화도 없던 시대에 눈앞에서 사람과 사람 혹은 사람과 맹수가 싸우는 광경은 엄청나게 자극적인 볼거리였다. 그렇다고 해도 로마인들의 서커스에 대한 열광은 지나친 느낌이 든다. 왜 로마인은 그토록 피 튀기며 싸우는 검투사들의 경기에 열광했을까?

이 물음에 대한 답을 찾는 과정에서 흥미로운 사실을 한 가지 알 수 있다. 검투사들의 사망률은 시대가 흘러 로마가 평화로운 시대를 맞이할수록 높아진다는 사실이다.

검투사 경기는 초기에는 사망률이 그다지 높지 않았다. 죽을 때까지 싸우면 경기에 나설 때마다 검투사의 수가 절반으로 줄어들기 때문이다. 그래서 일반적으로는 상대방이 무기를 잃거나 명백히 승패가 정해질 때 승자는 패자를 찔러서 숨통을 끊는 자세를 보여주며 관객에게 "죽여도 좋은가?"를 물었다. 패자의 생사를 정하는 권한은 주최자에게 있었으나 주최자는 관객을 즐겁게 하고 분위기를 띄울 목적으로 그 순간 관객의 반응을 보고 결정했다.

용감하게 싸운 검투사는 설령 패배해도 살 수 있었고, 소극적이거나 비겁한 수를 쓴 검투사는 관객의 야유를 받고 죽임을 당할 때가 많았다. 경기에 나서는 검투사들도 이런 사실을 잘 알고 있었기에 실제로는 다섯 번 싸워서 한 명이 사망하는 정도였다.

그런데 나폴리에서 로마에 이르는 길목에 있는 민투르나이(Minturnae)라는 지방에서 발견된 3세기 기록의 비문에는 11번 경기를 치러 11명이 사망했다고 새겨져 있다. 패자는 모조리 죽임을 당한 셈이다.

왜 평화로운 시대에 검투사의 사망률이 높아졌을까? 로마사를 연구한 나도 정확하게 답할 수 없으나, 평화로운 시대일수록 잔혹한 죽음을 볼거리로 제공해 로마인의 투지와 용기를 자극하려는 의도가 있었을 거라고 조심스럽게 추측할 따름이다.

아무리 태평성대처럼 보여도 로마라는 나라의 본질은 공화정 체제에서 출발한 군국주의 국가였다. 로마인은 시민인 동시에 전쟁에 나가 싸우는 병사였기에 아무리 평온한 시대라도 항상 병사로서의 자각과 마음가짐을 갖출 수 있도록 일부러 잔혹한 경기를 볼거리로 제공해 시민을 정신적으로 단련했던 것이 아니었을까.

◇ 중병을 앓은 후 폭군으로 변한 '미치광이 황제' 칼리굴라

티베리우스를 밉상으로 여기던 로마 시민들은 게르마니쿠스의 아들이라는 이유만으로 후계자로 선정된 가이우스를 두 팔 벌려 환영했다.

게르마니쿠스와 대(大)아그리피나에게는 원래 여섯 명의 아들과 세 딸이 있었다. 막내아들인 가이우스가 태어났을 때 이미 세 명의 형이 세상을 떠났고 남은 두 형도 티베리우스가 살아 있는 동안 음모와 숙청에 휘말려 목숨을 잃었다. 가이우스는 게르마니쿠스의 아들 중에서 유일하게 살아남은 덕에 황제가 된 셈이다.

어쨌든 게르마니쿠스의 피를 물려받은 스물네 살의 젊은 황제에게 로마 시민은 기대를 걸었고 그가 티베리우스 시대의 우울한 분위기를 일소해주리라 믿었다.

칼리굴라라는 호칭은 정식 칭호가 아니었다. 이는 그의 아버

검투사를 그린 2세기경의 모자이크화. 리비아 즐리텐 지역에서 발굴되어
'즐리텐 모자이크'로 불린다. 검투사들은 서로 대결하거나 맹수와 싸웠다.
민중은 유혈이 낭자한 볼거리에 열광하며 이를 오락으로 즐겼다.
리비아 트리폴리 고고학박물관 소장.

지 게르마니쿠스가 게르마니아 원정에 어린 가이우스를 데려갔을 때 병사들이 붙여준 별명이었다. 칼리굴라는 '작은 군화'라는 뜻이다.

> 칼리굴라 황제는 군영에서 태어나 병사들을 놀이 친구로 삼아 자랐다. 꼬마 병정처럼 보이는 그에게 병사들은 '칼리굴라(Caligula, 작은 군화)'라는 별명을 붙여주고 마스코트처럼 귀여워했다. 어린 칼리굴라가 아버지의 부하들이 신겨주는 대로 앙증맞은 작은 발에 군화를 신고 다니는 모습에서 생긴 별명이었다.
>
> — 타키투스, 『연대기』

가이우스 자신은 이 별명을 질색해 황제가 되고 나서는 '칼리굴라'라는 이름을 입 밖에 내면 그 누구라도 용서하지 않고 벌을 내렸다. 그러나 아이러니하게도 그의 이름은 '악명 높은 칼리굴라 황제'로 역사에 남게 되었다.

악명 높은 칼리굴라도 황제에 취임한 초기 반년 동안에는 나름대로 분발했다. 정치범을 대대적으로 사면하고 병사들의 보급을 늘리고 민중의 세금을 감면해주고 은사금까지 뿌렸다. 민중은 특히 티베리우스 시대에 명맥이 끊겼던 검투사 경기 같은 구경거리를 부활시킨 정책에 열광했다.

칼리굴라는 황제 자리에 오르고 나서 반년이 지난 후부터 갑자기 사람이 달라졌다. 병명은 확실히 알 수 없으나 칼리굴라는 중병을 앓았다. 두 달가량 자리에 누워 앓고 나서 회복한 칼리굴라는 와병 생활을 계기로 정신을 놓아버렸다. 이른바 칼리굴라 전설로 알려진 잔혹 행위는 이때부터 탄생했다.

저승 문턱에서 살아 돌아온 칼리굴라는 누군가 자신을 암살하려는 음모를 꾸민다는 피해망상에 사로잡혀 주위 사람들을 끝없이 의심하고 대역죄를 뒤집어씌워 수많은 이를 처형했다.

민중은 화려한 볼거리에 환호했으나, 황제가 총애하는 경주마 잉키타투스(Incitatus)가 황제 못지않은 호사스러운 대접을 받는다는 소문이 퍼지자 그의 인기도 시들해졌다. 이 경주마는 대리석 마구간에 상아로 만든 구유, 윤기가 자르르 흐르는 부드러운 모포에 보석을 박은 고삐 등 기가 막힐 정도로 화려한 보살핌을 받았다.

상식을 벗어난 일에 돈을 물 쓰듯 쓴 칼리굴라는 티베리우스가 남긴 30억 세스테르티우스(Sestertius)라는 막대한 유산을 탕진했다. 돈이 떨어지자 칼리굴라는 부유한 귀족들에게 누명을 씌워 처형하고 재산을 몰수하거나 새로운 세금을 만들어 돈을 뜯어냈다. 진위는 알 수 없으나 궁전 안에 윤락업소를 열어 화대를 받았다는 이야기까지 전해진다.

이러한 갖가지 기행은 당연히 칼리굴라와 원로원의 관계를 악화시켰고 민중의 기대도 저버려 황제의 인기는 바닥에 떨어졌다. 그리고 당연한 결말로 기원후 41년 칼리굴라는 암살되었다. 고작 4년 동안의 치세였다.

칼리굴라 암살은 주도면밀하게 계획되었다. 측근은 물론 여러 원로원 의원이 가담했다. 연극 공연 중 막간 휴식 시간에 퇴석하는 순간을 노려 암살을 시도했고, 그의 시신에서 300곳 넘는 자상이 발견되었다. 주위 사람들이 얼마나 칼리굴라를 미워했는지 알 수 있는 대목이다.

제위에 오른 초반 반년 동안 좋은 황제가 되려고 나름대로 노력했던 칼리굴라와 병을 앓은 후 광기에 휩싸여 잔혹해진 폭군 칼리굴라 사이의 격차가 너무나 큰 나머지 지금도 많은 학자가 칼리굴라가 병으로 정신 질환을 앓게 되었다는 가설을 지지한다.

◇ 유능한 통치자였으나 누구에게도 사랑받지 못한 비운의 황제 클라우디우스

미치광이 황제 칼리굴라 암살에 성공하며 후계자 자리가 공석이 되자 원로원은 기회를 놓칠세라 서둘러 공화정 부활을 시도했다. 그러나 원로원이 구체적인 계획을 아무것도 세우지 못하고 어영부영하는 사이에 공화정이 부활하면 실업자 신세가 될 근위대가 선수를 쳤다.

새로운 황제 즉위를 서둘 필요가 있었던 근위대가 우연히 궁전 내에서 얼쩡거리던 클라우디우스(기원전 10~기원후 54년/재위 기원후 41~54년)를 발견했다. 클라우디우스는 로마가 사랑한 게르마니쿠스의 동생으로 원로원도 떨떠름하게 그를 황제로 승인했다.

클라우디우스 자신은 황제 자리를 원하지 않았기에 마른하늘에 날벼락이나 다름없는 봉변이었다. 그는 자신이 황제로 추대되리라고는 꿈에도 생각지 못했다. 클라우디우스는 병을 앓아 신체 장애가 있었다. 그의 친어머니조차 '인간의 꼴을 한 괴물'이라 부르며 사랑을 주지 않고 품에서 밀어낼 정도였다. 그녀는 아들에게 말조차 붙이지 않을 정도로 냉대하고 경멸했고, 그의 누나는 "클라우디우스가 황제가 된다면 로마 국민의 불행"이라고 공언할 정도로 남동생을 무시했다. 어린 시절부터 병약했던 그는 성장한 후에도 몸놀림이 부자연스럽고 말을 더듬고 침과 콧물을 질질 흘릴 때도 많아 놀림을 받았다.

그런데 자신의 어머니에게조차 사랑받지 못하고 친누나를 비롯해 주위 사람들에게 멸시받은 클라우디우스였으나 황제 자리에 오르자 탁월한 행정 수완을 발휘해 로마 제정기의 관료 체제를 거의 완성했다.

또 오늘날의 영국인 브리튼섬은 클라우디우스 시대에 로마의 속주가 되어 영국에서는 그가 여느 로마 황제 못지않게 인지도가 높았다. 한 예로 20세기를 대표하는 영국 작가 로버트 그레이브스가 『나는 황제 클라우디우스다』(I, Claudius)를 써서 베스트셀러가 되었다.

클라우디우스는 선구적 사고방식의 소유자였다. 이를 증명이라도 하듯 그는 당시 로마인이 아니라면 될 수 없었던 원로원 의원으로 갈리아 출신을 임명하는 등 재능 있는 인재를 관습에 얽매이지 않고 널리 등용했다.

이처럼 위정자로 뛰어난 능력을 발휘한 클라우디우스였으나 여자 문제가 끊이지 않았다. 가까운 여성들에게 사랑받지 못했던 그는 황제가 된 후 메살리나라는 절세 미녀를 아내로 맞아들였는데, 아내가 이중결혼을 했다는 사실을 알게 되자 상대 남자를 메살리나와 함께 처형했다.

첫 아내를 형장의 이슬로 떠나보낸 클라우디우스는 게르마니쿠스의 딸이자 칼리굴라의 여동생인 소(小)아그리피나와 재혼했다. 두 사람은 숙부와 조카 관계로 당시에도 용인되지 않는 근친혼이었다. 그런데도 클라우디우스는 원로원을 압박해 특별 허가를 받아 결혼을 강행했다.

아그리피나는 결혼과 함께 야심을 품었다. 클라우디우스 다음 황제를 전처 메살리나에게 얻은 아들 브리타니쿠스가 아니라 자신이 낳은 아들 루키우스로 삼겠다는 야무진 꿈이었다. 아그리피나는 클라우디우스를 설득해 루키우스를 정식 양자로 들였다. 양자로 입적된 루키우스는 '네로(기원후 37~68년/재위 기원후 54~68년)'라는 새 이름을 얻었다.

클라우디우스의 친아들 브리타니쿠스보다 세 살 위였던 네로는 기원후 15년 클라우디우스의 정식 상속인이 되었다.

일이 이쯤 되자 아그리피나의 야심을 가로막는 걸림돌은 클라우디우스뿐이었다. 이미 클라우디우스는 병으로 자리에 몸져누웠으나, 황제가 숨이 넘어가기를 기다릴 여유가 없었던 아그리피나는 남편의 식사에 독을 타서 독살했다. 기원후 54년 가을, 14년 동안 로마를 다스린 클라우디우스 황제는 독살로 치세를 마감했다.

◇ 친어머니 아그리피나를 잔인하게 살해한 희대의 폭군 네로

어머니 아그리피나의 계략으로 네로는 열여섯 살에 황제 자리에 올랐다. 사람의 정신적 성숙이 오늘날보다 일렀던 고대라고는 하나 열여섯 살 나이의 소년에게 정치적 판단력이 있을 리 만무했다.

아그리피나는 네로를 황제 자리에 앉히려고 계획할 때 당시 유배 중이던 철학자 세네카를 네로의 가정교사로 삼기 위해 로마로 불러들였다. 세네카의 보좌를 받은 네로는 조용히 정치 활동을 시작했다.

현재 폭군의 대명사로 알려진 네로는 칼리굴라와 마찬가지로 즉위 초기에는 나름대로 좋은 황제가 되려고 노력했다. 아직 머리가 굳기 전의 어린 네로는 세네카를 비롯한 우수한 보좌진의 충고를 고분고분 받아들였을 수도 있다.

그러나 네로가 즉위한 후 5년이 지났을 무렵부터 폭군의 조짐이 보이기 시작했다. 요즘 말로 '인싸'(인사이더) 기질이 다분했던 네로는 사람들의 관심을 즐겼다. 네로는 민중에게 화려한 볼거리를 수시로 제공했다. 검투사 경기와 전차 경주를 주최해 몸소 경기장에 모습을 나타내고 민중에게 손을 흔들고 환호를 받는 과정을 즐겼다. 또 예술가 행세를 좋아했던 그는 음악회를 열어 사람들 앞에서 직접 노래를 부르기도 했다. 측근들은 이러한 황제의 모습에 눈살을 찌푸렸으나 민중은 볼거리를 제공하는 황제를 사랑했다.

네로와 친어머니 아그리피나의 관계는 이 무렵부터 악화하기 시작했다. 어머니가 정치에 참견하는 일이 잦아졌다고 느낀 네로는 어머니를 물놀이 사고를 가장해 살해할 계획을 세웠다. 아그리피나가 연회 후에 호수에서 배를 타고 돌아오는 길에 배를 전복시켜 익사시킨다는 계획이었다. 그런데 수영 실력이 출중했던 아그리피나가 기슭까지 헤엄쳐 돌아와 계획은 실패했다. 어쩔 수 없이 네로는 별장으로 몸을 피한 아그리피나에게 자객을 보내 살해했다.

친어머니를 살해한 패륜은 수많은 네로의 악행 중에서도 첫머리에 꼽히는 사건이다. 그 후 네로는 자신의 두 아내도 어머니의 뒤를 따라 저승으로 보냈다.

네로의 첫 아내는 클라우디우스의 딸 옥타비아였다. 옥타비아는 특별한 흠이 없었는데도 억울한 누명을 씌워 처형했다. 네로가 푹 빠진 미모의 유부녀 포파이아 사비나의 부추김에 넘어갔기 때문이라고 전해진다. 한데 포파이아도 네로와 재혼한 후 임신 중에 네로의 발길질에 배를 차여 생긴 상처가 덧나 무참한 죽음을 맞이했다.

포파이아를 죽게 만든 네로는 이후 자신과 소원해진 사람들을 차례차례 처치했다. 밤이나 낮이나 네로를 보살핀 스승 세네카도 여기서 예외는 아니었다. 세네카는 네로가 황제가 되었을 때부터 그를 보필해주고 네로가 친어머니 아그리피나를 살해했을 때도 그녀의 죄과를 정리한 문서를 발표해 네로를 감싸주었던 스승이었는데도 말이다.

수많은 사람을 죽음으로 몰아간 네로의 최후는 정작 '자살'이었다. 악행을 거듭하고도 민중의 인기만은 뜨거웠던 네로였지만, 로마시 안에 '네로가 어머니를 죽였다'는 낙서가 나돌며 인기가 급격히 식고 로마 교외의 군대가 반기를 들었다는 소식을 듣자, 자신의 운명을 깨닫고 스스로 목숨을 끊었다.

당시 네로는 "이 세상은 위대한 예술가를 잃었도다"라는 유언을 남겼다고 전해진다.

◇ 네로가 기독교 신자를 박해했다는 설은 어떻게 만들어졌을까?

네로의 악행을 언급할 때 유럽에서는 제일 먼저 '기독교인 박해'를 꼽는데, 기독교인이 아닌 사람으로서는 잘 이해가 가지 않는 대목이다.

문제는 기원후 64년에 일어난 로마 대화재 사건이었다. 네로가 평소 로마 도시를 재개발하고 싶다고 입버릇처럼 말했기 때문에 '로마를 멋대로 뜯어고치려는 네로가 로마에 불을 질렀다'는 소문이 삽시간에 퍼져 나갔다. 네로는 이 소문을 잠재우기 위해 기독교 신자에게 방화죄를 뒤집어씌워 박해에 나섰다는 게 여태까지 서구의 해석이었다.

그러나 사료를 아무리 파헤쳐도 이 해석을 구체적으로 뒷받침해줄 자료를 찾지 못했다. 서구는 대부분 기독교권 국가들이라 어느 정도 선입관이 작용해 왜곡된 관점으로 네로를 바라보았을 가능성도 있다.

애초에 네로가 기독교 신자를 박해했다는 해석은 이탈리아의 몬테카시노(Monte Cassino)라는 수도원에 남은 타키투스의 책(12세기 사본)에 기독교인 박해를 다룬 부분이 있고, 그 부분에 네로가 기독교 신자를 박해했다는 구절이 있다는 것에서 비롯되었다.

그런데 이 사본을 자세히 살펴보면 기독교 신자를 의미하는 'Christiani(크리스티아니)'라는 단어에서 누군가 'e'를 지우고 'i'로 고친 흔적을 발견할 수 있다. 즉 사본이 참고한 원전에는 기독교 신자를 의미하는 'Christiani'가 아니라 'Chrestiani(크레스티아니)'라고 적혀 있었을 가능성이 크다.

그렇다면 누가 왜 그 구절을 수정했을까? 수정한 부분 한 줄 아래에 '크레스토스'라는 글자가 있는데, 필사한 사람이 크레스토스가 '그리스도', 즉 예수를 가리킨다고 생각해 'e'를 'i'로 수정했다고 추측할 수 있다.

그런데 난처하게도 하필 같은 클라우디우스 시대에 소란죄를 저질러 유명해진 '크레스토스'라는 유대인이 있었다. 이 인물에 대해서는 다른 사료가 남아 있어 그와 관련된 이야기는 명백한 역사적 사실이다. 그리고 이 '크레스토스' 자신과 그 무리를 의미하는 '크레스티아니'를 타키투스가 기독교 신자와 구별하지 않고 기록했을 가능성도 있다.

타키투스는 네로가 살아 있던 시절에는 아직 아이였고, 이 자료는 사건이 일어나고 대략 50년 후에 기록되었다. 이러한 사실을 종합하면 다음과 같은 가설을 세울 수 있다.

실제로 네로가 명령한 것은 기독교 신자 박해가 아니라 소란을 일으킨 크레스토스 일파 소탕이 아니었을까? 당시 네로가 유대인으로 몇 번씩 소란을 일으킨 크레스토스 일당을 체포해 처형하라는 명령을 내렸다는 사실은 충분히 추정할 만하다.

타키투스가 그 사건이 있고 나서 50년 후에 기록했기에 '크레스토스'를 '크리스토스'라고 잘못 적고, 그 책을 기독교 신자가 필사할 때 잘못 적은 '크리스토스'에 꽂혀 '크레스티아니'를 '크리스티아니'로 고쳐 적는 바람에 네로가 기독교 신자를 박해했다는 이야기가 만들어졌다는 가설이다. 당시 로마에서 기독교 신자의 존재가 황제가 굳이 박해를 명령할 정도로 커졌다고는 도저히 생각할 수 없기에 이런 가설을 세울 수 있었다.

예수가 십자가에 못 박힌 건 기원후 30년 무렵으로 추정되므로 네로 시대는 예수가 처형되고 나서 아직 30년 정도밖에 지나지 않은 때였다. 베드로와 바울 같은 예수의 제자가 로마로 선교여행을 왔을 때 기독교가 로마에 들어왔을 가능성도 있으나 신도 수가 적고 로마인이 보기에 기독교 신자와 유대교 신자를 구별하기 어려웠다. 적은 수인 기독교 신자를 노리고 박해를 명령하다니, 애초에 유대교 신자와 구별할 수도 없었기에 역사적 사실로 단정하기 어렵다.

나중에 로마가 기독교를 박해한 것은 사실이지만 네로 시대에 기독교 신자는 존재조차 거의 알려지지 않은 소수자 중의 소수

로마 제국의 5대 황제 네로의 흉상.
치세 초기는 스승이었던 철학자 세네카 등의 보좌로 안정적인 정치를 펼쳤다.
그러다 차츰 폭군의 조짐을 드러내며 자신과 소원해진 사람들을 차례차례 숙청했다.
마지막에 "이 세상은 위대한 예술가를 잃었도다"라는 말을 남기고
스스로 목숨을 끊었다. 카피톨리노 미술관 소장.

자로 유대교 일파 정도로 치부되었다. 소란을 일으킨 크레스토스 일당이 그나마 유명했다.

네로가 로마 대화재를 일으킨 범인으로 기독교 신자를 지목해 박해했다는 기록은 타키투스의 사본 이외에는 전혀 찾아볼 수 없다. 동시대 사람은 물론 후대 사람도 이후 더 후대 사람도 네로 시대에 로마의 대화재와 기독교 박해를 연결할 수 있는 기록은 남기지 않았다. 12세기 타키투스의 사본이 유일한 사료다.

애매한 사료밖에 없는데 네로가 기독교 신자를 잔인하게 박해했다는 이야기가 이 정도로 끈질기게 살아남아 전해진 것은 유럽이 기독교를 중심으로 돌아가는 사회이고 '폭군 네로'라는 이미지가 드라마의 한 장면처럼 생생하게 각인되었기 때문이다.

네로는 억울한 누명을 썼을 수도 있으나 유럽에서 '네로'라는 이름이 폭군의 대명사로 자리 잡은 것은 친어머니를 살해한 패륜 범죄 이상으로 기독교 박해가 한몫했기 때문일 것이다. 아마 대중으로부터 관심받기를 즐겼던 네로는 기억에도 없는 악행이 한 가지 더 추가된다고 해도 눈 하나 깜빡하지 않았을 것이다.

M·AGRIPPA·L·F·COS·TERTIVM·FECIT

part

III

가장 행복했던 '5현제 시대' 이후 찾아온 최악의 '군인황제 시대'

낮이 지나면 밤이 오듯 번영의 끝에서
몰락이 시작되다

⑦

Good Politics & Bad Politics

선정과 악정

베스파시아누스·티투스의 선정과 도미티아누스의 악정, 그 놀라운 결과는?

◇ 베스파시아누스 황제, '최고 지휘권에 관한 법령'으로 혼란을 잠재우다

네로의 죽음으로 100년 가까이 이어진 율리우스·클라우디우스 왕조는 막을 내렸다. 로마 시민이 좇던 게르마니쿠스의 환영도 완전히 사라졌고, 로마는 누구를 황제 자리에 앉혀야 할지 몰라 우왕좌왕하며 혼란의 도가니에 빠졌다.

네로의 몰락은 폭군의 죽음을 기다리던 사람들에게는 경사였으나 수도에서는 원로원 의원과 국민과 수도 수비병뿐 아니라 속주의 전 군단병과 장군에게도 연쇄적인 영향을 미쳤다. 국가 원수는 로마 이외의 고장에서 탄생할 수 없다는 제정의 비밀 열쇠가 폭로되었기 때문이다.

— 타키투스,『역사』

타키투스의 말대로 네로 사후 최초로 황제를 자처한 이는 로마 속주인 이스파니아 타라코네시스(오늘날의 스페인 주요 부분)의 총독이던 세르비우스 술피키우스 갈바(Servius Sulpicius Galba, 기원전 3~기원후 69년/재위 68~69년)라는 인물이었다. 그러나 갈바는 황제 즉위 당시 주위에 금품을 뿌리던 관례를 지키지 않았기에 민중과 군의 지지를 얻지 못했다. 게다가 고령이었던 갈바가 명문가 출신 루키우스 칼푸르니우스 피소 프루기 리키니아누스(Lucius Calpurnius Piso Frugi Licinianus, 게르마니쿠스 암살범으로 추정되는 피소와는 다른 인물)를 양자로 들여 자신의 후계자로 발표하자 그때까지 갈바를 지지하며 자신이 후계자로 선정되리라고 기대했던 마르쿠스 살비우스 오토(Marcus Salvius Otho, 32~69년/재위 69년)가 반기를 들었다.

갈바와 피소를 처치한 오토가 황제로 즉위했으나 석 달 만에 게르마니아의 군단이 옹립한 비텔리우스에게 쫓겨나 자결했다. 그로부터 얼마 후 비텔리우스(15~69년/재위 69년)도 동부 속주가 옹립한 티투스 플라비우스 베스파시아누스(9~79년/재위 69~79년)에 의해 처형되었다.

네로의 죽음부터 베스파시아누스가 황제로 즉위할 때까지 고작 1년. 1년 동안에 세 명의 황제가 줄줄이 옹립되었다가 비참한 죽음으로 물러났다.

베스파시아누스는 로마에서 그다지 멀지 않은 시골 마을인 사비니 지방의 명문가 플라비우스(Flavius) 가문 출신이다. 율리우스·클라우디우스 왕조로 이어지는 인물은 물론 아니거니와 대대로 원로원 의원을 지낸 집안도 아니었다. 귀족(파트리키)이라기보다 지방 유지에 가까웠다.

내란을 통해 로마인은 황제가 되는 조건으로 고귀한 혈통이 필요하지 않다는 사실을 깨달았다. 그렇다면 무엇이 필요했을까? 답은 간단하다. 바로 '군사력'이었다.

갈바, 오토, 비텔리우스 그리고 베스파시아누스는 모두 재위 기간이 짧았으나 원로원의 승인을 받은 정식 황제였다. 그러나 승인받았다고는 해도 군부가 옹립하고 원로원이 나중에 승인한 형식적인 절차를 거쳤기에 원로원이 군사력 앞에 굴복할 수밖에 없었음을 보여주는 사건이다. 그 과정에서 베스파시아누스는 즉위의 정당성을 '법'이라는 형태로 보여주는 이례적인 행보를 보여 로마사를 공부하는 사람이라면 눈도장을 찍어둘 가치가 충분한 인물이다.

신성한 황제 아우구스투스(초대 황제), 티베리우스 율리우스 카이사르 아우구스투스(2대 황제)와 티베리우스 클라우디우스 카이사르 아우구스투스 게르마니쿠스(4대 황제)에게 인정받은 것과 마찬가지로 정당성을 부여해줄 수 있는 동맹 관계와의 결속이 필요했다.

또 신성한 황제 아우구스투스, 티베리우스 율리우스 카이사르 아우구스투스와 티베리우스 클라우디우스 카이사르 아우구스투스 게르마니쿠스에게 인정받은 것과 마찬가지로 나중에는 원로원을 소집하고 의안을 직접 혹은 위임을 통해 제출하고 보고와 결제로 원로원 결의를 얻어내야 했다.

—『서양 고대사료집』(西洋古代史料集, 도쿄대학출판회, 2002)

'베스파시아누스 황제의 최고 지휘권에 관한 법령'은 14세기에 발견된 청동판에 새겨져 있다. 첫머리에 약간 훼손된 부분이 있으나 황제의 최고 지휘권 내용이 상세하게 기록되어 있다. 그때까지 암묵적으로 승인된 황제의 권한을 명문화한 이러한 법령 반포는 그동안 누구도 이룬 적이 없는 위대한 업적이었다.

초대 아우구스투스에서 네로까지 로마 황제 자리는 양자를 포함해 기본적으로 '부모가 자식에게' 물려주는 인간관계로 계승되었다. 이 관계는 단순히 혈통을 따져 이루어지는 계승이 아니라 로마에 예부터 존재한 파트로네스와 클리엔테스라는 관계의 정점에 선 사람이라는 의미에서 이루어진 황제 계승이었다.

이러한 형태의 제정 체제가 네로의 죽음으로 붕괴하고 베스파시아누스가 '법률'로 황제의 정당성을 준거하는 대대적인 변화가 나타났다.

흥미롭게도 '신성한 황제 아우구스투스, 티베리우스 율리우스 카이사르 아우구스투스와 티베리우스 클라우디우스 카이사르 아우구스투스 게르마니쿠스에게 인정받은 것과 마찬가지로' 라는 긴 문장이 반복된다.

베스파시아누스 자신은 아우구스투스·티베리우스·클라우디우스에게 인정받은 사람이나 다름없고 '황제로서 권력'을 계승했다고 주장하는 셈인데, 여기에 칼리굴라와 네로의 이름은 쏙 빠져 있다.

역대 황제 이름을 모조리 열거하지 않고 일부러 높은 평가를 받은 아우구스투스·티베리우스·클라우디우스의 이름만 명시함으로써 자신이 폭군으로 여겨진 칼리굴라 및 네로 시대와 다른 로마 제국을 완성하겠다는 각오를 로마 시민들에게 명확히 보여준 셈이다.

◇ 재정 회복을 위해 소변에도 세금을 부과한 '현명한 짠돌이 황제' 베스파시아누스

실제로 베스파시아누스는 네로 시대에 만연한 사치와 향락 풍조를 일소하고 예전의 엄격한 기풍을 되살렸다.

> 풍기문란을 바로잡고 엄격한 기풍을 되살린 최대 공로자는 베스파시아누스다. 황제가 생활 태도에서부터 복장까지 솔선수범했다. 그러자 국가 원수를 바라보는 국민의 시선이 공손해졌고 범에 기초한 벌칙과 공포심보다 효과적으로 황제를 본받으

려는 열광적인 열풍이 일었다.

— 타키투스, 『연대기』

타키투스의 기록을 읽으면 그가 베스파시아누스 시대를 매우 높이 평가하고 있음을 알 수 있다.

베스파시아누스라는 사람은 공명정대하고 허세를 부리지 않는 소박하고 온후한 사람이었을 것으로 짐작된다. 전임자들의 시대가 향락적인 풍조였다면 그의 시대에는 아무래도 금욕적인 분위기가 감돌았다. 그러나 베스파시아누스에게도 흠이 없었던 건 아니었다. 그는 '강박'에 가까울 정도로 하나부터 열까지 손아귀에 틀어쥐고 관리해야 하는 '구두쇠'였다.

네로의 국고 탕진과 귀족의 처형 및 재산 몰수, 그리고 황제 자리를 둘러싼 내란의 소용돌이 속에서 베스파시아누스가 황제 자리에 올랐을 때 로마의 재정은 이미 바닥이 드러난 상태였다. 새 황제에게 주어진 첫 임무는 재정 건전성 회복이었다. 그런데 새 황제의 독특한 방식에 로마인들은 기절초풍했다.

각지에 세리를 파견해 세금을 엄격하게 징수하는 건 기본이고 관직을 법에 정해진 가격 이상으로 터무니없이 비싼 가격에 매매했다. 심지어 공중화장실을 여기저기 지어 화장실에서 모은 소변에 세금을 매겼는데 그런 정책에 로마인들은 기함했다.

당시 모직물 염색과 세탁에 사용되던 소변은 염색업자에게 꼭 필요한 재료였다. 거기에 눈독을 들인 황제는 공중화장실에서 모은 소변을 사용하는 염색업자에게 사용료 명목으로 세금을 징수했다. 현재 이탈리아어로 공중화장실을 뜻하는 '베스파시아노(Vespasiano)'는 이 시대의 정책에서 비롯되었다.

베스파시아누스 황제의 두 아들인 티투스(39~81년/재위 79~81년)와 도미티아누스(51~96년/재위 81~96년)도 이 정책에 놀라 황제에게 "이 세금은 황제의 품위를 손상시킬 수 있습니다"라고 말했다. 그러자 황제는 세금으로 거둬들인 금화를 들어 보이며 "자, 냄새를 맡아보아라. 무슨 냄새가 나느냐? 금화에서 구린내가 진동하느냐 말이다?"라고 반문했다고 한다. 이것으로 보아 그는 돈에 관한 한 법도와 지위를 따지지 않는 참으로 실용적인 사고방식의 소유자였음을 알 수 있다.

베스파시아누스 황제는 세금을 가혹하게 징수해 '탐욕스러운' 사람이라는 이미지가 있는 것이 사실이다. 그러나 거두어들인 세금을 네로처럼 흥청망청 쓰지 않고 내란과 이런저런 전란으로 피해를 겪은 민중에게 나누어주어 심각한 반발을 초래하지 않았다.

베스파시아누스 황제에게는 돈에 얽힌 또 다른 재미있는 일화가 전해진다. 황제 베스파시아누스에게는 애첩이 있었다. 애첩의 생활비를 보태주는 건 예나 지금이나 마찬가지였다. 한데 이 짠돌이 황제는 애첩의 생활비를 개인 호주머니가 아니라 국고에서 지출했다.

나중에 회계 담당자가 애첩의 생활비 정도는 사비로 충당해야 한다고 충고했다. 그러자 황제는 "짐에게 깊은 애정을 쏟아준 것에 대해 사례한 것이니라"라고 악의 없이 해맑게 응수했다.

황제의 조각상을 보면 알 수 있는데, 베스파시아누스는 입에 발린 소리로도 절대 미남이라고 할 수 없는 용모였다. 투박하고 고집스러운 인상이라 아무리 좋게 봐주어도 이성에게 인기를 끌 만한 타입은 아니었다. 그런 맥락에서 베스파시아누스의 말에는 '나처럼 못생긴 황제를 떠받들어주었으니 국가에 대한 봉사로 볼 수 있다. 그러니 그에 대한 대가는 국고에서 내는 게 당연하다'라는 의미가 담겨 있었다. 자신을 낮추어 유머의 소재로 사용하는 황제로 구두쇠 인상은 떨쳐낼 수 없어도 참으로 재미난 일화다.

그런데 이 구두쇠 황제가 한 가지 일에만은 아낌없이 돈을 썼다. 바로 고대 로마를 대표하는 건축물, 지금도 수많은 관광객을 불러모으는 '콜로세움'을 건설한 일이었다.

베스파시아누스는 아우구스투스가 로마 시내 중심부에 원형 경기장을 건설할 계획을 세웠다는 사실을 알고 있었다. 당시 로마에서 검투사 경기는 수용 인원 1만 명 정도의 목조 경기장에서 개최했는데, 약 5만 명을 수용할 수 있는 콜로세움 건설은 시민들에게 큰 환영을 받는 정책이었다.

네로의 황금 궁전 '도무스 아우레아(Domus Aurea)'에 있는 인공 연못이 건설 부지로 정해졌다. 안타깝게도 베스파시아누스는 콜로세움 완공(79년 12월)을 보지 못하고 눈을 감았다. 아무튼 당시 사람들은 이 콜로세움을 베스파시아누스의 성을 따서 '플라비우스 원형 경기장'이라 불렀다. 79년에 콜로세움이 완공되자 아버지의 뒤를 이어 황제 자리에 오른 티투스는 콜로세움 낙성 기념으로 100일 동안 각종 경기를 개최했다.

이 경기에서 9,000마리의 맹수가 죽임을 당했고 검투사들의 시합과 모의 해전까지 성대하게 펼쳐졌다고 기록되어 있다.

> 두루미끼리 싸움을 붙였고, 네 마리의 코끼리가 싸우기도 했다. 사육된 동물과 야생의 동물을 가리지 않고 무참하게 도륙되었는데 그 수가 9,000마리 이상이었다. 신분이 높지 않은 여자들은 유해를 정리하는 작업에 동원되었고, 남자들은 일대일 혹은 집단 대 집단으로 육전이나 해전으로 대전했다. 해전은 티투스 황제가 이 경기장에 느닷없이 물을 채우라고 명령하며 시작되었다. 말과 소 그 밖의 가축을 끌고 와 동물이 물 위에서도 육상에서처럼 움직이도록 무대를 꾸몄고 배에 탄 사람들은 해전을 펼쳤다.
>
> — 디오 카시우스, 『로마사』

참고로 콜로세움이 완공되던 해에 또 하나의 큰 사건이 있었다. 바로 베수비오 화산 분화(79년 8월)로 나폴리 근교 도시 폼페이가 통째로 매몰된 사건이었다. 화산 분화라는 천재지변은 로마 시민에게도 큰 충격을 주었다. 티투스가 성대한 검투사 경기를 개최한 데는 미증유의 천재지변에 절망감을 느낀 시민을 격려하려는 의도도 담겨 있었다.

베스파시아누스는 구두쇠로 알려졌으나 자신은 평생 검소하게 생활했고 재정을 건전하게 바로잡아 국가 질서를 회복했기에 타키투스의 평가는 타당했다고 볼 수 있다.

베스파시아누스 황제.
네로가 벌인 혼란을 수습하고 플라비우스 왕조를 창시했다.
피터 폴 루벤스(Peter Paul Rubens)의 로마 황제 초상화 시리즈 중 1625년 작품.

로마의 관광 명소로 자리 잡은 원형 경기장 콜로세움.
외관은 아름다운 아치를 그리는 4층 구조로 건축됐으며,
각층은 양식이 다른 아치로 장식했다.

◇ 형 티투스의 선정 vs. 아우 도미티아누스의 악정

베스파시아누스 황제가 서거한 후 티투스와 도미티아누스 두 아들 중 형인 티투스가 먼저 황제 자리에 올랐다. 티투스가 선왕의 뒤를 이어 황제가 되었을 때 많은 이들이 그가 제2의 네로가 될지 모른다고 걱정했다.

그는 베스파시아누스가 황제 자리에 있던 시절에 근위대 직위를 이용해 아버지의 정적에게 누명을 씌워 숙청하는 등 야비한 수법으로 이름을 떨쳤기 때문이다. 그러나 황제 자리에 오른 티투스는 좋은 의미에서 사람들의 기대를 배신했다. 그의 치세는 2년 3개월로 짧았으나 그 짧은 기간에 그는 폼페이 피해자를 구제하고 100일에 걸쳐 경기를 개최해 실의에 빠진 민중에게 용기와 희망을 주었다.

티투스는 피해 지역 부흥에 힘쓰던 81년 여름 세상을 떠났다. 기록에 따르면 티투스는 차디찬 샘물에 몸을 담가도 열이 내리지 않을 정도로 고열에 시달렸던 것으로 보아 말라리아에 걸렸던 것으로 추정된다. 티투스의 부고가 전해지자 민중은 마치 자신의 피붙이가 세상을 떠났을 때처럼 통곡하며 애도했다.

그러나 후세의 역사가 디오 카시우스(혹은 카시우스 디오 Cassius Dio)는 티투스의 선정을 있는 그대로 받아들이지 않고 다음과 같이 세간의 평가와 다른 평가를 남겼다.

"황제 자리에 더 오래 앉아 있었더라면 티투스는 과연 세인의 칭송을 받는 선정을 베풀 수 있었을까. 세월이 그의 가면을 벗겨

냈으리라."

이 말에서 칼리굴라와 네로의 존재가 느껴진다. 실제로 칼리굴라는 반년, 네로는 5년 동안 선정을 베풀었기 때문이다. 다만 칼리굴라는 스물네 살에 황제로 즉위했고, 네로는 10대에 황제 자리에 올랐으나 티투스는 마흔 살 즈음에 황제가 되었다. 게다가 황제가 되기 전까지 사람들은 그가 폭군이 될 거라고 수군거렸다. 그는 선량한 황제가 되어 사람들의 걱정이 기우에 불과했음을 보여주기 위해 재임기간 동안 피나는 노력을 기울였을지도 모른다.

티투스가 세상을 떠나자 그의 동생인 도미티아누스가 황제 자리를 물려받았다. 후세 역사가 중에는 티투스의 갑작스러운 죽음에 대해 도미티아누스가 형을 독살했다고 의심하는 설, 병에 걸렸다고 해도 열을 내린다는 구실로 눈을 채운 상자에 티투스를 넣어 죽음을 앞당겼다는 설을 지지하는 사람들이 있다. 개인적으로 이는 모두 후세 사람들의 창작이라고 생각한다. 그러나 후세 역사가들이 그렇게 생각해도 어쩔 도리가 없을 정도로 도미티아누스는 악랄한 폭군이었다.

로마에는 5현제 이전에 세 명의 폭군이 있었다. 그 세 사람은 미치광이 황제 칼리굴라와 폭군의 대명사 격인 네로 그리고 잔혹한 도미티아누스였다. 티베리우스 황제를 무척 존경한 도미티아누스는 행정과 군사적 방면에서 뛰어난 재능을 타고나기는 했다.

티베리우스는 빵과 서커스를 충분히 제공하지 않아 민중에게 미움을 샀고 재위 기간의 절반을 로마에서 떨어진 카프리섬에 틀어박혀 지냈으나 후세 학자들의 평가는 매우 후했다. 성격이 어둡고 항상 인상을 쓰고 다니며 보는 사람들을 불편하게 만들었고, 사람들 앞에 나서기를 꺼려 대중적으로 인기 있는 황제는 아니었다. 다만 사람에 따라 티베리우스를 높이 평가하기도 했다. 티베리우스는 아우구스투스와 같은, 말하자면 창업자가 아니라 제2대 황제였다. 2대는 2대 나름의 고충이 있다.

기본은 하는 게 당연하고 조금이라도 허튼짓을 하거나 기대에 못 미치면 바로 초대와 비교당하며 '무능하다'는 꼬리표를 달게 된다. 게다가 새로운 일보다는 초대 황제인 아우구스투스가 이룩한 제국을 반석 위에 올리는, 말하자면 힘들게 일해도 그리 티가 나지 않아 생색도 낼 수 없는 일을 해야 했다. 그런 의미에서 이미 말했듯 티베리우스는 로마 제국을 안정기에 접어들게 한 능력 있고 훌륭한 2대 황제라고 평가하고 싶다.

아마 도미티아누스는 티베리우스의 뛰어난 실무 능력을 높이 평가해 존경했고 그를 본받고자 했을 것으로 추정된다. 티베리우스는 아우구스투스처럼 화려한 업적은 없어도 제 할 일은 야무지게 해낸 황제였다. 그런 티베리우스를 존경한 도미티아누스도 성격적으로 티베리우스와 비슷한 면이 있지 않았을까. 그는 구석에서 남몰래 제 몫의 일을 해내고도 칭찬은커녕 관심조차 받지 못하는 외톨이의 서글픔을 잘 알고 있었을 수도 있다.

그러나 둘에게는 결정적인 차이가 있었다. 티베리우스는 마지막까지 잔혹한 모습을 보이지 않았고 싸움이나 갈등 상황에는 눈을 돌리고 카프리섬에 은둔했다. 그런 의미에서 티베리우스는 현실도피적인 성격이었다고 할 수 있다. 그와 달리 도미티아누스는 공격적인 면모를 보였다. 그는 자신의 눈에 거슬리는 사람은 단호하게 처형했다.

황제가 된 도미티아누스는 대대적인 숙청에 착수했다. 그는 몇 명의 남녀 귀족을 간통죄로 처벌하고 동성애 혐의가 있는 원로원 의원과 기사 신분을 가진 시민을 숙청했다. 그중에서도 그의 결벽성을 드러내는 대목이 있다. 베스타 신전의 무녀는 신전에서 신을 모시는 30년 동안 순결을 유지해야 할 의무가 있었다. 그러나 현실에서 일부 무녀는 남자와 정을 통했다. 전임 황제들은 이런 무녀들의 죄를 눈감아주었으나 도미티아누스는 사형이라는 엄벌로 다스렸다.

아버지 베스파시아누스는 세금을 한 푼도 깎아주지 않은 좀스러운 황제라고 소문났으나 스스로 검소한 생활의 모범을 보여 민중은 크게 반발하지 않았다. 그런데 아들 도미티아누스는 남의 죄는 엄하게 다스리면서 자신에게는 한없이 관대했다.

자신의 아내 도미티아 롱기아가 고위 관리와 부정을 저질렀다가 발각되자 아내와 이혼하고 유배형에 처한 후 불륜 상대를 공개 처형했다. 여기까지는 그럴 수 있다손 치더라도 정작 자신은 나중에 조카인 율리아(티투스의 딸)와 동거했다. 사람들이 조카와 동거한다고 비난하자 이번에는 소박을 맞고 쫓겨난 전처를 불러와 마지못해 재혼했다. 그러나 민심은 돌아섰고 황제의 인기는 곤두박질쳤다.

도미티아누스는 워낙 의심이 많은 성격이었다. 그런 터라 그는 음모와 반란에 신경을 곤두세우며 원로원 의원과 기사, 궁정 관리 등 일단 의심 가는 사람들은 차례로 모조리 처형하는 공포 정치를 펼쳤다.

공포로 사람들을 다스렸던 도미티아누스는 치세 15년째인 96년 9월, 암살로 생을 마감했다. 최고 시종이던 파르테니오스가 첫 일격을 가했다. 파르테니오스는 황제가 늘 베개 밑에 숨겨두던 칼을 꺼내 침실에서 둘만 있을 때를 노려 습격했다.

도미티아누스는 격렬하게 저항했다. 단검에 잘려 너덜너덜해진 손가락으로 암살자의 양 눈을 파내려 했다는 전승이 있다. 끝까지 저항하는 황제의 숨통은 황제를 처치할 기회를 노리던 다른 암살자가 끊었다. 몇 사람의 암살자가 목숨을 노릴 정도로 도미티아누스는 악명을 떨쳤고 그의 공포 정치에 시달린 로마인들은 암살로 황제를 몰아냈다.

◇ '공화정 부활론'에 정당성을 부여해준 세 명의 폭군, 칼리굴라 · 네로 · 도미티아누스

도미티아누스는 본래 세세한 부분까지 신경 쓰는 성격으로 행정과 군사적 수완에 능한 인물이었다. 다만 그 예민한 신경이 그에게는 나쁜 방향으로 작용했다. 주위 사람들에게 사소한 일까지 꼬치꼬치 따지는 도미티아누스는 성가신 존재였다. 그의 지나친 섬세함과 결벽성으로 인해 그에게 반대하는 움직임이 일어났다.

불행은 도미티아누스가 타고난 예민함으로 자신에 대한 반감 분위기를 민감하게 포착하며 시작되었다. 암살 소문이 돌 때마다 그의 의심은 깊어졌다. 항상 누군가 자신의 생명을 노린다는 공포 속에서 '언젠가 살해당할 수 있다'는 강박관념에 사로잡혀 학살 수준에 가까운 대대적인 숙청을 난행했다.

살해 위험을 감지한 도미티아누스가 자신의 심경을 토로한 말이 전해진다.

"위정자란 가엾은 존재다. 암살당하지 않는 한 음모가 있었다고는 믿어주지 않으니 말이다."

아마 몇 번씩 신변의 위험을 느낄 만한 사건을 겪었기에 안 그래도 예민한 신경이 점점 더 과민해졌으리라. 자신에게 반항적이거나 그런 태도를 보이지 않아도 말과 행동이 조금만 수상하면 의심병이 도져 바로 처형 명령을 내리는 악순환이 반복되었다.

처형당하는 사람은 일반 시민이 아니었다. 대부분이 부유한 원로원 의원이어서 반감은 점점 더 커졌다. 마침내 원로원 전체가 적으로 돌아섰고 도미티아누스는 고립무원 상태에 빠졌다. 일설에 따르면 황제 반대 세력에 힘을 보탠 사람은 소박을 맞고 쫓겨났다가 복권된 그의 아내 도미티아였다.

도미티아누스 암살 소식이 전해졌을 때 원로원은 열광했고 민중은 당연한 인과응보라며 차분하게 받아들이는 분위기였다. 도미티아누스의 죽음을 슬퍼한 사람은 그를 따르던 군대의 부하

몇 명뿐이었다.

황제 암살범을 색출하려는 사람조차 없었다. 황제 암살 사건보다는 앞으로 로마를 어떻게 재건할지가 더 시급히 해결해야 할 과제로 논의되었다.

불과 100년 사이에 칼리굴라·네로·도미티아누스라는 세 명의 폭군이 등장하며 당시 로마인 사이에는 역시 로마는 공화정으로 돌아가야 한다는 분위기가 감돌았다. 실제로 원로원을 중심으로 제정을 폐지하고 공화정으로 돌아가자는 의견이 상당히 진지하게 논의되었다.

그러나 최종적으로는 '뛰어난 사람을 황제 자리에 앉힌다'는 쪽으로 결론이 나며 역대 황제와는 완전히 다른 기준으로 황제를 선출했다. 새롭게 제시된 기준은 혈통도 군부 옹립도 아닌 '인품'이었다. 구체적으로는 원로원과 군대에 두루두루 호감을 줄 수 있는 '우수한 인물'이 황제로 선출되었다. 그렇게 해서 마르쿠스 코케이우스 네르바(Marcus Cocceius Nerva, 30~98년/재위 96~98년)라는, 원로원 의원 중에서도 장로 격인 인물이 새로운 황제로 뽑혔다.

네르바는 인덕을 갖춘 사람이었으나 고령에 병약했고 대를 이을 친아들도 없었다. 그래서 황제가 된 그의 최대 과제는 자신의 후계자 선정 문제로 압축되었다.

⑧

The Age of Five Good Emperors

5현제 시대

인류 역사상 가장 행복했던 현군들의 시대

◇ 네르바 황제가 자기 목숨을 지키기 위해 한 '후계자 선택'이 로마의 5현제 시대를 열어준 역사의 아이러니

마르쿠스 코케이우스 네르바는 예순여섯 살에 황제로 즉위했다. 당시 평균연령으로는 '노인'에 해당하는 나이였으나 집안도 인품도 실적도 두루 갖추었기에 자격은 충분했다.

네르바는 중부 이탈리아의 도시 나니아(Narnia) 출신으로 집안은 공화정 시대부터 이어진 원로원 의원 귀족 가문이었다. 증조부는 제2차 삼두정치에서 일각을 담당한 마르쿠스 안토니우스

휘하의 장군이었고, 조부는 제2대 황제 티베리우스와 친한 벗이었다. 아버지는 법률가였고, 어머니는 율리우스·클라우디스 왕조의 먼 친척에 해당하는 가문의 후손으로, 외할아버지가 집정관을 역임했다.

네르바도 아버지의 뒤를 이어 법률가가 되어 대대로 황제를 섬겼다. 네로 시대에는 피소의 반란을 진압한 공으로 훈장을 받았고, 베스파시아누스 시대에는 집정관으로 발탁되었으며, 도미티아누스 시대에는 집정관을 재임했다.

네로에서 도미티아누스에 이르는 혼란기에 황제 가까이에서 황제를 보좌하는 측근으로 일하며 누구에게도 탄핵당하지 않고 살아남았다는 사실로도 네르바가 얼마나 현명한 인물인지 알 수 있다.

짧은 기간 세 명의 폭군이 등장하자, 역시 로마는 공화정으로 돌아가야 한다는 의견이 제시되었다. 그러나 따지고 보면 아우구스투스·티베리우스·클라우디우스·베스파시아누스·티투스 등 수적으로는 현제가 폭군보다 더 많았다.

'공화정이냐, 제정이냐 그것이 문제로다.' 논의 끝에 원로원은 인품과 덕망을 갖춘 사람을 추대한다는 조건으로 제정을 선택했다. 도미티아누스 암살이 성공했을 때는 이미 원로원에서 인선이 끝나 있었다. 네르바는 도미티아누스가 암살당한 그날 황제로 원로원의 승인을 받았다.

로마인들은 고령에 뭇 사람들의 존경을 받는 훌륭한 인덕의 소유자 네르바가 도미티아누스의 공포 정치에서 자신들을 해방

해줄 것이라 기대했다. 그러나 그 이상으로 원했던 것은 네르바 다음으로 그리고 그다음 황제로도 현제가 등극할 수 있는 '후계자 지명 제도'의 모범이 될 만한 후계자 선정이었다.

예순여섯 살에 친아들도 없는 네르바였기에 후계자 선정은 시급히 해결해야 할 과제였다. 실제로 네르바는 1년 4개월이라는 짧은 기간 동안 로마를 다스렸다. 그 짧은 기간에 네르바는 현명한 판단력과 신속한 행동으로 내란의 싹을 뽑아내고 로마의 정세를 안정시켰다. 네르바는 '불살생 맹세' 덕분에 짧은 시간에 로마의 혼란을 수습할 수 있었다.

도미티아누스에게 반감을 품었던 원로원 의원들은 과거 도미티아누스 밑에서 밀고자로 원로원 의원을 고발한 자들을 색출해 네르바에게 처형해줄 것을 요구했다. 네르바가 황제로 즉위한 직후에 일어난 일이다.

군부가 아닌 원로원이 옹립한 황제 네르바였으나 무턱대고 원로원 편을 들지는 않았다. 네르바는 자신이 황제로 로마를 다스리는 동안에는 어떠한 이유로도 원로원 의원을 처형하지 않겠다는 '불살생 맹세'를 하고 기존의 고발과 처형이라는 악순환의 고리를 과감히 끊어버렸다. 이는 아우구스투스부터 카이사르로 이어진 '클레멘테스' 정신을 염두에 둔 조치였을 수도 있다.

그러나 원로원에 권위를 보여주면서 내란을 사전에 방지한 네르바도 군부의 반란에는 무릎을 꿇었다. 도미티아누스의 죽음을 슬퍼한 몇몇 군인들, 즉 그의 휘하 부대에 있던 근위대가 도미티아누스를 암살한 범인을 찾아내 처형을 요구하며 네르바를 감금

했다.

원로원에는 의연한 태도를 보였던 네르바도 근위대에는 속수무책이었다. 근위대의 요구를 들어줌으로써 네르바의 황제로서의 권위는 실추되었으나 자신에게 급선무였던 '후계자 선정' 문제를 꺼내 위기를 탈출했다.

네르바는 속주 게르마니아의 총독 트라야누스(53~117년/재위 98~117년)를 후계자로 선정했다. 트라야누스는 군부의 지지를 모았기에 근위대도 이 선택에 만족했고 반란은 진정 국면에 접어들었다.

네르바가 근위대에게서 목숨을 지키기 위해 내린 선택이었다고는 해도 결과적으로는 올바른 선택이었다. 트라야누스 시대 로마는 영토를 확장하고 로마 시민이 평화와 번영을 구가하는 '팍스 로마나(Pax Romana, 로마의 평화)' 시대를 완성했기 때문이다.

◇ 최초의 속주 출신 황제 트라야누스, '로마 역사상 가장 행복한 시대'를 열다

트라야누스를 양자로 맞아들여 자신의 후계자로 지명한 네르바는 98년에 세상을 떠났다. 영면에 들기 전에 그는 "나는 황제로서 아무것도 하지 않았다. 황제 자리에서 물러나 자신의 안위를 도모하는 사인 생활로 돌아가려고 하지 않았던 것 외에는"이라고 말했다.

그러나 트라야누스와 동시대를 살았던 소(小) 플리니우스(가이우스 플리니우스 카이킬리우스 세쿤두스)가 "한 지도자가 훌륭한 통치자였다는 증거는 그가 선택한 후계자가 어떠한 자질을 가졌는지를 보면 알 수 있다"라고 말했듯이, 트라야누스를 후계자로 삼았다는 점만으로도 네르바는 충분히 현제라 일컬어질 자격이 있다. 트라야누스는 로마를 대표하는 현제로 선정을 베풀었다.

> 역사상 인류가 가장 행복하고 번영을 누렸던 시기를 꼽으라면 아마 주저하지 않고 도미티아누스 황제가 사망한 후부터 콤모두스 황제가 즉위하기 전까지라고 대답하는 사람이 많으리라. 로마 제국의 광활한 영토는 미덕과 지혜를 따르는 절대 권력이 통치했다.
>
> — 에드워드 기번, 『로마 제국 쇠망사』

'팍스 로마나'라는 말은 18세기 영국 역사가 에드워드 기번이 네르바에서부터 마르쿠스 아우렐리우스 황제까지 5명의 현제 시대를 '인류가 가장 행복했던 시대'라 칭하며 탄생한 조어다. 참고로 '팍스'란 로마 신화에 등장하는 평화와 질서의 여신을 가리키는 말이다.

네르바는 트라야누스를 후계자로 삼아 팍스 로마나의 발판을 마련했고, 트라야누스가 팍스 로마나를 완성했다. 그리고 후대의 세 황제는 팍스 로마나 유지에 힘을 쏟았다.

팍스 로마나의 개국공신인 마르쿠스 울피우스 트라야누스는 오늘날 스페인 남부 속주 이스파니아의 세비야 근교 이탈리카(Itálica)에서 태어났다. 다시 말해 트라야누스는 최초의 속주 출신 황제였다. 다만 속주 출신이었다고는 해도 그의 선조는 중부 이탈리아의 울피우스 가문에 속하는 귀족이었다. 아버지는 티투스 시대에 전쟁에서 공을 세워 군 간부가 된 인물이었다.

트라야누스도 그 무렵 군인의 아들로 청년이 되자마자 아버지 밑에서 군인의 길을 걸었다. 그는 군인으로서의 재능도 뛰어났다. 트라야누스는 스물두 살의 젊은 나이에 일찍 군단장으로 발탁되었다. 군단장이 된 후에도 순조롭게 승진 사다리를 올라 스물여덟 살인 91년에는 집정관으로 선출되었다.

네르바가 황제가 되고 얼마 지나지 않아 트라야누스는 속주 게르마니아의 총독으로 취임했는데, 그때 네르바와 트라야누스는 피 한 방울 섞이지 않은 남남이었다. 따라서 혈연에 따른 인사는 아니었다.

당시 게르마니아는 로마 국경 최전선이었다. 따라서 게르마니아를 맡길 인물에게는 군인으로서 높은 능력이 요구됐다. 젊어서부터 무공을 세우고 정계에 입문한 트라야누스는 게르마니아를 맡길 적임자였다.

초대 황제 아우구스투스의 업적 중 하나로 로마 국경을 명확히 했다는 점을 꼽는다. 로마 북부는 카이사르가 갈리아를 정복함으로써 라인강이 국경으로 정해졌다. 북동부는 아우구스투스가 알프스 지방을 정복하고 발칸반도 북부를 평정해 도나우강을 국경으로 삼았다. 아우구스투스는 이 국경선을 엘베강까지 확장하겠다고 결심하고 진군을 시도했으나 실패해 결국 엘베강을 국경으로 삼으려던 계획을 단념했다.

이때의 뼈아픈 실패가 사무쳤는지 아우구스투스는 눈을 감기 전에 티베리우스에게 국경선을 현재의 '천연 국경', 즉 라인강으로 못 박아두라는 유언을 남겼다. 로마가 더 이상 국토를 확장할 필요가 없다는 아우구스투스의 유지는 클라우디우스가 브리타니아(오늘날의 영국)를 병합하며 깨졌으나 북쪽 국경선이 라인강을 넘어서지는 않았다. 그 후로도 물론 국경선 부근에서 자잘한 전투는 벌어졌으나 로마가 보기에 그것은 바바리안(야만인)이 로마로 침입하지 못하도록 막기 위한 싸움이었지 영토 확장을 위한 전쟁은 아니었다.

게르마니아와 로마의 국경은 천연 경계인 라인강으로 고정되었는데, 틈만 나면 국경을 넘으려는 침략자가 끊이지 않아 국경 부근은 하루도 조용할 날이 없었다.

◇ 경제적으로 어려운 집안의 자녀를 위한 장학금 조성 정책인 '알리멘타'를 시행해 민중의 삶을 개선한 현군 트라야누스

트라야누스는 속주 게르마니아의 총독으로 임명된 이듬해, 임지에서 네르바 황제에게 "양자가 되어달라"는 제안을 받았다. '자신의 후계자로 임명하겠다'는 의미의 친서였다.

트라야누스는 네르바의 친서를 받고도 곧장 로마로 가지 않았다. 그는 로마의 네르바가 근위대의 반란에 굴복해 황제로서의 권위가 실추되었다는 소식을 전해 들었다. 트라야누스는 특별한 위임장을 건넨다는 구실로 반란군 지도자들을 게르마니아로 불러 처치했다.

98년 1월에 네르바의 부고가 전해졌을 때도 트라야누스는 로마로 출발하지 않았다. 그는 즉위하고 1년 이상 지난 99년 늦여름에야 로마로 입성했다.

그 사이에 트라야누스는 라인강과 도나우강 주변에 주둔하는 부대를 방문했다. 로마 최전선인 이들 지역에는 수많은 군대가 주둔했고, 군대에는 여전히 트라야누스에게 호의를 보이는 사람이 많이 남아 있었기 때문이다. 트라야누스는 앞으로 이 지역에서 일어날 전쟁을 내다보고 군부를 장악할 필요가 있다고 계산했다.

트라야누스가 군부를 장악하고 황제가 되어 로마로 입성했을 때 로마 시민은 새 황제를 환영했다. 당시 트라야누스는 말에서 내려 로마 거리로 걸어 들어갔다. 그리고 친분이 있는 사람들과 일일이 포옹하며 민중 속으로 스며들었다. 훤칠하게 큰 키에 건장한 체격의 트라야누스는 황제로서 충분한 권위를 갖추었다. 그런데도 겸손하고 친근한 태도를 보여 민중의 마음을 확실하게 자기 편으로 만들었다.

트라야누스가 '프린켑스 옵티무스 막시무스(Princeps Optimus Maximus)'라는 칭호를 얻게 된 것은 민중에게 보여준 인자한 모습이 절대로 연기가 아니었기 때문이다. 또한 트라야누스는 민중에게 자애(Clementia)를 보여주었다. 그중 하나가 경제적으로 어려운 집안의 자녀를 위한 장학금 조성 정책인 '알리멘타(Alimenta)'였다. 알리멘타는 원래 네르바가 고안한 제도였으나 트라야누스 시대에 실제 정책으로 시행되었다. 로마에서는 그 이전 시대부터 부유한 귀족이 도서관을 건립하는 등 개인적 교육 원조가 이루어지기는 했다. 알리멘타 제도가 생긴 이후로는 장학기금이 법으로 정해진 국가 시책이 되었고, 그 후 약 200년에 걸쳐 로마에서 수많은 인재를 육성한 정책으로 자리매김했다.

그 밖에도 트라야누스는 빈민 구제를 위해 생활 필수품을 배급하고, 진창이 된 이탈리아의 길을 포장해 통행 환경을 쾌적하게 만들고, 강에 다리를 놓는 등 시민들의 생활을 개선하기 위한 갖가지 시책을 내놓았다.

가난한 사람이나 어려운 사람에게 자애를 베푼 트라야누스는 민중에게 즐거움을 선사하는 일도 잊지 않았다. 로마 시민에게 빼놓을 수 없는 오락, 즉 '서커스'를 제공했다. 특히 치세 중반에 해당하는 비교적 평온한 시기에 성대한 검투사 경기를 여러 차례 개최했다.

트라야누스는 내정에서도 매우 뛰어난 수완을 발휘했다. 선임 황제인 네르바의 '불살생 맹세'를 계승해 밀고와 익명 고발을 철폐했고, 원로원의 권위를 존중했으며, 군부에서도 압도적 인기를 자랑했기에 원로원은 황제의 굳건한 지지 기반이 되어주었다.

굳이 흠을 잡자면 술 마실 기회만 있으면 술이 동날 때까지 퍼마시곤 했고 동성애에 빠졌다는 정도가 아닐까. 폭음과 동성애에 눈살을 찌푸릴 수도 있겠지만, 그는 아무리 술을 마셔도 흐트러진 모습을 보이지 않았고 미소년을 좋아해도 그들의 마음에 상처를 주는 일을 하지 않았다.

"트라야누스는 민중에게는 온정을 베풀었고 원로원에는 위엄을 보였다. 그래서 모두 그를 존경하고 사랑했으며 두려워하지 않았다. 오로지 그의 적을 제외하고는"이라는 후세 역사가 디오 카시우스의 말처럼 트라야누스는 모든 로마인의 사랑을 받았던 '지고의 황제'였다.

◇ 트라야누스, 연이은 원정 승리로 역사상 최대 규모의 로마 제국을 이룩하다

군인의 아들로 뼛속까지 군인이었던 트라야누스는 역시 전쟁에서 공을 세우고 싶은 욕심이 있었다. 그는 자신의 치세 동안 세 번의 큰 전쟁을 치렀다. 세 번의 전쟁 중 두 번은 도나우강 북쪽에 자리 잡은 다키아 왕국(오늘날의 루마니아)과의 전쟁이었다.

다키아와 로마는 베스파시아누스 시대에 조약을 체결하고 서로 국경을 넘보지 않기로 했는데, 도미티아누스 시대에 다키아가 일방적으로 조약을 파기하고 국경을 넘어 침공했다.

도미티아누스는 근위대장 코르넬리우스 푸스쿠스와 함께 응전했으나 다키아의 맹공에 후퇴하던 중 푸스쿠스가 전사했다. 전우를 잃은 도미티아누스는 원수를 갚기 위해 다키아로 줄줄이 군대를 보냈다. 로마는 설욕전에 유난히 강하다. 이때도 로마는 승리를 거두어 다키아가 로마의 비호(庇護) 국가가 된다는 조건으로 강화를 맺었다.

그러나 시간이 지나자 다키아는 다시 강화를 무시하고 로마 영토로 침공했다. 약속을 지키지 않는 다키아를 응징하기 위해 101년, 트라야누스는 대군을 이끌고 원정에 나섰다. 이 전쟁이 제1차 다키아 전쟁이다.

이듬해 트라야누스는 타파이 전투에서 다키아에 승리하고, 다키아의 데케발루스왕에게 항복을 받아냈다. 이 승리로 로마는 도나우강 하류의 북방에 광대한 영토를 확보했다. 이때 로마군은 도나우강에 너비 18미터에 20개의 교각으로 이루어진 거대한 다리를 건설했다.

제1차 다키아 전쟁에 승리한 트라야누스는 로마로 당당하게 개선했고, 원로원은 '다키우스(Dacius)'라는 칭호를 수여했다.

그러나 105년, 다키아는 다시 도나우강을 건너 로마 영토로 침공했다. 트라야누스는 이번에도 친정에 나섰고, 데케발루스왕에게 자비를 베풀지 않고 추격해 자결하도록 벼랑 끝까지 몰아붙였다. 데케발루스왕은 목이 잘려 로마에 본보기로 내걸렸다. 이 제2차 다키아 전쟁의 승리로 드넓은 다키아 왕국 전체가 로마의 속주가 되었다.

참고로 현재 루마니아어가 동유럽에서는 보기 드문 라틴어 계통 언어인 것도 다키아 전쟁으로 이 지역이 과거 로마의 속주가 되었던 역사가 있기 때문이다. 루마니아라는 나라 이름도 로마인의 국가라는 의미의 '로마니아'에서 유래했다.

다키아를 병합한 트라야누스는 로마에 '트라야누스 포룸(Forum Traiani, 트라야누스 광장)'을 조성하고 이 광장에 높이 38미터에 달하는 '트라야누스 원주'를 세웠다.

트라야누스 기념 기둥을 포함한 트라야누스 포룸을 설계한 사람은 제1차 다키아 전쟁 후에 도나우강에 건설한 멋들어진 다리를 설계한 아폴로도로스(Apollodorus)라는 건축가였다. 아폴로도로스는 대규모 공공욕장(thermae) 등 수많은 건축물을 남겼다.

특히 트라야누스 원주는 29개의 대리석 원기둥을 겹쳐 만들었는데, 기둥 바깥쪽에는 다키아 전쟁 모습을 부조로 정밀하게 묘사하고, 기둥 안쪽에는 기둥을 도려낸 듯한 모양의 나선형 계단을 설치한 보기 드문 구조였다. 받침대 부분의 입구로 들어가 안쪽의 나선형 계단을 따라 올라가면 탑 꼭대기에 설치된 전망대로 나갈 수 있고, 중간에는 빛을 조절하기 위한 슬릿(slit)이 설치된 기적과 같은 구조의 건축물이다.

이 트라야누스 원주가 완성된 이듬해인 114년, 트라야누스는 새로운 원정길에 올랐다. 다음 목적지는 로마의 동쪽 끝, 숙적 파르티아였다.

파르티아와 로마 사이에는 아르메니아라는 완충 지역이 있었다. 그런데 파르티아 왕이 로마가 옹립한 악시다레스(Axidares)를 왕좌에서 축출하고 자신의 입김이 닿는 인물을 아르메니아 왕좌에 제멋대로 앉혔다.

이를 괘씸하게 여긴 트라야누스는 아르메니아를 로마에 병합하고 속주로 삼아 파르티아에 응수했다. 트라야누스는 아르메니아를 병합한 후에도 진군을 멈추지 않았고 계속 남하해 메소포타미아 전역을 로마의 영토로 편입했다. 이렇게 로마는 트라야누스 시대에 영토를 최대 규모로 확장했다.

그러나 동방 원정의 승리는 오래가지 않았다. 116년에 메소포타미아에서 반란이 일어났고, 117년에는 사막 도시 하트라를 공격해 영토를 추가로 확장하려던 트라야누스의 계획은 실패로 돌아갔다.

이 무렵부터 트라야누스의 건강에도 어두운 기운이 드리우기 시작했다. 원정지에서 건강에 이상을 느낀 트라야누스는 로마로 귀환을 결심했는데, 117년 8월에 로마로 돌아가던 도중에 숨을 거두었다. 향년 64세. 20년에 걸친 '프린켑스 옵티무스 막시무스'의 치세는 하드리아누스가 계승했다.

◇ 하드리아누스는 과연 전임 황제 트라야누스의 지명이 아닌 황후 플로티나의 계략으로 제위에 올랐을까?

트라야누스와 아내 폼페이아 플로티나 부부는 화목한 가정을 꾸렸으나 둘 사이에는 자식이 없었다. 친자식이 없는 트라야누

트라야누스 황제의 다키아 정복을 기념해 세운 트라야누스 원주.
파로스 대리석으로 만든 도리아식 원기둥 건축물이다.

스는 죽음에 대비해 조카인 하드리아누스(76~138년/재위 117~138년)를 후계자로 지명했다.

푸블리우스 아일리우스 트라야누스 하드리아누스(Publius Aelius Trajanus Hadrianus)는 트라야누스와 동향으로 이탈리카 출신이었다는 설이 있다(적어도 아버지는 이탈리카에서 태어났다). 하드리아누스의 아버지는 그가 열 살 때 세상을 떠났고 트라야누스가 그의 후견인이 되었다. 어린 시절부터 호기심이 왕성하고 영리했던 하드리아누스는 당시 학문과 예술의 선진국인 그리스에서 유학하며 수학, 의학, 철학 등 다양한 학문을 공부했다. 학문을 사랑했던 하드리아누스는 음악과 예술, 문학 등 다방면에서 우수한 재능을 보였고 군인으로서도 나름의 실적을 쌓았다.

하드리아누스는 트라야누스 시대에는 황제의 참모를, 다키아 전쟁에서는 군단 사령관이자 재무관 등을 역임하고 트라야누스가 세상을 떴을 때는 속주 시리아의 총독으로 취임했다. 트라야누스는 하드리아누스를 신뢰하고 후한 점수를 주었기에 후계자로 지명한 게 딱히 이상한 일은 아니었으나 이 후계자 지명에 '의혹'을 제기하는 사람들이 많았다.

트라야누스가 임종을 앞두고 후계자를 지명할 때 그 자리에는 아내인 폼페이아 플로티나와 트라야누스의 수석 서기관뿐이었다. 한데 공교롭게도 그 서기관이 급사하며 후계자 지명을 증언할 수 있는 사람은 폼페이아 플로티나가 유일했다. 트라야누스는 전쟁보다 문학과 예술을 사랑하는 하드리아누스 대신 다키아 전쟁에서 활약한 루시우스 퀴에투스(Lusius Quietus)를 자신의 후계자로 염두에 두었다는 소문이 항간에 돌았다. 그러나 진실이 밝혀지지 않은 이상 사람들은 폼페이아 플로티나의 말을 믿을 수밖에 없었다.

트라야누스에서 하드리아누스로 이어진 황제 자리 계승은 표면상으로는 원만하게 이루어졌다. 그러나 보이지 않는 곳에서는 폼페이아 플로티나와 하드리아누스가 연인 관계이고 병석에 누운 트라야누스가 후계자를 지명하지 못하고 사망하자 폼페이아 플로티나가 유언을 조작해 하드리아누스를 후계자로 만들었다는 그럴듯한 소문이 떠돌았다.

당시 하드리아누스는 마흔일곱 살, 큰 키에 우수에 찬 눈빛, 풍성한 턱수염을 기른 멋진 사내였다. 그는 문학과 예술을 사랑했을 뿐 아니라 군인으로서도 뛰어났다. 폼페이아 플로티나가 푹 빠졌다고 해도 이상할 게 없는 매력적인 인물이었다.

트라야누스의 유지였는지 연인을 황제 자리에 앉히려는 폼페이아 플로티나의 계략이었는지 진실은 알 수 없으나 하드리아누스는 마침내 황제가 되었다. 그의 시대가 모두 환영하는 분위기에서 출발했다고는 보기 어려운 게 사실이다.

실제로 하드리아누스 즉위에 의혹을 품은 일부 사람들이 사건을 일으키기도 했다. 하드리아누스 즉위에 반발한 원로원 의원 네 명이 '하드리아누스를 타도할 음모를 꾸몄다'는 죄로 처형되었다. 당시 처형된 네 명의 원로원 의원이 모두 집정관 경험자였기에 이 사건은 '4인의 집정관 사건'이라 부르기도 한다.

사건이 벌어졌을 때 하드리아누스는 시리아의 안티오케이아에 체류 중이었기에 사건 주모자가 하드리아누스의 후견인이었던 푸블리우스 아킬리우스 아티아누스(Publius Acilius Attianus)로 추정되었다. 실제로 하드리아누스는 로마로 돌아오자마자 원로원으로 직행해 자신은 사건과 일절 관계가 없다며 결백을 주장했고, 네르바와 트라야누스의 뒤를 이어 '불살생 맹세'를 하고 원로원과의 관계 회복에 전념했다.

그러나 누가 범인이었든 4인의 집정관 사건이 그의 치세 초기에 그림자를 드리웠던 건 사실이다.

◇ 하드리아누스, 제위에 오른 후 자신에게 쏟아진 불신과 혼란을 탁월한 정책과 업적으로 잠재우다

하드리아누스의 정권은 출범 초기 순조롭지 못했다. 그는 불안정한 정국에서 큰 결단을 내렸다. 트라야누스가 확장한 영토 일부를 포기한다는 결정이었다. 그는 아르메니아와 메소포타미아 그리고 아시리아 영토를 포기한다고 발표했다.

로마는 이들 지역을 속주로 편입했으나 반란이 끊이지 않았고 국경선이 넓어져 방위비가 가중되었다. 따라서 로마의 경제를 압박하는 계륵 같은 지역이었다.

하드리아누스는 이대로는 로마 경제가 파탄날 수 있다고 판단하고 이들 지역의 군대를 철수시켰다. 이 결단 덕분에 로마의 속주는 안정을 찾았고 국내 재정도 회복되었다.

그러므로 거국적 관점에서 보면 당시 하드리아누스의 결단은 옳은 선택이었다. 그러나 트라야누스와 함께 고생해가며 이 지역 영토를 확보한 군부에서는 반발이 일었고, 민중도 '로마를 몰락시킬 자'라며 비난을 쏟아냈다. 이로써 신임 황제의 인기는 바닥에 떨어졌다.

그러나 이에 굴하지 않고 하드리아누스는 가난한 원로원 의원에게 재정 지원을 하는 등 원로원을 존중하는 정책으로 원로원과의 관계 개선을 도모했다. 또 그는 시민에게도 황제 취임 축하금을 아낌없이 뿌렸으며, 검투사 경기 등 '서커스'를 성대하게 열어 인기 회복에 성공했다.

작자 미상의 『로마 황제 열전』(Historia Augusta)에서 하드리아누스를 다룬 장에 다음과 같은 일화가 실려 있다.

어느 날, 하드리아누스가 공공욕장을 이용했을 때의 일이다. 낯익은 퇴역 군인이 목욕탕 벽에 등을 문지르고 있었다. 당시 등을 밀어주는 건 노예의 일이었기에 하드리아누스는 고개를 갸웃거리며 물었다.

"노인장, 노예는 어쩌고 직접 등을 미시오?"

"등을 밀어줄 노예가 없기 때문입니다."

퇴역 군인이 대답했다.

그 말을 들은 하드리아누스는 이 퇴역 군인에게 노예 몇 명을 하사했을 뿐 아니라 노예를 건사할 수 있도록 살뜰하게 유지비까지 챙겨주었다.

하드리아누스는 콜로세움과 경기장 귀빈석에 자주 모습을 드러내 시민들의 반응을 직접 관찰했는데, 공공욕장도 그가 즐겨 찾는 시찰 장소였다. 그는 민중과 몸을 부대끼며 목욕을 즐기고 그들의 이야기를 들었다.

이 일화에는 덤으로 재미난 후일담이 붙어 있다. 얼마 후 하드리아누스가 다시 공공욕장에 갔더니 이번에는 노인 몇 명이 보란 듯이 벽에 등을 문지르고 있었다. 하드리아누스는 바로 그 의미를 이해했다. 먼젓번 퇴역 군인의 소문을 듣고 자신들도 황제의 은총을 기대하며 열심히 벽에 등을 문지르는 말 없는 시위였던 셈이다.

하드리아누스는 어떻게 대처했을까? 현명한 황제는 노인들에게 서로 몸을 밀어주라고 명령하고 자리를 떴다. 참으로 재치 넘치는 일화가 아닌가.

"우리 황제는 동에 번쩍 서에 번쩍 하며 로마 곳곳에 뚝딱뚝딱 건물을 세우고 틈틈이 공식 경기까지 개최한다니까."

취임 초기의 불만은 어디로 갔는지 민중은 황제의 선정을 입에 침이 마르도록 칭찬하고 감탄했다.

황제의 업적 중에서 가장 눈길을 끈 건 지금도 그 모습을 볼 수 있는 '판테온' 건설이다. '판테온'이란 '만신전'이라는 의미로 로마인이 믿는 수많은 신을 한 곳에 모신 신전이다. 본래 판테온은 아우구스투스의 복심 아그리파가 세운 건축물이었는데, 화재로 소실되어 하드리아누스가 재건했다. 하지만 하드리아누스는 자신이 재건했다고 기록하지 않고 아그리파에게 존경을 표하기 위해 'M·AGRIPPA·L·F·COS·TERTIVM·FECIT(루키우스의 아들 마르

로마 시내 마르스 광장에 세워진 판테온 신전.
르네상스를 대표하는 이탈리아 화가이자 건축가인 라파엘로의 묘가 이곳에 있다.

쿠스 아그리파가 세 번째 집정관 시절에 지었다)'라고 새긴 석판만 설치했다.

물론 당시 사람들은 판테온을 하드리아누스가 재건했음을 알고 있었다. 그러나 시대가 흐르면서 이 사실을 아는 사람들이 하나둘 세상을 떠나고 마침내 하드리아누스가 재건했다는 사실은 망각 속으로 사라졌다.

이 장엄한 판테온을 재건한 사람이 하드리아누스라는 사실은 20세기가 되어서야 고고학적 조사로 밝혀졌다.

◇ 치세 기간의 절반을 속주 시찰에 할애하면서도 '하드리아누스 르네상스'를 이루고 대제국의 내실을 다진 또 한 명의 현군

이렇게 즉위 후 3, 4년을 내정에 집중한 하드리아누스는 정세와 민중의 지지가 안정되었다고 판단하자 본격적인 영내 시찰에 나섰다. 하드리아누스는 후세에 '여행하는 황제'라는 별명으로 알려졌는데, 치세의 절반을 속주 시찰에 할애했기 때문이다. 대외적으로는 '국방'과 '속주 질서 안정'을 시찰 목적으로 내걸었는데, 실제로는 로마에 오래 머물고 싶지 않아서였다고 알려졌다.

세심한 주의를 기울여 관계를 회복했다고는 하나 원로원 의원 중에는 하드리아누스에게 반감을 품은 자가 아직 여럿 있었다.

그랬기에 로마에 머무는 것은 그에게 가시방석에 앉아 있는 것이나 다름없었다. 겸사겸사 로마를 떠나서 그들과의 접촉을 피하고 불필요한 충돌을 회피한다는 목적도 있었다.

하드리아누스가 방랑벽을 타고나 여행을 즐겼다고 하는데, 그는 단순히 관광을 위해 시찰에 나서지 않았다. 다음의 기록에서 볼 수 있듯 그는 황제로 재임하는 동안 발 닿지 않은 곳이 없을 정도로 로마 제국 내를 누비고 다녔다.

120년~121년 게르마니아 시찰

121년~122년 브리타니아 시찰

122년 이스파니아 시찰

123년 소아시아 시찰

125~127년 그리스 시찰: 시칠리아를 거쳐 로마로

128년 아프리카와 아테네 시찰

129년 카리아·실리시아·카파도키아·시리아 시찰

130년 이집트 시찰

황제는 몸소 제국 곳곳을 답사하며 군의 기강을 바로잡았다. 하드리아누스는 황제 자리에 오르고 나서는 군을 지휘해 전투에 나선 적이 없었으나 군의 충성을 확보하는 데는 성공했다. 전쟁 상황도 아닌데 황제가 속주를 직접 방문하는 건 드문 일이었기에 당연히 하드리아누스는 속주 각지에서 성대한 환영을 받았다. 황제의 시찰을 기념한 화폐도 속주 각지에서 발행되었

하드리아누스 황제.
팽창 정책을 채택하지 않고 '국방'과 '속주 질서 안정'에 전념했다.
제국 각지를 순회해 '여행하는 황제'라는 별명을 얻었다.

다. 요즘으로 치면 올림픽 기념주화 발행과 비슷한 개념이다. 이렇게 각지에서 발행된 기념 화폐는 현재 '하드리아누스 시리즈(hadrian series)'라는 이름으로 불릴 정도로 많은 종류가 고고학 발굴 조사에서 확인되었다.

또 하드리아누스는 방문한 고장마다 수많은 건축물을 남겼다. 그 고장 사람들이 황제의 방문을 기념해 세운 건물도 있고, 하드리아누스가 자금을 대 세운 건물도 있다. 현재 그리스 아테네에 가면 신전을 비롯한 수많은 고대 건축물을 볼 수 있는데, 그중에는 그리스 고전기가 아니라 하드리아누스 시대에 재건된 건축물도 상당수 포함되어 있다. 이러한 일련의 건축물은 '하드리아누스 르네상스'로 일컬어지며 각지에서 재평가가 이루어지고 있다.

하드리아누스는 국방을 위한 건축물도 세웠다. 속주 브리타니아에 세운 '하드리아누스 방벽(Hadrian's Wall)'은 제국을 수호하고자 하는 황제의 강한 의지를 엿볼 수 있는 구조물이다. 로마 국경선을 따라 세워진 이 방벽은 지금의 잉글랜드 북부 서해안에서 동해안에 걸친 장성이다.

이 지역은 로마로 병합된 이후에도 여전히 켈트인의 침입에 시달렸다. 하드리아누스는 이 지역에 높이 5미터, 두께 3미터, 총 길이 118킬로미터에 달하는 장성을 세우기로 결정했다. 완공까지 10년의 세월이 걸렸고, 이 장벽의 완공으로 브리타니아의 국방 부담이 크게 줄어들었다.

트라야누스의 뒤를 이은 하드리아누스는 트라야누스가 목표로 했던 영토 확장은 계승하지 않았다. 오히려 제국의 무거운 짐이 된 광활한 영토에서 불필요한 부분을 깨끗이 도려냈다. 손에 쥐었던 영토를 과감하게 내려놓은 그의 결단으로 오히려 로마는 거대한 제국을 지킬 수 있었다.

판테온을 비롯해 그가 남긴 수많은 건축물과 비교하면 그의 군사적 업적은 조촐하게 느껴질 수 있다. 그러나 치세의 절반을 할애해 제국을 샅샅이 누비고 다니며 속주의 안정에 힘썼으니 제국 유지라는 측면에서 보면 실로 위대한 업적이라고 할 만하다.

◇ 유대 반란에 후계자 사망, 건강 악화까지 불운으로 점철된 하드리아누스 황제의 만년

고대 로마의 욕탕은 일본에서 참신한 소재의 만화로 그려지며 대중적 인기를 끌었다. 야마자키 마리의 원작 만화 『테르마이 로마이』는 한국을 비롯한 여러 나라에 번역 소개되고 영화로도 제작되었다. 이 작품의 무대가 바로 하드리아누스 시대다. 만화에 등장하는 하드리아누스는 목욕탕과 안티누스(Antinous)라는 미소년을 사랑하는데, 하드리아누스가 안티누스를 총애했다는 건 역사적 사실이다.

130년 하드리아누스는 안티누스를 이집트 시찰에 동행시켰다. 그런데 안티누스가 이집트 시찰 도중 나일강을 항해하던 배에서 떨어져 죽는 사고를 당했다. 그의 죽음에 여러 석연치 않은 구석이 있었기에 의문사 의혹을 제기하는 사람이 많았다. 당시에도 사고사라는 사람, 해괴한 의식에 산 제물로 바쳐졌다는 음모론을 펼치는 사람, 자살이라고 주장하는 사람까지 온갖 흉흉한 소문이 난무했다. 그중에서도 지금은 하드리아누스의 사랑을 받지만 나이 들어 미모가 시들면 버림받게 될 거라고 고민하다 자살했다는 그럴싸한 소문에 솔깃해하는 사람이 많았다.

안티누스의 죽음이 사건인지 사고인지 혹은 자살인지 진실은 알 수 없으나 하드리아누스가 그의 죽음을 깊이 슬퍼하며 그를 잃은 장소에 '안티노폴리스(Antinopolis)'라는 도시를 세웠다는 것만은 사실이다. 안티누스의 수수께끼 같은 죽음을 계기로 이런 저런 불행이 하드리아누스의 만년을 덮쳤다.

132년 유대 반란이 그의 불행을 예고하는 전초전이었다. 이 때 발발한 전쟁은 약 20년에 걸친 하드리아누스의 치세 기간 중에 일어난 유일한 대규모 전쟁이었다.

하드리아누스는 과거에 전쟁(유대 전쟁, 66~74년)으로 파괴된 예루살렘을 재개발한다는 계획을 세웠다. 그의 계획에는 유대교 신자의 성지인 솔로몬 신전에 유피테르 신전을 짓는다는 안도 포함되어 있었기에 유일신을 섬기는 유대인들은 맹렬하게 반대했다. 반란은 장기화 국면에 접어들었고 하드리아누스가 직접 현지로 가서 135년에 가까스로 반란을 진압했다.

이 전쟁으로 유대인은 50만 명 이상 희생되었다. '통곡의 벽'이라 불리는 솔로몬 신전의 서쪽 벽은 당시 희생자들의 넋을 기리는 장소로, 지금도 수많은 유대인이 찾는 성지가 되었다.

이어서 건강 문제가 하드리아누스를 괴롭혔다. 쉰여섯 살을 넘기며 서서히 다가오는 죽음의 그림자를 느낀 하드리아누스는 136년에 후계자를 지명했다. 하드리아누스는 루키우스 케이오니우스 콤모두스를 양자로 들여 30억 세스테르티우스라는 거금을 축하금으로 뿌리며 민중에게 자신의 후계자가 결정되었음을 대대적으로 선전했다. 자신이 수상하게 지명된 후계자라는 의혹을 받아서였을까.

콤모두스는 136년에 집정관으로 취임하고 차기 황제가 될 준비를 순조롭게 마치는 듯 보였다. 그러나 지병인 결핵이 악화하며 138년에 하드리아누스보다 먼저 저세상으로 갔다. 후계자를 잃고 병세가 악화해 자살까지 생각할 정도로 괴로워하던 하드리아누스는 새로 뽑은 후계자 안토니누스 피우스(Antoninus Pius, 86~16년/재위 138~161년)에게 정권을 넘겼다. 이후 그는 로마를 떠나 나폴리 근교의 바이아(Baiae, 현재의 바콜리)의 별장으로 거처를 옮겨 그곳에서 영면에 들었다.

임종 자리에서 그가 낭송했다는 시가 전해진다.

방황하는 작은 영혼아,
네 육체를 거처로 삼았던 객이자 친구여,
너는 창백하고 뻣뻣하게 굳어 적적한 그곳으로
농담으로 마음이 춤추던 나날을 추억하지도 않고,
그곳으로 떠나가는구나.

◇ 내정과 외정을 두루 안정시켜 5현제 중
가장 뛰어난 황제로 평가받는 안토니누스 피우스

하드리아누스의 뒤를 이어 황제 자리에 오른 안토니누스 피우스의 시대는 이따금 '역사가 없다'는 말로 평가된다. 실제로 23년간 이어진 피우스 시대는 평화로운 시대로 일컬어지는 5현제 중에서도 기간이 길었지만, '사건'은 가장 적었다.

특별히 다룰 만한 역사적 사건이 거의 없다 보니 안토니누스의 인지도는 그리 높지 않다. 그렇지만 개인적으로는 그가 5현제 중에서 가장 뛰어난 황제였다고 평가하고 싶다. 아무런 사건이 없었다는 건 그만큼 내정과 외정이 두루 안정되었다는 뜻으로 해석할 수 있기 때문이다.

안토니누스 피우스는 로마에서 남쪽으로 약 30킬로미터 떨어진 라누비움(Lanuvium, 오늘날의 라누비오)에서 태어났다. 그의 할아버지는 집정관을 두 번 지냈고, 아버지는 한 차례 집정관을 역임했다. 어린 시절 아버지를 여읜 안토니누스는 친할아버지와 외할머니 손에서 자랐고 나중에 친가와 외가의 재산을 모두 물려받아 로마에서도 손꼽히는 자산가가 되었다.

안토니누스 자신은 원로원 의원을 거쳐 재무관 등의 공직을 경험한 후에 120년 집정관 자리에 올랐다. 그 후 소아시아 서부의 속주 아시아 총독을 역임하고, 귀국 후 황제 고문단의 일원이 되었다.

안토니누스는 쉰두 살이라는 늦은 나이에 하드리아누스의 양자가 되었다. 사실 이때 하드리아누스는 안토니누스를 후계자로 삼으며 한 가지 조건을 내걸었다. 마르쿠스 안니우스 베루스(훗날의 마르쿠스 아우렐리우스 황제)와 루키우스 베루스를 양자로 삼는다는 조건이었다.

마르쿠스 안니우스 베루스는 안토니누스 아내의 오빠의 아들, 즉 조카에 해당하는 인물로 당시 아직 열여섯 살이었으나 장래가 촉망되는 우수한 청년이라는 평가를 받았다. 그리고 루키우스 베루스는 하드리아누스가 최초로 후계자로 공표한 루키우스 케이오니우스 콤모두스의 유복자였다. 안토니누스는 이 조건을 승낙하고 하드리아누스의 후계자가 되었다.

황제가 된 안토니누스는 하드리아누스 신격화를 원로원에 제안했다. 당시 황제가 교체되면 선임 황제를 신격화하는 관례가 있었다. 그런데 하드리아누스를 못마땅하게 여기던 원로원이 이를 거부했다. 일반적이라면 이를 계기로 원로원과 황제가 대립할 텐데, 안토니누스는 말 한마디로 원로원을 꼼짝 못 하게 만들었다.

"오냐, 하드리아누스 황제가 그대들의 눈에 비겁하고 적의로 똘똘 뭉친 공공의 적으로 보인다면 나도 그대들에게 아무런 지시를 내리지 않겠노라. 내가 입만 벙긋해도 그대들이 하드리아누스 황제의 업적을 무효로 만들 테니 말이다. 내 양자 결연도 그런 사안 중 하나다."

그의 이름이 '피우스(경건한 자)'가 된 건 이때 한 말에서 유래했다고 전해진다. 이 사건으로 알 수 있듯, 안토니누스는 평소에는 한없이 인자하다가 필요할 때는 이빨을 드러내고 주위 사람들을 복종시킬 만한 카리스마를 갖춘 인물이었다.

'여행하는 황제'였던 전임 황제 하드리아누스와 달리 안토니누스는 제위에 있는 동안 내내 로마에 머물렀다. 국경 부근의 자잘한 분쟁이 있었으나 그는 로마에 앉아 속주 총독에게 지시하거나 장군을 파견해 진압하는 방식으로 수습했다. 적어도 그의 시대에 소규모 분쟁이 대규모 전면전으로 발전한 경우는 한 번도 없었다.

안토니누스 피우스는 어떠한 인물이었을까? 안토니누스의 후계자가 되었던 마르쿠스 아우렐리우스는 『명상록』에서 다음과 같이 말했다.

> 내 아버지(양아버지인 안토니누스 피우스를 말함)에게서 온화함, 심사숙고를 거쳐 신중하게 내린 판단은 끝까지 고수하는 자세, 허영심으로 명예를 좇지 않는 마음가짐, 일에 대한 열정과 끈기, 공공의 이익을 위해 충언하는 사람들에게 귀를 기울이는 태도, 만인에게 공평하고 그 사람의 가치에 상응하는 대가를 분배하는 판단력, 언제 긴장을 하고 풀어야 할지를 경험으로 아는 것, 소년에 대한 사랑을 억제하는 모습을 보았다.

> 그는 포악하고 뻔뻔하거나 혹은 권위적인 얼굴을 가지고 있지 않았다. 이른바 누군가를 '진땀 흘리게 만들고', 남을 애먹이는 부류의 사람이 아니었다. 그의 모든 행동은 하나하나 여유를

가지고, 차분하고 질서정연하게, 그러면서도 단호하고 일관되게 계획을 세운 후에 나온 것으로 하나부터 열까지 빈틈 없이 고려해서 실천했다.

소크라테스는 "대부분 의지가 박약해서 안 할 수도 없고, 일단 하게 되면 중독 수준으로 탐닉하는 일이라도 자신은 하지 않을 수 있고 적당히 즐길 수도 있다"고 말했다. 그 말은 내 아버지에게도 그대로 해당한다. 어떠한 상황에서나 강인한 인내심과 절제력을 유지하는 것은 완전한 불굴의 영혼을 소유한 인간의 특징으로 '임종을 맞아 병석에 몸져누운 아버지'의 모습이 바로 그 좋은 예다.

— 마르쿠스 아우렐리우스, 『명상록』

마르쿠스 아우렐리우스의 말은 끼워맞추기식 입에 발린 찬사가 아니었다. 실제로 안토니누스는 몇 가지 자애로운 정책을 펼쳤다. 노예 학대를 금지하는 법률을 제정한 일이 대표적이다. 또한 안토니누스는 가난한 가정의 자녀를 지원하는 '파우스티나 재단'을 설립했다. 이는 그가 즉위 3년 되던 해에 아내 안니나 갈레리아 파우스티나를 잃은 후 그녀의 유산에 사재를 더해 행동에 옮긴 일이었다.

161년 안토니누스는 영원한 안식에 들었는데, 그의 죽음은 자신이 다스렸던 시대처럼 차분했다. 어느 날 저녁으로 치즈를 과식하고 이튿날 구토와 발열 증상을 보였다. 사흘 후 병세가 악화해 황위를 양자이자 사위인 마르쿠스 아우렐리우스에게 양위하고 나서 잠들 듯 조용히 숨을 거두었다.

황제 전속 전기 작가는 안토니누스의 생애를 다음과 같이 정리했다.

> 거의 모든 로마 황제 중에서도 그는 유일하게 자신에 관해서는 시민과 정적의 피를 단 한 방울도 흘리지 않고 생을 마감했다. 안토니누스 피우스는 누마왕(로물루스를 계승한 로마 왕국의 왕으로 지혜와 경건함으로 후대 황제들의 본보기가 된 인물)의 행운과 경건함을, 그리고 평온과 종교적 의례에 대한 존경(누마왕은 전쟁과 평화의 신인 야누스 신전을 짓고 대신관 직위를 만드는 등 로마 종교의 기틀을 닦았다)을 항상 고수했기에 누마왕과 비견될 만한 인물이다.
>
> —『로마 황제 열전』(Historia Augusta)

한 차례의 전쟁도 없었기에 국방비로 막대한 예산을 쓰지 않았고 세금을 흥청망청 낭비하지도 않았다. 그래서 안토니누스가 마르쿠스 아우렐리우스에게 황제 자리를 물려주었을 때 로마의 국고에는 6억 7,600데나리우스라는 로마 국고 최고액이 남아 있었다.

마르쿠스 아우렐리우스가 선임 황제 안토니누스 피우스를 신격화하려 했을 때 원로원에서 반대 의견을 내놓은 사람은 한 명도 없었다.

◇ 마르쿠스 아우렐리우스, 로마 역사상 최초로 '공동 통치 체제'를 구축하다

안토니누스 피우스가 하드리아누스의 후계자가 되었을 때는 열여섯 살인 마르쿠스 아우렐리우스와 일곱 살인 루키우스 베루스도 안토니누스의 양자가 되었다. 안토니누스는 쉰두 살, 당시 평균수명을 고려하면 노년기에 접어든 나이였다. 마르쿠스 아우렐리우스와 루키우스 베루스 두 사람은 이때부터 안토니누스 밑에서 미래의 황제 후보로서 제왕학을 배우기 시작했다.

안토니누스가 다스리던 평화로운 시대가 막을 내리고 마르쿠스 아우렐리우스(131~180년/재위 161~180년)가 황제로 즉위했을 때 그는 마흔 줄에 접어들고 있었다.

마르쿠스와 루키우스 두 사람을 양자로 삼아 후계 구도를 확립하라고 명령한 하드리아누스는 그들에게 동등한 권리를 주도록 당부했다. 그러나 꽤 오랫동안 하드리아누스의 당부는 지켜지지 못했다. 이는 두 양자를 양육한 안토니누스 피우스가 둘 사이에 상당한 능력 차이를 느꼈기 때문인 듯하다. 그래서 실제로 마르쿠스는 열여덟 살에 집정관이 되었으나 루키우스는 스물네 살이 될 때까지도 집정관이 되지 못했다.

안토니누스는 원래 루키우스와 약혼한 친딸 파우스티나를 마르쿠스 아우렐리우스와 결혼시켰다. 그리고 임종 자리에서 후사를 마르쿠스 아우렐리우스에게 맡겼다. 그러나 마르쿠스 아우렐리우스는 하드리아누스의 유지를 존중해 자신의 딸 루실라

(Lucilla)를 루키우스와 결혼시키고 함께 로마를 다스리자고 제안했다.

마르쿠스는 함께 양자가 된 루키우스를 어떻게 생각했을까? 『명상록』에 그에 관해 이야기하는 대목이 있다.

> 무릇 아우라면 내 아우와 같은 사람을 가져야 한다. 내 아우는 나를 더욱 꼼꼼하게 성찰하고 언행을 조심하도록 일깨워주는 자극제이며, 동시에 존경과 사랑으로 나를 기쁘게 해준다.
>
> — 마르쿠스 아우렐리우스, 『명상록』

이 문장을 읽으면 루키우스는 때로 형이 경솔한 행동을 하면 몸가짐을 바로잡도록 일깨우는 반면교사 역할을 하기도 했음을 짐작하게 한다. 어쨌든 두 형제 사이는 나쁘지 않았고 나름대로 우애가 돈독했음을 알 수 있다. 루키우스는 마르쿠스의 제안을 받아들여 로마사 최초로 공동 통치 체제를 출범시켰는데, 그는 정치에 그다지 관심을 보이지 않았다.

161년, 마르쿠스와 루키우스의 공동 통치는 순조롭게 출발했으나 확장된 제국의 최전선에서는 안토니누스의 죽음을 기다렸다는 듯 곳곳에서 문제가 속출했다.

첫 번째 문제는 아르메니아 관리권을 둘러싼 파르티아와의 전쟁이었다. 마르쿠스는 루키우스에게 토벌군의 지휘를 맡겼다. 루키우스는 타고난 밝은 성격으로 병사들의 마음을 사로잡아 멋지게 파르티아를 제압하고 로마로 개선했다. 이를 축하하기 위해 로마에서는 트라야누스 시대 이후 약 50년 만에 개선식을 거행했다.

귀환병은 동방에서 갖가지 전리품을 가지고 돌아왔는데, 그중에는 반갑지 않은 손님도 끼어 있었다. 재앙의 씨앗인 이 불청객은 바로 역병이었다. 역병은 삽시간에 제국 전체로 퍼졌고 특히 인구가 밀집한 도시에서는 수많은 사망자를 냈다. 역병은 이후 10년 넘게 로마인을 괴롭혔다. 당시 역병의 정체가 무엇이었는지는 확실히 규명되지 않았으나 로마 인구의 3분의 1이 역병으로 사라졌다고 추정되었다.

한창 역병과의 전쟁을 치르는 도중에 북쪽 국경인 도나우강 주변에서 게르만족의 침공이 빈발했다. 초반에는 지역 사령관이 게르만족을 격퇴했다. 그러던 중 차츰 침략 수위가 높아지자 마침내 168년, 마르쿠스와 루키우스 두 황제가 나란히 북방으로 향했다. 그런데 가까스로 국경선의 분쟁을 정리하고 돌아오는 길에 루키우스가 뇌졸중으로 의심되는 증상을 보이며 쓰러져 사망했다.

마르쿠스는 루키우스의 시신을 로마로 데리고 돌아왔고, 친아버지 콤모두스와 양아버지 안토니누스가 영면에 든 하드리아누스 영묘에 안치했다.

루키우스가 갑작스럽게 세상을 떠난 169년 이후, 마르쿠스 아우렐리우스는 새로운 공동 통치 체제를 구축하지 않고 단독 황제로서 로마를 다스렸다. 로마 최초의 공동 통치 체제는 이렇게 8년 만에 끝나게 된다.

◇ 아우렐리우스가 플라톤의 이상에 부합하는 황제인 까닭

루키우스 베루스의 장례를 치른 169년 연말, 마르쿠스는 다시 북쪽 국경으로 향했다. 게르만족의 침입은 그때까지 몇 차례나 있었지만, 이 시기에 과격한 동향을 보인 배경에는 한랭화라는 기후 변동이 있었다. 엎친 데 덮친 격으로 로마에서 유행하기 시작한 역병이 국경 너머의 게르만족 지역에서도 창궐했다. 게르만족은 조금이라도 환경이 나은 곳으로 이동하기 위해 목숨을 걸고 싸웠다.

5년 동안 마르쿠스는 제국의 북쪽 끝에서 게르만족과 싸우며 시간을 보냈다. 마르쿠스 아우렐리우스의 『명상록』에는 북방 전선 병영 막사 안에서 쓴 기록도 포함되어 있다.

'철인 황제'라는 별명으로 알려진 마르쿠스 아우렐리우스는 어린 시절부터 조숙한 아이였다. 일찍이 철학에 빠져들어 그리스 철학자를 흉내 내며 고행을 한답시고 조잡한 망토를 깔고 바닥에서 웅크리고 자거나 바닥을 엉금엉금 기어다니곤 했다. 그러다 병든다며 제발 찬 바닥에서 자지 말고 따뜻한 방에 가서 자라는 어머니의 애원에 마음을 돌려 겨우 침대에 가서 잠들었다고 하니 아이의 놀이치고는 상당히 본격적인 편이었다.

네발짐승처럼 땅바닥을 기어다니고 바닥에서 자는 게 왜 철학이고 뜬금없이 『명상록』으로 이어지는지 의문이 들 수도 있는데, 당시 철학 사조를 알면 충분히 이해할 수 있는 행동이다. 일

5현제 시대의 마지막 황제 마르쿠스 아우렐리우스.
스토아 철학에 조예가 깊어 '철인 황제'로 알려졌다.

반인이 철학이라는 단어를 들으면 소크라테스·플라톤·아리스토텔레스 등 내로라하는 철학자 이름부터 떠올린다. 기원전 6세기 무렵부터 시작된 지적 활동인 그리스 철학이 기원전 5~4세기에 소크라테스·플라톤·아리스토텔레스의 등장으로 정점에 달했기 때문이다.

기원전 5~4세기에 정점을 찍은 그리스 철학은 그 후 전환기를 맞이했다. 그리스 철학이 변형되기 시작한 시대 그리스 철학을 대표하는 학파가 에피쿠로스학파와 스토아학파로 마르쿠스 아우렐리우스는 스토아학파의 추종자였다. 흔히 에피쿠로스학파는 쾌락주의, 스토아학파는 금욕주의로 번역하는데, 실제로는 그렇게 간단한 이야기가 아니다. 에피쿠로스학파는 쾌적한 생활을 추구했으나 쾌락을 탐닉하지는 않았고 폭음과 폭식을 경계하며 오히려 금욕에 가까운 생활을 권장했다.

그렇다면 왜 에피쿠로스학파에 쾌락주의 이미지가 덧씌워졌을까? 에피쿠로스학파는 공직 및 공무와 철저한 거리 두기를 유지했다. 그도 그럴 것이 에피쿠로스학파 사람들은 자신과 주위의 친한 사람들, 즉 가족과 친구들과 즐겁게 사는 데 집중했기 때문이다. 에피쿠로스학파의 공직 혐오는 왜 생긴 걸까? 공직에는 책임감이 따르고, 책임감이 따르는 일을 맡으면 책임을 다하기 위해 과도하게 일하게 되고, 그러다 보면 개인으로서의 행복에 걸림돌이 될 수 있다고 믿었기 때문이다.

반면 스토아학파는 평소에는 에피쿠로스학파처럼 금욕적인 생활을 추구했으나 공직에 관해서는 다른 주장을 내놓았다. 스토아학파는 어느 정도는 공직에 취임해야 할 의무가 있다고 보았다. 공무를 수행하고 그 과정에서 오티움(Otium, 여가)을 마련해 그 시간에 자신이 하고 싶은 일을 하면 충분하다는 게 스토아학파의 관점이었다.

헬레니즘 시대부터 로마 제정기 몇 세기 동안, 고대 지중해 세계 사람들의 마음은 에피쿠로스학파와 스토아학파 둘 중 하나의 사상에 매료되었다.

로마에서는 스토아학파가 다수파였다. 제정기 로마인에게는 '빵과 서커스'를 즐기는 모습과 폼페이 벽화에서 볼 수 있는 연회 풍경으로 에피쿠로스학파라는 이미지가 강한데, 실제로 로마에서는 에피쿠로스학파의 사상은 크게 유행하지 못했다.

공화정 시대와 비교하면 조상의 유훈과 명예에 대한 마음은 옅어졌어도 로마인에게 공직 취임은 여전히 명예로 여겨졌기 때문이다. 공무를 수행하고 나서 생긴 개인적 오티움을 감사히 즐긴다는 스토아학파의 사상은 로마인의 가치관과 부합했다.

마르쿠스 아우렐리우스 시대는 평화를 구가한 5현제 시대로 분류된다. 그러나 실제로는 역병이 창궐하고 이민족이 수시로 침입했으며 기후 변동으로 홍수와 기아에 시달린 팍팍한 시대였다. 안토니누스 시대에는 안정적이었던 제국의 관리 체제도 꼬리에 꼬리를 물고 이어진 사건과 사고로 휘청였고, 사람들이 삶에 대한 불안을 느끼게 된 시대이기도 했다.

삶이 힘들어지면 사람들은 초자연적 권위를 지닌 존재, 즉 종교에 귀의한다. 로마에서도 '재앙이 일어나지 않게 해달라'고 기도하는 이시스, 미트라스, 바쿠스 등 '개인의 구제'를 설파하는 밀교가 민중의 마음을 사로잡았다.

마르쿠스 아우렐리우스는 황제로서 공무에서 가치를 발견하는 스토아학파의 사상에 기반을 두고 통치했다. 그런 한편으로 그는 개인 구제의 욕구가 강해지는 시대적 분위기를 무시할 수 없었다.

어린 시절부터 철학을 공부한 스토아학파의 철인 황제는 북방 경계선에서 낮에는 이민족과 싸우고 밤에는 막사의 등불에 의지해 홀로 황제로서의 책임과 신과 인간의 관계, 우주의 섭리와 삶의 방식 등 실로 다양한 화두를 스토아학파의 전통에 따라 글로 풀어냈다. 이 글을 정리한 책이 『명상록』이다.

『명상록』은 당시 교양인의 필수 외국어인 그리스어로 집필되었는데, 그렇다고 해서 다른 사람들에게 보여주는 것을 전제로 집필했다고는 볼 수 없다. 아마 마르쿠스는 자신의 치세가 되자마자 연이어 닥쳐오는 난관에 황제로서 맞서 싸우면서 철학자로서의 '글쓰기'를 통해 자칫하면 불안에 흔들릴 수 있는 자신의 정신에 내적 성찰과 자제심을 찾으려 했을 것이다. 그 모습은 '철인 황제'라는 그의 별명에 걸맞은 고결함으로 충만하다.

과거 플라톤은 그리스 민주주의에 절망하며 가장 바람직한 정치 체제는 뛰어난 철학자가 황제가 되는 '현자 독재'(철인 정치)라고 주장했다. 이러한 플라톤의 사고방식에 따르면 마르쿠스 아우렐리우스는 이상적인 황제라고 할 수 있다.

역사에 만약은 없지만, 마르쿠스 아우렐리우스가 조금만 더 일찍 안토니누스 피우스 시대에 황제가 되었더라면 그는 정말로 모범적인 황제로 통치하며 행복한 한평생을 살다 가지 않았을까 생각해본다.

그러한 의미에서 그는 시대를 잘못 타고났다. 그러나 시대를 잘못 타고났기에 그의 사색은 더욱 깊어졌고 『명상록』이라는 훌륭한 내적 성찰 기록이 세상에 남겨졌다.

한편, 자신의 내면을 깊숙이 들여다본 철인 황제도 실수를 저질렀다. 첫 번째 실수는 자식 문제였다. 그는 품행이 방정하지 않은 아들의 허물을 제대로 보지 못하고 후계자로 선정했다. 네르바에서 안토니누스 피우스까지 이어진 네 명의 현제는 혈연에 집착하지 않고 뛰어난 인재를 후계자로 삼았기에 역사에 현제로 기록될 수 있었다. 다행인지 불행인지 그것은 황제들에게 친아들이 없었거나, 있더라도 일찍 생을 마감했기 때문이다.

마르쿠스는 아내인 루필리아 파우스티나와 사이에 열네 명의 자녀를 둔 다복한 가정이었다. 그러나 유아기 사망률이 높았던 시대였기에 약 절반인 여섯 명만 살아남았고 그 여섯 명 중 아들은 콤모두스(Commodus) 하나뿐이었다.

철인 황제도 사람은 사람이다. 하나밖에 없는 아들인 콤모두스는 눈에 넣어도 아프지 않은 사랑스러운 자식이었다. 마르쿠스는 어린 아들을 후계자로 보고 자신이 그랬듯 아들에게도 제왕학을 가르쳤으나 애석하게도 콤모두스는 아버지를 닮지 않은 무뢰배로 자라났다.

그런데도 부모의 욕심인지 마르쿠스는 콤모두스를 끼고 돌았다. 훤칠한 키에 잘생긴 얼굴을 가진 콤모두스는 외모만 보면 영락없는 백전노장의 장수나 검투사였다. 어쨌든 마르쿠스는 175년에 속주 시리아 총독 카시우스가 일으킨 반란을 평정할 때 아들을 데려갔다. 시리아 반란을 진압한 후로도 북방 전쟁은 끝나지 않았고, 178년에 마르쿠스는 콤모두스를 데리고 다시 도나우강 유역의 국경으로 향했다.

그로부터 2년이 지난 180년, 마르쿠스가 중병으로 쓰러졌다. 아마 이전부터 몸 상태가 좋지 않았을 것이다. 쓰러졌을 때는 이미 손 쓸 수 없는 지경이었기에 일주일 정도 병석에 누워 있다가 허무하게 눈을 감았다.

황제가 친아들 콤모두스를 후계자로 지명한 이상 콤모두스가 제위에 오르는 게 당연했다. 당시 콤모두스(161~192년/재위 180~192년)는 열여덟 살. 그는 황제가 되자마자 적에게 돈을 주고 북방 전선에서 후퇴했다.

이렇게 콤모두스는 아버지 마르쿠스 아우렐리우스가 평생을 바쳐 지키려 분투했던 국경선의 속주를 빠르게 포기했다. 이런 결정은 위신을 중시하는 로마인에게는 굴욕이었으며 동시에 앞으로 닥칠 새로운 황제의 시대에 드리울 불안을 예고한 최초의 사건이었다.

⑨

The Beginning of Chaos

혼돈의 시작

막장 황제들이 활개 치고
제위를 사고팔던 참담한 시대

◇ 로마 역사상 최악의 황제로 기록된 콤모두스, 돈으로 평화를 사고 기행을 일삼다

마르쿠스 아우렐리우스와 콤모두스는 외모가 붕어빵처럼 꼭 닮은 아버지와 아들이었다. 언제였는지 기억이 나지 않지만 나도 젊은 시절 마르쿠스 아우렐리우스 상을 보고 콤모두스라고 착각한 적이 있다. 그 정도로 둘은 빼다 박았다. 그러나 겉만 닮았을 뿐 속은 완전히 다른 아버지와 아들이었다. 난세에 황제가 되어 자신을 다스리고 제국을 위해 황제로 책무를 다한 철인 황제 마르쿠스 아우렐리우스의 아들 콤모두스는 로마사 연구자들 사이에서 '로마사에서 최악의 황제'라는 불명예스러운 칭호로 악명을 떨치고 있다.

황제가 된 콤모두스는 돈을 주고 북방 전선을 포기해 명예를 중시하는 로마인들의 자존심에 상처를 냈다. 전쟁을 끝내기 위해 돈으로 평화를 사는 행위는 사실 과거에도 유례가 없는 건 아니었다. 그렇기는 해도 콤모두스는 전형적으로 입만 산 인물이었다. 그는 책과 글쓰기를 사랑하는 아버지를 나약한 글쟁이라고 비판했으면서도 정작 자신은 전쟁터에 머물기 싫어 돈을 주고 전쟁을 끝낸 말과 행동이 다른 모습을 보여주었다.

로마로 돌아온 콤모두스는 정무를 측근에게 맡기고 자신은 후궁에 틀어박혀 유흥에 빠졌다. 그나마 적합한 사람을 골라 정무를 맡겼더라면 나았을 것이다. 한데 콤모두스는 개인적 취향으로 입맛에 따라 인사권을 휘둘렀기에 그에게 아첨하는 간신배들이 요직에 앉았고 정치판은 부패했다.

콤모두스는 마음에 들지 않는 원로원 의원은 솎아내듯 차례차례 처형하고 그들의 재산을 몰수해 사재를 불렸다. 그런데도 콤모두스가 원로원 전체를 숙청하지 않은 건 남은 원로원 의원들이 그에게 유흥비를 충분히 마련해주었기 때문이다.

사리사욕을 위해 권력을 휘두르는 전횡은 오래가지 못했다. 각지에서 반란이 속출하며 목숨이 위태로워진 콤모두스는 측근을 처형해 꼬리를 자르고 자신은 슬쩍 빠져나갔다.

콤모두스는 이 무렵부터 자신을 신화 속 영웅 헤라클레스의 화신이라고 떠벌리고 다녔다. 거기다 한 술 더 떠 헤라클레스처럼 차려입고 스스로를 신격화하는 기행을 드러냈다. 헤라클레스의 화신을 자처한 콤모두스는 공식 석상에 헤라클레스처럼 사자 가죽을 두른 차림에 곤봉을 들고 등장했고, 직접 경기장에 들어가 검투사로 싸우기도 했다. 그때까지 황제들은 자신이 주최한 대회를 귀빈석에서 관람하곤 했다. 콤모두스처럼 자신이 몸소 검투사가 되어 경기장에 들어간 황제는 그 이전에도 없었고 이후로도 없었다.

192년 11월에 개최된 대회 기록에 따르면 콤모두스는 사자 가죽을 두르고 곤봉을 든 헤라클레스 복장으로 등장해 호랑이와 코끼리, 하마, 타조 등의 야수와 가축을 몰살하고 검투사를 상대로 싸웠다. 짐승이 황제를 알아볼 리 만무하니 짐승들은 물불 안 가리고 달려들어 싸웠겠지만, 검투사들이 과연 황제를 상대로 정정당당한 승부를 펼칠 수 있었을지 의문이 든다. 검투사들은 기본적으로 신분이 낮은 노예나 포로였기에 무엄하게 황제를 상대로 검을 휘두르는 배짱은 없었을 공산이 크다. 진위는 알 수 없으나, 콤모두스가 경기장에서 저항하지 않는 검투사들을 차례차례 검으로 찔러 숨통을 끊었다고 전하는 사료가 있다.

물론 콤모두스가 뛰어난 검투사였을 수도 있다. 그는 자신이 왼손잡이라는 사실을 자랑하고 다녔다. 검투사 대부분은 오른손잡이였기에 왼손잡이 검투사는 그만큼 유리했다. 이 사실은 폼페이의 낙서로도 밝혀졌다.

콤모두스가 얼마나 강한 검투사였는지는 몰라도, 황제의 권위를 실추시키는 갖가지 기행과 기분 내키는 대로 숙청을 명령하

헤라클레스 차림의 콤모두스.
제국을 혼란에 빠뜨린 폭군으로 유명하다. 카피톨리노 박물관 소장.

는 난폭함 탓에 그의 목숨을 노리는 암살자가 많았다. 192년 12월 31일, 근위대장 퀸투스 아이밀리우스 라이투스(Quintus Aemilius Laetus)와 황제의 애첩 마르키아가 콤모두스 살해 음모를 결행했다. 원래 계획은 독살이었다. 계획대로 마르키아가 콤모두스에게 독을 먹였는데, 괴로움에 몸부림치면서도 명줄이 얼마나 질겼던지 숨이 끊어지지 않았다. 초조해진 두 사람은 평소 콤모두스의 훈련 상대였던 나르키소스라는 청년에게 콤모두스의 목을 조르라고 사주했다.

콤모두스 암살 소식이 원로원에 보고되자 의원들은 시신을 로마 시내에 끌고 다니며 욕을 보인 후 티베레강에 던져넣어야 한다고 주장했다. 그러나 콤모두스의 유해는 다음 황제가 될 페르티낙스가 하드리아누스 영묘로 운구해 가까스로 치욕을 면했다. 마르쿠스 아우렐리우스가 세상을 떠나고 12년 후의 일이었다.

◇ 근위대에게 돈을 주고 제위를 샀으나 66일 만에 비참한 최후를 맞이한 어리석은 황제 율리아누스

콤모두스 암살의 배후인 원로원은 당시 수도 장관이던 푸블리우스 헬비우스 페르티낙스(Publius Helvius Pertinax, 126~193년/재위 193년 1월~같은 해 3월)를 황제로 섭외해 혼란을 수습하고자 했다. 페르티낙스는 해방 노예의 자손으로 비록 출신은 미천했으나 재능이 뛰어나고 매우 우수한 인물이었다. 혈통이 아니라 재능을 인정받아 황제 자리에 올랐지만 재정 건전성과 질서 회복을 너무 서두른 나머지 근위대와 원로원의 반감을 사서 고작 석 달 만에 근위대에 의해 암살당했다.

페르티낙스를 암살했으나 근위대에는 마땅히 내세울 후계자 후보가 없었기에 로마에서는 전대미문의 촌극이 벌어졌다. 누구의 머리에서 나온 아이디어인지는 알 수 없으나 황제 자리를 '공개 경매'에 부쳤다. 조금 더 구체적으로 들여다보면 근위대에 가장 많은 뇌물을 바친 사람을 황제로 옹립한다는 계획이었다.

이 경매를 통해 금화 대부업으로 돈을 번 자산가인 디디우스 율리아누스(Didius Julianus, 133~193년/재위 193년 3월~같은 해 6월)가 황제로 등극했다. 그러나 율리아누스가 황제 자리에 앉자마자 도나우강 유역에 주둔 중이던 군대가 속주 판노니아(Pannonia)의 총독 루키우스 셉티미우스 세베루스(Lucius Septimius Severus, 146~211년/재위 193~211년)를 황제로 추대하고 로마로 진군했다. 율리아누스는 맞서 싸우려 했으나, 193년 6월 원로원은 율리아누스를 처형하고 루키우스 셉티미우스 세베루스를 새로운 황제로 추대한다고 결의했다. 돈으로 황제 자리를 샀던 율리아누스의 재위 기간은 고작 66일이었다.

18세기 계몽사상가인 몽테스키외는 이 일련의 사건을 다음과 같이 정리했다.

> 황제 네르바의 지혜, 트라야누스의 영광, 하드리아누스의 용기, 두 안토니누스의 미덕은 병사들에게 자부심을 심어주었다.

그러나 새로운 괴물들이 그들을 대신해 등장했을 때 군사정권의 폐해는 극단으로 치달았다. 그리고 제국을 좌판에 내놓은 물건처럼 내다 팔았던 군인들은 황제들을 암살하고 이후 황제 권력에 새로운 가치를 부여했다.

— 몽테스키외, 『로마의 성공, 로마 제국의 실패』(Conside'- rations sur les causes de la grandeur des Romains et de leur de'cadence (1734년)

루키우스 셉티미우스 세베루스는 북아프리카 연안의 렙티스 마그나(현재의 리비아 트리폴리) 출신으로, 이곳은 과거 페니키아인의 식민지 카르타고 세력권에 속한 지역이었다. 그래서 학자들은 세베루스가 순수한 로마인이 아니고 인도 유럽 계통의 인종조차 아닐 가능성이 높다고 추정한다. 아마 그는 셈족 계통으로 모국어는 페니키아어(포에니어)였을 확률이 높다. 실제로 사료에도 그가 구사하는 라틴어에서 아프리카 억양이 진하게 배어났다고 기록되어 있다.

트라야누스도 하드리아누스도 이베리아반도 출신이었기에 당시 황제는 이탈리아인이어야 한다는 공식이 이미 깨진 상태였다. 북아프리카 출신이라도 황제가 될 수 있었으나 세베루스는 기존의 속주 출신 황제와 완전히 다른 점이 있었다. 바로 그의 인종이었다. 그는 인도 유럽계통 인종이 아니었다. 그런 의미에서 그의 황제 즉위는 로마에 큰 변곡점이 되었다.

여담인데 아우구스투스가 초대 황제가 되고 나서 이민족인 세베루스가 황제가 될 때까지 220년이라는 세월이 걸렸다. 재미있게도 이 기간은 미국 초대 대통령 워싱턴에서부터 아프리카에 뿌리를 둔 버락 오바마가 대통령이 될 때까지의 기간과 같다. 인종의 벽을 초월하려면 그 정도의 세월이 필요하다는 방증일 수도 있다.

◇ 로마를 '로마인의 제국'에서 '로마 제국'으로 탈바꿈시킨 북아프리카 출신 황제 세베루스

역시 출신이 달라서였을까. 세베루스는 로마의 전통이나 로마의 고귀한 가문 등의 가치 등에 전혀 얽매이지 않고 과감한 개혁을 차례차례 단행했다. 그는 그때까지 이탈리아인으로 한정했던 근위대 입대 자격을 속주 출신자에게도 개방했다. 또한 여전히 존재하던 군대 내부의 신분 차별을 철폐해 가문, 출신지, 신분과 무관하게 실력만 있으면 고위직으로 출세할 수 있는 길이 열렸다.

그에게 제국 내의 모든 지역은 평등했다. 동이나 서나 북이나 남이나 똑같았다. 이탈리아라는 지역을 딱히 고집할 이유도 없었다. 그런 의미에서 로마는 세베루스 시대에 '공전의 민주화와 평등화'를 달성했다고 볼 수 있다. 그의 시대에 비로소 로마는 '로마인의 제국'에서 '로마 제국'으로 거듭났다.

이러한 민주화와 평등화는 현대인의 시각에서 보면 시대를 앞서가는 과감한 개혁이었으나 지나치게 시대를 앞서가다 보니 이

곳저곳에서 문제가 불거졌다. 광활한 제국 전역에서 균등한 가치를 인정하게 되자 황제 권력의 기반이 어디에 있는지 불분명해졌기 때문이다.

그러자 '권력이 아닌 권위로 다스려라'라는 로마의 전통이 사라지고 겉으로 드러난 권력, 즉 '군사력'이 황제 권력의 기반이 되었다. 실제로 황제가 된 세베루스는 노골적으로 군대를 편애했다. 과거에도 군대의 추대로 황제 자리에 오른 이가 몇 명 있었으나 원로원이 사후승인하는 형식으로 새로운 황제로 탄생했다. 그러나 세베루스 이후로는 황제 권력은 어차피 군대에서 나온다는 명백한 힘의 논리가 진리가 되었다. 그러자 원로원의 권위는 실추되었고, 이를 상징하듯 세베루스의 시대에는 수많은 원로원 의원이 형장의 이슬로 사라졌다.

그러나 세베루스는 폭군이 아니었기에 그의 시대는 단순히 군인을 중용하고 군인의 처우를 개선하는 수준에 머물렀다. 따라서 당시에 심각한 갈등은 발생하지 않았다고 이해하고 넘어가면 충분하다. 하지만 시간을 약간 뒤로 돌리면, 그가 군대를 황제 권력의 원천으로 삼고 군인을 중용한 정책은 후대에 '군인황제' 시대의 혼란을 가져오는 원인을 제공했다고 평가할 수 있다.

그 누구도 앞날은 알 수 없는 법. 어쨌든 이 시점에서 세베루스는 황제와 단단히 결속된 군대를 적극적으로 활용해 로마의 혼란을 틈타 영토를 확장하려 했던 파르티아를 평정하고 로마 제국의 위신 회복에 성공했다.

파르티아 평정 후, 세베루스는 숙원이던 스코틀랜드 병합을 목표로 브리타니아 원정에 나섰다. 그러나 그는 끝내 목표를 이루지 못하고 황제 자리에 오른 지 18년째인 211년 1월, 에부라쿰(오늘날의 영국 요크)에서 세상을 떠났다.

세베루스는 임종 자리에서 얼마 전부터 공동 통치를 했던 두 아들 카라칼라와 게타를 베갯머리로 불러 유언을 남겼다.

"둘이 한마음이 되어라. 병사를 돌보아 그들의 살림살이를 윤택하게 해주고 나머지 사람들은 신경 쓸 것 없다."

향년 65세, 5현제 최후의 황제 마르쿠스 아우렐리우스 이후 30년 만에 자연사한 황제였다.

◇ 공동 통치자인 친동생 게타를 암살하고 '기록말살형'에 처한 폭군 카라칼라

세베루스는 아버지의 임종 자리라면 아들들이 자신의 말을 귀담아들을 거라고 믿고 "형제가 한마음이 돼라"라는 유언을 남겼다. 그러나 큰아들 카라칼라(188~217년/재위 211~217년)는 아버지의 시신이 흙으로 돌아가기도 전에 아버지의 유언을 거역했다.

참고로 카라칼라(Caracalla)라는 이름은 본명이 아니다. 그가 '카라칼라(후드가 달린 갈리아 지방의 튜닉)'를 즐겨 입어 붙은 별명이다. 본명은 세베루스 안토니누스. 두 이름 모두 역대 황제 중에 같은 이름이 있어 이 책에서는 친숙한 별명 카라칼라로 통일했다.

카라칼라가 아버지의 간곡한 유언을 거역한 데는 나름대로 이 카라칼라 황제 흉상.
"형제가 한마음이 돼라"는 아버지 세베루스 황제의 유언을 거역하고
동생 게타를 비롯해 게타의 지지자들까지 모조리 처형했다.

유가 있었다. 물론 카라칼라가 동생 게타를 싫어한 것도 한 가지 이유였다. 세베루스는 원래 카라칼라를 단독 후계자로 지명할 심산이었다. 그러나 막판에 둘의 어머니인 율리나 돔나가 동생인 게타(Geta, 189~211년/재위 209~211년)에게 형과 동등하게 후계자 자격을 주어야 한다고 고집을 부려 “형제가 한마음이 돼라”는 유언이 나오게 되었다.

원래 자기 몫이었던 황제 자리를 안 그래도 사이가 좋지 않은 동생 게타와 나누어 가지게 된 카라칼라는 어머니 율리아 돔나 앞에서 동생을 찔러 죽였다. 211년 12월 26일의 일이다. 형제의 공동 통치는 이렇게 불과 10개월 만에 종말을 맞았다.

카라칼라도 자신의 행위가 주변 사람의 눈에 어떻게 비칠지 알고 있었다. 황제가 직접 공동 통치자를 살해한 데다 그 공동 통치자가 다른 사람도 아닌 친동생이었으니 말이다. 신변의 위협을 느낀 카라칼라는 근위대에 뇌물을 주고 아군으로 끌어들였다. 또 원로원 의원들에게는 동생이 먼저 자신을 죽이려 해서 자기방어 차원에서 대응했을 뿐이니 정당방위였다고 주장했다.

당연히 카라칼라의 변명을 곧이곧대로 믿어주는 사람은 없었다. 카라칼라는 신변 안전을 지키기 위해 게타를 지지하던 사람이라면 원로원 의원은 물론이고 근위대 대장과 속주 총독, 게타의 친구, 일반 병사와 궁정 시종에 이르기까지 모조리 재판에서 항변할 권리도 주지 않고 처형했다. 대대적 숙청은 게타와 직접 관계 있던 사람들에서 그치지 않고 그의 죽음에 눈물을 흘렸다는 이유만으로 많은 일반 시민이 처형당했다. 이 피비린내 나는 숙청으로 처형된 사람이 2만 명에 달했다고 전해진다.

카라칼라는 피바람을 부른 숙청에서 그치지 않고 게타의 존재를 깡그리 기록에서 말소했다. 이를 로마사에서는 '담나티오 메모리아이(Damnatio memoriae)', 즉 '기록 말살형'이라 부른다. 공식 기록과 비문은 물론 그림에서도 그 사람의 존재를 삭제하는 행위다.

포룸 로마눔(이탈리아어로 포로 로마노) 유적에 남은 세베루스의 개선문에 기록 말살형의 흔적이 생생히 남아 있다. 이 개선문에는 세베루스의 업적을 기록했는데, 그중에는 당연히 아들인 카라칼라와 게타의 기록도 새겨져 있었다. 그런데 카라칼라는 게타와 한 아버지 밑에서 태어났다는 사실조차 기록에서 삭제해 버렸다. 삭제는 비문에 새겨진 문구를 지우는 데서 그치지 않았다. 적당히 다른 말을 끼워넣거나 원문을 이리저리 짜깁기하기도 했고 문장 전체를 덮어쓰기도 했다. 그러나 전문가의 눈에는 해당 문장을 지우고 다시 썼다는 사실이 불 보듯 빤하게 보인다.

카라칼라는 집요하게 아우 게타의 존재를 사람들의 마음과 역사에서 지우려 했다.

> 카라칼라는 성품이 좋지 못하고 배배 꼬인 인간이었다. 아버지가 엄격했다면 그는 잔혹했다. 포악하고 술을 좋아하는 술고래였다. 피붙이에게 미움을 받았고 근위대를 제외하고는 모든 병사들의 미움을 샀다. 형제 사이에는 닮은 구석이라고는 한 군데도 없었다.
>
> —『로마 황제 열전』

루키우스 셉티미우스 세베루스의 가족을 그린 그림.
형 카라칼라가 명한 '기록 말살형'에 따라 아우 게타의 얼굴이 모두 삭제되었다.
뿐만 아니라 게타의 사적과 이름도 모조리 삭제되었다.

"형제가 한마음이 돼라"는 아버지의 유언에 따르지 않았던 카라칼라도 나머지 유언만은 충실히 이행했다. 실제로 카라칼라는 연봉 500데나리우스(지금으로 환산하면 약 1,000만 원)였던 병사 봉급을 단숨에 770데나리우스(약 1,500만 원)로 인상했다. 인상분은 아버지가 남긴 막대한 유산으로 충당했다.

카라칼라는 아버지에게 물려받은 막대한 유산을 국방비 외에도 광장과 신전, 거대한 목욕탕 등을 세우는 건축비 등으로 물 쓰듯 펑펑 썼다. 그가 세운 건축물 중 가장 유명한 카라칼라 욕장(Terme di Caracalla)은 현존하는 대규모 유적지다. 벽돌과 로마식 콘크리트를 대량으로 사용한 욕장을 보면 엄청난 규모만으로도 입이 떡 벌어진다.

> 카라칼라는 로마시에 수많은 건물을 남겼는데, 그중에서도 자신의 이름을 붙인 욕장에 각별한 애정을 쏟았다. 건축가들은 로마식 샌들 모양으로 디자인한 구조물을 당시 그대로 복원할 수 없다고 평가했다. 청동과 동으로 이루어진 격자가 아치형 천장 전체를 떠받치는 구조로, 건축 공학적으로 불가능에 가까운 설계이기 때문이다. 공간의 규모도 워낙 커서 기술자들도 원형을 그대로 복원하는 건 힘들다고 말할 정도다.
>
> —『로마 황제 열전』

민중은 화려한 공공시설에 환호했다. 그러나 돈을 물 쓰듯 쓰는 카라칼라의 통 큰 지출 습관으로 아버지가 남긴 막대한 유산은 순식간에 바닥을 드러냈다. 이후 로마는 유례없는 재정난에 허덕였다.

이 위기를 타개하기 위해 카라칼라는 212년 '안토니누스 칙령(Constitutio Antoniniana)'을 선포했다. 이 칙령은 쉽게 말하면 로마 제국 내의 모든 자유민에게 로마 시민권을 부여하는 황제의 명령이었다. 아버지이자 선대 황제였던 세베루스가 제국을 '로마인의 제국'에서 '로마 제국'으로 탈바꿈시키며 이 칙령을 선포할 수 있는 분위기를 조성했다고 할 수 있다.

모든 자유인에게 로마 시민권을 부여하고 로마 시민 자격을 주는 안토니누스 칙령의 선포는 로마 제국이 '세계 제국으로 완성'되었다는 뜻이다. 그러나 로마 시민권은 한정된 사람에게만 주어지는 특권이었기에 가치가 있었다. 모든 사람에게 주어지면 특권의 가치가 희석될 수밖에 없다.

게다가 속주 자유인에게 로마 시민권이 주어졌다고 해서 그들이 마냥 기뻐할 수만은 없는 이유가 있었다. 로마 시민에게는 상속세가 의무적으로 부과되었기 때문이다. 이 상속세는 속주 자유인은 면제받았던 세금이었다. 카라칼라는 재정을 회복하기 위해 칙령을 선포해 상속세 과세자를 늘려 세수를 확보하려 했던 것이다.

안토니누스 칙령은 겉으로 보면 로마가 평등을 실현한 이상적인 세계 국가로 거듭난 것처럼 여겨진다. 그러나 뚜껑을 열고 속을 자세히 들여다보면 이상과는 동떨어진 민중의 부담을 가중시키는 나쁜 정책이었다는 걸 알 수 있다.

아버지의 유언에 따라 병사들을 우대한 카라칼라는 군대에서는 호감을 얻었으나 원로원 의원과 민중에게는 마지막 순간까지 미움을 받았다. 그는 결국 암살로 생을 마감했다. 217년 황제 자리에 오른 지 19년째 되던 해였다.

카라칼라는 볼썽사나운 모습으로 최후를 맞았다. 배탈이 나서 용변을 해결하려고 우왕좌왕하다 바지춤을 추스르지도 못한 채 그에게 원한을 품은 근위대의 검에 찔린 것이었다. 이렇듯 그는 황제로서 품위를 지키지 못하고 아랫도리를 드러낸 민망한 차림으로 눈을 감았다.

◇ 여장과 동성애 등 온갖 기행을 일삼으며 제국을 혼란에 빠뜨린 '광인 폭군 황제' 엘라가발루스

암살당했을 때 스물아홉 살이던 카라칼라는 후사를 보지 못해 후계자를 지명하지 못했다. 그래서 카라칼라 암살 배후로 의심받던 근위대장 마크리누스(Macrinus, 165~218년/재위 217~218년)가 카라칼라의 죽음을 비통하게 애도하는 척하며 슬그머니 황제 자리를 차지했다. 그러나 그의 재위 기간은 고작 1년. 그는 갈리아군이 추대한 엘라가발루스(Elagabalus, 204~222년/재위 218~222년)라는 열네 살짜리 소년과의 싸움에서 전사하고 말았다.

황제가 된 엘라가발루스는 카라칼라의 숨겨진 아들이라 주장했는데, 실제로는 카라칼라의 어머니 율리아 돔나의 여동생의 손자에 해당하는 인물이었다는 설이 유력하다.

세베루스의 아내 율리아 돔나는 시리아 사제장의 딸로 현모양처로 알려졌다. 그래서 카라칼라의 후계자를 물색하던 사람들이 엘라가발루스를 새로운 황제로 추대했다. 그런데 이들의 선택은 엄청난 실수로 드러났다.

폭군 황제 하면 떠오르는 인물은 네로다. 그만큼 대중적 인지도는 네로가 앞선다. 하지만 엘라가발루스는 네로 못지않은, 알고 보면 네로 뺨치는 광인에 폭군이었다.

열네 살이라는 어린 나이에 황제 자리에 오른 엘라가발루스는 처음 로마로 입성하는 순간부터 요란한 차림새로 사람들에게 충격을 주었다. 금실로 수를 놓은 자줏빛 비단옷에, 진주 목걸이와 에메랄드 팔찌를 차고, 머리에는 보석을 박은 황금관을 썼다. 이 정도 차림새만 해도 충분히 파격적인데 여기에 화장까지 했다. 입술은 붉게 칠하고 눈썹은 먹으로 짙게 그려 로마 시민의 눈에는 '여장한 황제'로밖에 보이지 않았다.

여장을 즐긴 엘라가발루스는 여성과 정식으로 세 번이나 혼인했는데도 결혼 기간을 포함해 항상 동성애 소문이 끊이지 않았다. 하드리아누스가 미소년 안티누스를 총애하듯 조심스럽고 애틋한 사랑이 아니었다. 그는 먹잇감이 될 남자를 직접 물색하러 다녔다. 직업적으로 몸을 파는 거리의 여성처럼 야한 차림을 하고 남자 손님을 끄는 기괴한 방식으로 남자를 찾았다.

자신의 본업인 로마 통치는 뒷전으로 미뤄두고 오로지 자신에게 쾌락을 안겨줄 남자를 찾아 헤맸으니 황제로서의 본분을 잊은 것이나 다름없었다. 이런 엘라가발루스를 언제까지 황제 자리에 앉혀둘 수는 없는 노릇이었다.

로마 국내에 반란과 폭동이 끊이지 않았던 222년, 엘라가발루스는 자신의 어머니와 함께 근위대의 손에 목이 잘렸다. 시신은 벌거벗겨져 로마 시내를 질질 끌려다니다 엘베강에 수장되었는데, 유죄가 확정된 죄인에게 행해지는 형벌과 같았다.

후세 역사가는 "만약 칼리굴라, 네로와 같은 전례가 없었더라면 엘라가발루스가 로마 황제였다는 사실조차 기록으로 남길 생각이 없었으리라"라고 평가했다. 위대한 로마 황제의 권위는 엘라가발루스의 시대에 더 이상 떨어질 데가 없을 정도로 추락했다는 말이다.

엘라가발루스의 죽음으로 한 해 전에 카이사르(부황제)가 되었던 엘라가발루스의 조카인 세베루스 알렉산데르(Marcus Aurelius Severus Alexander Augustus, 208~235년/재위 222~235년)가 제위에 올랐다.

그러나 알렉산데르는 당시 아직 열세 살, 온화하고 얌전한 소년 황제는 어머니의 치마폭에서 벗어나지 못하고 어머니가 시키는 대로 움직이는 꼭두각시나 다름없었다. 다행히 어머니 율리아 아비타 마마이아는 보기 드물게 다른 사람의 의견을 경청할 줄 아는 사람이었다. 그녀는 고문으로 양심적인 원로원 의원을 맞아들여 그 의견에 따랐다. 그 덕분에 엘라가발루스 시대에 혼란해진 로마의 질서가 올바른 방향으로 궤도를 수정할 조짐을 보이기 시작했다.

알렉산데르는 좋은 어머니와 훌륭한 측근을 두었으나 끊이지 않은 외환은 그의 운명에 불행의 그림자를 드리웠다. 국경 주변이 어수선해지며 속주 시리아에 페르시아가 침공하고 게르만족의 침공이 잇따르자 로마의 국방은 바람 잘 날이 없었다.

231년, 알렉산데르가 직접 출정해 가까스로 페르시아군을 격퇴했다. 그러나 이후 북부 전선에서 평화 교섭에 힘쓰는 모습이 군부의 심기를 건드려 군부로부터 겁쟁이에 나약한 황제라는 조롱을 받게 되었다.

콤모두스 시대부터 약 50년 동안 우대받는 데 익숙해진 군부에는 예전 로마군이 보여주었던 엄격한 군기를 더 이상 찾아볼 수 없게 되었다. 군대가 작은 불만에도 툭하면 반란을 일으키는 강짜를 부려도 힘으로 군부의 몽니를 다스릴 사람이 없었다. 힘이 곧 법이던 시대에 군대의 지지를 잃는 것은 정권의 기반을 잃는 것과 같았다. 군대의 지지를 잃은 알렉산데르는 235년에 병영에서 암살당했다.

전쟁 비용을 줄이기 위해 병사 봉급을 삭감한다는 소문이 돌며 분위기가 흉흉해졌다. 그러자 군부 내에서 알렉산데르를 황제 자리에서 끌어내리자는 과격한 요구가 봇물 터지듯 터져나왔다. 향년 26세. 13년의 통치를 암살로 끝마친 젊은 황제였다.

알렉산데르의 죽음으로 셉티미우스 세베루스부터 이어진 세베루스 왕조는 막을 내렸다. 그에 따라 로마는 각지의 군대가 멋대로 날뛰며 자신들의 대장을 황제로 추대하는 혼란스러운 '군인황제 시대'로 돌입했다.

M·AGRIPPA·L·F·COS·TERTIVM·FECIT

part

IV

인류 역사상 가장 위대한 제국, 로마 멸망

관용을 상실한 로마, 멸망의 길로 질주하다

⑩

The Military Emperors' Time

군인황제 시대

최고의 세계 제국 로마를 멸망으로 몰고 간 최악의 황제들

◇ 로마 제국 멸망을 '쇠퇴·멸망 시대'가 아닌 고대에서 중세로 넘어가는 '변혁 시대'로 보아야 한다?

우리가 학창 시절 배운 세계사의 일반적인 시대 구분은 '원시 → 고대 → 중세 → 근세 → 근대 → 현대'였다. 누구나 아는 시대 구분인데 무엇을 기준으로 시대를 구분했는지 제대로 아는 사람은 드물다. 세계사라는 큰 흐름 속에서 어떤 시대의 터닝포인트를 찾아내는 건 쉬운 일이 아니다.

국사라면 고대부터 중세의 터닝포인트를 세계사보다 조금 더 쉽게 짚어낼 수 있겠지만, 세계사는 범위가 훨씬 넓고 분기점도 불분명한 경우가 많다. 그래서 세계사 연구 현장에서 최근 로마 제국의 종말을 기존의 '쇠퇴·멸망의 시대'로 파악하지 않고 고대부터 중세로 넘어가는, 시대가 크게 변화하는 '변혁의 시대'로 보고 그 의미를 바로잡는 '고대 말기론'이 주목받고 있다.

고대 말기론은 고대와 중세의 분기점을 한 점으로 좁히지 않고 '고대 말기'라는 변화의 시대로 파악하고자 하는 학설이다. 고대 말기의 범위는 연구자에 따라 조금씩 달라서 확정된 범위는 없다. 최대 범위는 로마의 5현제 시대(2세기)부터 이슬람 제국 성립(8세기)까지다.

이 시대 로마사는 지금까지 에드워드 기번의 『로마 제국 쇠망사』의 영향을 받아 혼란과 쇠퇴, 분열과 멸망이라는 부정적인 언어로 설명했다. 그러나 이미 Part Ⅲ에서 살펴보았듯, 이러한 혼란과 쇠퇴의 시기에도 민주화와 평등화, 개혁 등 새로운 시대의 싹을 틔우는 모습을 발견할 수 있다.

이 책에서는 로마의 역사를 단순히 '탄생 → 확대 → 성숙 → 쇠퇴'라는 한 국가의 흥망성쇠로 파악하지 않고 서양 세계의 원류로 규정함으로써 로마가 세계에 미친 영향력이 얼마나 큰지 또 로마사가 세계사 속에서 가지는 의미가 무엇인지를 풀어내고자 했다. 특이 이번 Part IV에서는 로마의 종말기를 서양 세계에서 고대부터 중세로 이행하는 변혁기로 파악하고 새로운 관점에서 언급하고자 했다.

시대 구분은 후세 사람이 과거를 돌아보고 어떤 의미에서는 '억지로' 구분한 개념이다. 그 시대를 살았던 사람들은 어제까지 고대였고 오늘부터 중세라는 식으로 구분하지 않았다. 과거를 돌아볼 때 혼란과 쇠퇴의 시대로밖에 보이지 않는 세계를 살았던 당시 사람들에게도 지금 우리처럼 언제나 미래라는 희망이 존재했고, 그 미래를 향해 노력하는 사람들의 생활이 역사를 만들었음을 잊지 말아야 할 것이다.

◇ 로마 제국 황제의 출신지가 이탈리아반도가 아닌 발칸반도에 집중된 까닭

235년에 알렉산데르 세베루스가 암살된 후 로마는 약 50년 동안 70명의 황제가 난립하는 '군인황제 시대'를 맞이했다. 이 시기에 옹립된 황제 대부분이 군인이었기에 이런 이름이 붙었다.

70명이라는 숫자에 눈을 비비며 다시 확인하는 독자도 있을 것이다. 이중에는 원로원이 인정한 정식 황제 외에도 군대가 멋대로 추대했으나 원로원은 승인하지 않은 '참칭(僭稱) 황제'도 여럿 포함되어 있다. 70명 중 정식 황제는 26명뿐, 평균 재위 기간은 3년 미만, 그중 24명이 암살 혹은 전사로 생을 마친 격동의 시대였다. 후세 역사가는 이 시대를 '3세기의 위기'라 불렀다.

초대 아우구스투스에서부터 서로마 제국 최후의 황제 로물루스 아우구스투스(Romulus Augustus)에 이르기까지, 정식 로마 황제는 총 77명. 대개 로마 제국 황제라고 하면 막연히 이탈리아인이 많았다고 생각하는데, 실상은 달랐다. 로마 제국 황제의 출신지를 살펴보면 발칸반도 지역 출신이 가장 많았다.

유럽 남부에 자리 잡은 발칸반도는 지중해로 비죽 튀어나온 반도다. 발칸반도는 북쪽으로는 대략 도나우강 유역까지라고 보는데, 명확한 지리적 경계선은 아니다.

발칸반도 출신 로마 황제는 모두 24명, 전체 황제의 30퍼센트를 차지하는 숫자다. 24명 중 대부분이 앞으로 이야기할 '군인황제 시대'(3세기 후반)에 모여 있다. 군대가 추대한 그들 대다수가 하층민 출신이었다. 본인은 아니더라도 아버지 혹은 할아버지까지 올라가면 하층민 출신이었다는 게 발칸반도 출신 황제의 공통적인 특징 중 하나였다.

그렇다면 왜 유독 이 시기에 발칸반도 출신 황제가 집중적으로 등장했을까? 로마 제국의 최전선인 '북방 전선'과 '동방 전선'이 발칸반도에 걸쳐 있고 대부분의 군대가 그곳에 파견되어 있었던 것이 가장 큰 이유였다. 이 시대에 로마는 동쪽으로는 파르티아, 북쪽으로는 게르만족 등 외적의 침입에 시달렸다. 그러면서 동시에 갈리아 등 여러 속주의 반란으로 골머리를 앓으며 국방과 군대의 중요성이 매우 높아진 상황이었다.

고대 세계에서는 군대가 모이는 장소는 동시에 경제적으로 활성화되는 지역이기도 했다. 이를 '고대 경제의 정치 의존성'이라 부른다. 지금도 군대 주둔지에 '기지촌'이 생겨 지역 경제가 활성화될 정도니 고대에 군대의 존재와 경제적 발전은 지금과는 비교도 되지 않을 정도로 밀접한 관계였다고 추정할 수 있다.

정치적 요충지여서 군대를 대규모로 파견한 지역은 경제적으로 발전하고 활성화한다. 경제가 발전하면 사람이 모이고 정치적인 영향력이 더 커지는 구조로 순환한다. 사람이 모이면 병력도 현지에서 보충되는 게 일반적이었다.

국방비 증가와 함께 콤모두스 시대부터 시작된 군인 우대 정책은 카라칼라 시대에 황제 권력의 기반이 될 정도로 강력한 힘을 발휘하게 되었다. 그리고 엘라가발루스 황제 시대에 이르면 군대의 지지를 얻지 못하고 군의 눈 밖에 난 황제는 죽음으로 황제 자리에서 끌려 내려오게 되었다.

◇ 로마 제국을 멸망의 길로 몰고 간 군인황제 시대를 열어젖힌 최악의 황제 막시미누스 트락스

알렉산데르를 죽이고 황제의 자리에 오른 막시미누스 트락스(Gaius Iulius Verus Maximinus Thrax, 173~238년/재위 235~238년)도 발칸반도 끝에 자리 잡은 트라키아(Thracia)의 가난한 농가에서 태어났다(트라키아의 서쪽인 모이시아에서 태어났다는 설도 있다). 트라키아는 오늘날 불가리아에 해당하는 지역이다.

막시미누스는 2미터가 넘는 기골이 장대한 거한으로 군사적 재능을 타고난 천재적인 군인이었다. 게르만족, 다키아인, 사르마티아인과의 전투에 참전한 막시미누스는 연전연승했다.

그러나 로마의 지식인들은 시골 출신의 거친 막시미누스를 '야만인'이라 부르며 멸시했다. 원로원은 마지못해 정식 황제로

군인황제 시대 한눈에 보기 (원로원이 승인한 정식 황제)

황제 이름	재위	참고사항
막시미누스 트락스	235-238	트라키아 또는 모이시아에서 태어났다. 근위대에게 살해당함.
고르디아누스 1세	238	출신지는 불명. 카르타고에서 자살.
고르디아누스 2세	238	출신지는 불명. 카르타고 공방전에서 전사.
발비누스	238	출신지는 불명. 로마에서 근위대에게 살해당함.
푸피에누스 막시무스	238	출신지는 불명. 로마에서 근위대에게 살해당함
고르디아누스 3세	238-244	로마에서 태어났다. 메소포타미아에서 살해당함.
필리푸스 아라브스	244-249	시리아 서남부의 필리폴리스에서 태어났다. 마케도니아에서 전사. 아들과 공동 통치.
데키우스	249-251	발칸반도 부달리아에서 시르미움 근처의 부달리아에서 출생. 모이시아에서 고트족과 싸우다 사망. 아들과 공동 통치.
트레보니아누스 갈루스	251-253	페루자 출생. 인테람나에서 병사들에게 살해당함. 호스틸리아누스 및 아들과 공동 통치.
아이밀리아누스	253	아프리카 기르바섬 출생. 스폴레티움 근처에서 부하들에게 살해당함.
발레리아누스	253-260?	출생지 불명. 페르시아군에게 포로로 잡힌 후 사망.
갈리에누스	253-268	출생지 불명. 밀라노 교외에서 측근에게 살해당함. 아들과 공동 통치.
클라우디우스 2세	268-270	인페리오르 시르미움에서 출생. 고향에서 역병으로 사망.
퀸틸루스	270	출생지 불명. 알렉산드리아에서 자살.
아우렐리아누스	270-275	모이시아 출생. 원정 도중 근위대에 살해당함.
타키투스	275-276	도나우강 연안의 속주 출신. 카바도키아의 티아나에서 사망(암살 혹은 병사).
플로리아누스	276	출생지 불명. 타르수스에서 부하들에게 살해당함.
프로부스	276-282	시르미움 출생. 시르미움 근교에서 근위대에게 살해당함.
카루스	282-283	갈리아의 나르보 출생. 크테시폰 근교에서 낙뢰를 맞아 사망. (?)
카리누스	283-285	출생지 불명. 측근에게 살해당함.
누메리아누스	283-284	출생지 불명. 니코메디아에서 살해당함. (?)

갈리아 제국 황제 5인은 제외　□는 공동 통치

인정했으나 막대한 국방비를 내놓으라는 요청을 받자 정식 황제로 승인한 자신들의 선택을 후회했다.

로마인들이 막시미누스를 달갑지 않은 시선으로 바라보았듯 막시미누스도 로마가 마음에 들지 않았다. 그는 로마를 동경하지도 않았고 눈곱만큼의 애국심도 느끼지 못했다. 황제 자리에 있던 3년 동안 그는 단 한 번도 로마를 방문하지 않았다. 타고난 군인이었던 막시미누스는 병영 생활이 체질에 맞았다. 그는 황제가 된 후에도 전쟁터를 제집 안방 삼아 전선에 머물며 전투를 계속했다.

전쟁의 신이 강림한 듯 전쟁터에서 신들린 전투력을 선보인 막시미누스였으나 거듭된 전쟁으로 국방비가 가중되며 자신의 무덤을 자기 손으로 파는 형국이 되고 말았다. 마른걸레를 쥐어짜듯 가난한 자들에게 뜯어낼 세금이 없어지자 부유층에게까지 부담이 전가되었다. 특히 속주의 부유층에 부담이 가중되며 북아프리카 지역에서 불만이 터져나오기 시작했다.

당시 북아프리카는 녹음이 우거진, 로마 속주 중에서도 비교적 풍요로운 지역이었다. 현재의 리비아·튀니지·알제리 부근으로 이 시절 재정 부담이 커지며 불만이 폭증해 238년 드디어 반란이 발발했다. 반란 세력은 당시 속주 총독이던 고르디아누스 1세(Gordianus I, 159~238년/재위 238년)를 황제로 추대하고 막시미누스에 대항하려 했다.

고르디아누스 1세는 전형적인 로마인으로 집정관 역임 경험이 있는 원로원 의원이었기에 원로원은 기꺼이 그의 즉위를 승인했다. 그러나 고르디아누스는 이미 팔순의 노인이었다. 본인도 혼자서는 불안했던지 마흔여섯 살인 아들 고르디아누스 2세(192~238년/재위 238년)를 자신과 같은 '아우구스투스'(정식 황제)로 세우고 군사 행동을 맡겼다.

그런데 이 아들이 허무하게 전사했다. 아들의 부고를 들은 고르디아누스는 슬픔을 이기지 못하고 스스로 목숨을 끊었다. 이렇게 고르디아누스 부자의 공동 통치는 불과 20일 만에 막을 내렸다.

고르디아누스 1세의 극단적 선택에 가장 당황한 집단은 원로원이었다. 막시미누스를 승인했으면서도 자신들의 취향에 맞는 고르디아누스 1세가 나타나자마자 막시미누스를 헌신짝처럼 내치고 잽싸게 고르디아누스 1세의 즉위를 승인했었다.

만약 막시미누스가 군대를 이끌고 로마로 쳐들어오면 숙청의 피바람이 한바탕 휘몰아칠 게 뻔했다. 이 위기를 타개하기 위해 원로원은 급하게 원로원 의원 중에서 발비누스(165년경~238년/재위 238년)와 푸피에누스(178년경~238년/재위 238년) 두 사람을 추대해 공동 황제로 앉히고 맞불 작전에 나섰다.

공동 황제는 공화정 시대부터 로마의 관행이었기 때문에 파격적인 인사는 아니었다. 공화정 시대 최고 권력자인 집정관이 두 사람이었던 이유는 물론 독재를 방지하기 위해서였으나 군사 행동을 일으켰을 때 한 사람이 군을 지휘하고 나머지 한 사람은 로마에 남아 내정을 담당하기 위해서이기도 했다.

원로원은 이 로마의 전통을 부활시켜 막시미누스에게 반격을 가했다. 그런데 이 무렵 막시미누스 부대의 병사들은 오래 이어진 전쟁에 지쳐 사기가 떨어져 있었다. 게다가 이번에는 이민족이나 외적이 아니라 같은 나라 사람과 권력을 두고 다투는 치사한 밥그릇 싸움이었다. 그러던 238년 4월, 막시미누스는 자기 휘하의 이탈리아인 사단과 로마에서 온 근위대에게 암살당하고 말았다.

발비누스와 푸피에누스 두 황제는 직접 손에 피를 붇히지 않고 승리를 거머쥐었다. 공통의 적을 잃은 두 사람은 차츰 반목하기 시작했으나 둘의 갈등도 그리 오래가지 못했다. 원로원이 멋대로 승인한 이 두 황제를 근위대가 황제로 섬기지 않겠다고 반기를 들고 나섰기 때문이다.

결국, 이 두 황제도 막시미누스가 죽임을 당한 다음 달에 근위대의 손에 목숨을 잃었다. 원로원이 자기 식구 중에서 직접 뽑은 두 황제 시대는 99일로 채 100일을 채우지 못하고 끝났다.

◇ 고트족 침공을 막기 위해 군대의 전권을 맡긴 데키우스에 의해 제위를 잃은 아랍 출신 황제 필리푸스

막시미누스·발비누스·푸피에누스, 이렇게 세 명의 군인황제가 재위했고 근위대의 손에 살해당했다. 근위대는 고인이 된 고르디아누스 1세의 손자, 고르디아누스 3세(225~244년/재위 238~244년)를 황제로 추대했다.

당시 열세 살이었던 고르디아누스 3세는 전사한 고르디아누스 2세의 아들이 아니라 고르디아누스 1세 딸의 아들, 즉 외손자였다. 황제라고 해도 아직 열세 살짜리 소년이라 당연히 전권을 주지 않고 정무는 측근이 처리했다.

여기서부터 한 가지 알아두어야 할 사실이 있다. 이후로 다룰 군인황제 일화는 신빙성이 낮은 사료에 의존하는 수밖에 없다는 점이다. 정권이 안정되지 않으면 수많은 황제(참칭제를 포함)가 줄줄이 난립하고, 수상한 전승이 사료 속에 섞여들어 같은 황제의 전기라도 다른 이야기가 기록으로 남을 수 있다. 따라서 여기서부터는 정확한 역사적 사실이라기보다 군인황제 시대의 혼란과 대략적인 흐름을 읽어내는 데 의의를 두기로 하자.

고르디아누스 3세 시대는 우직한 의붓아버지이자 장인인 티메시테우스가 근위대장을 맡아 다행이었다. 그러나 그가 세상을 떠나고 후임자로 아랍계 필리푸스 아라브스(Philip the Arab, 204년경~249년/재위 244~249년)라는 인물이 황제 자리에 오르며 형세가 달라졌다.

필리푸스는 시리아 서남부의 작은 도시에서 태어나 일개 병사에서 근위대장까지 오른 입지전적 인물이었다. 필리푸스는 젊은 황제의 무능함을 병사들에게 알리고 병사들의 지지를 얻어 고르디아누스 3세를 살해했다. 당시 고르디아누스 3세의 나이는 아직 열아홉 살, 채 스무 살이 되기 전에 목숨을 잃었다.

244년 황제가 된 필리푸스는 교전 중이었던 사산조 페르시아와 부랴부랴 강화를 체결하고 로마로 향했다. 그는 지금은 전쟁보다 로마로 돌아가 정권을 안정시키는 게 우선이라고 판단했다. 교착 상태에 빠진 페르시아와의 전황도 그가 로마행을 서둘렀던 이유 중 하나였다고 짐작할 수 있다.

황제가 강화를 서두르거나 강화 조약을 빨리 체결하기 위해 돈을 쓰면 병사들 사이에 반감이 퍼진다는 사실을 군의 추대로 황제가 된 필리푸스는 잘 알고 있었다. 그래서 그는 로마로 향하는 도중에 도나우 원정을 성공시키고 로마로 '개선'하는 형식을 취했다.

이때 필리푸스가 로마 귀환을 서두른 또 하나의 이유가 있었다. 248년은 로마가 건국된 지 막 1,000년이 된 해로 대규모 기념행사가 개최될 예정이었기 때문이다. 실제로 필리푸스는 248년 4월 21일부터 23일에 걸쳐 '로마 건국 천년 축제'를 성대하게 거행했다.

그러나 수도 로마에서 건국 1,000년을 화려하게 축하하고 있을 무렵, 도나우강 연안 국경에서 반란이 일어났다. 로마 영내로 침입한 게르만계 고트족이 반란에 직접적인 원인을 제공했으나 아랍계 황제에 대한 불만이 팽배해 있었던 것이 고트족 침공을 빌미로 혼란을 더욱 가중시켰다고 추정할 수 있다.

필리푸스는 고트족 침공에 대처하기 위해 원로원 의원으로 인망이 두터운 데키우스(Trajan Decius, 201~251년/재위 249~251년)에게 군단을 맡기고 도나우강으로 군대를 파견했다. 데키우스는 시원하게 고트족을 소탕했는데, 이것은 필리푸스에게는 재앙이었다. 군부가 적을 무찌르고 승리한 데키우스를 새 황제로 추대하고 로마를 향해 진격했기 때문이다. 데키우스 자신에게 황제가 되겠다는 야심이 있었다기보다 떨떠름하게 상황을 관망하던 데키우스를 군부가 억지로 황제로 옹립했다고 볼 수 있다.

필리푸스는 로마로 진군한 데키우스 부대를 맞아 싸우다 전투 도중에 전사했다.

◇ 내정 질서를 수립하고 민심을 바로잡은 '명군' 데키우스가 '폭군'으로 평가되는 이유는 '기독교 박해' 때문이었다?

데키우스는 발칸반도 출신이었으나 원로원 의원으로 232년에는 집정관이 되었다. 그 후 그는 모이시아와 게르마니아, 이스파니아의 타라코네시스 등의 속주 총독을 역임했다. 또한 그는 필리푸스 아라브스 시대에 로마의 수도 장관을 맡아 군과 원로원에 두루두루 신뢰받은 인물이었다. 만약 시대를 잘 타고났더라면 상당히 훌륭한 황제가 되었을지도 모른다.

그는 로마의 전통 신앙을 적극적으로 부흥시키는 종교 정책을 추진했다. 그러나 로마의 신들에게 힘을 실어주는 과정에서 로마의 신들을 인정하지 않는 기독교 신자를 박해하는 분위기가 조성되었다.

후세 역사가들은 종종 데키우스를 '폭군'으로 평가하는데, 이는 기독교 신자를 박해한 그의 종교 정책과 연관이 있다. 실제로 데키우스는 군사력이 전부인 황제가 아니었다. 그는 내정 질서를 수립하고 사람들의 신앙심을 회복해 혼란한 민심을 바로잡으려 애썼다. 또 짧은 통치 기간에 로마의 일곱 언덕 중 하나인 아벤티노 언덕에 대형 욕장을 건설하고 낙뢰 피해가 생긴 콜로세움을 수리하는 등의 건설 사업에도 힘을 쏟았다.

군과 원로원 그리고 민중에게 두루두루 신망이 두터웠던 데키우스였으나 하늘은 그의 편이 되어주지 않았다. 재침공한 고드족과의 전투에서 적의 함정에 빠져 아들과 함께 전사했기 때문이다.

데키우스는 로마를 2년밖에 다스리지 못했다. 역사에 '만약'은 금물이지만 내부에서 신망이 두터웠던 인물인 만큼 만약 그가 천수를 누렸더라면 현제가 되어 3세기의 위기도 조금은 다른 방향으로 흘러갔을 수도 있다는 상상을 해본다.

짧았던 데키우스 시대에도 두 명의 참칭 황제가 황제 자리 찬탈을 시도하다 목숨을 잃는 대가를 치렀다. 잇달아 나타났다 사라지는 황제들을 민중은 어떤 마음으로 바라보았을까? 어쩌면 민중에게는 누가 황제가 되든 상관없지 않았을까.

그러고 보니 일본에서도 아베 총리 이전 전임 총리들이 10년 사이에 정신없이 교체되었다. 일본 국민조차 누가 총리였는지 정확하게 순서와 이름을 기억하지 못할 정도다. 로마의 민심도 아마 자고 일어나면 바뀌는 총리와 내각을 바라보는 일본 국민의 마음과 비슷하지 않았을까.

데키우스가 세상을 떠난 후, 로마군은 새로운 황제로 트레보니아누스 갈루스(Trebonianus Gallus, 206년경~253년/재위 251~253년)를 옹립했다. 갈루스는 이탈리아 중부 페루자가 고향인 원로원 의원으로 집정관 경험도 있는 인물이었다. 그는 로마에 남은 데키우스의 아들 호스틸리아누스(230년경~251년/재위 251년)를 양자로 들여 공동 통치했다.

새로 황제 자리에 오른 갈루스는 로마로 돌아오기 위해 고트족과 강화를 체결했다. 문제는 약탈당한 물자와 포로로 잡혀간 로마인을 그대로 고트족에게 넘겨주고, 매년 로마가 고트족에게 일정 금액을 지급한다는 로마에 불리한 조건의 조약을 맺었다는 점이었다.

퍼주기 전략으로 신속하게 강화 조약을 체결하고 로마로 돌아온 갈루스를 역병이 기다리고 있었다. 그와 함께 공동 통치자였던 호스틸리아누스도 로마에 창궐한 역병으로 병사했다.

국내가 어수선해지면 호시탐탐 기회를 엿보던 외적이 밀고 들어오는 게 당연하던 시대였다. 북쪽에서는 게르만족이, 동쪽에서는 사산조 페르시아가 침공하고, 강화를 체결한 고트족도 조약을 무시하고 쳐들어왔다.

당시 평화 협정을 무시하고 국경을 넘어 침공한 고트족을 도나우강 유역의 속주 총독이었던 아이밀리아누스(207~253년/재위 253년)가 격퇴했다. 고트족에게 본때를 보여주어 사기가 하늘을 찔렀던 병사들은 아이밀리아누스를 황제로 추대하고 로마로 진군했다. 아이밀리아누스 부대의 기세에 겁을 먹은 갈루스 부대는 싸우기 전에 갈루스를 처치하고 복종의 뜻을 표했다.

그러나 아이밀리아누스도 석 달밖에 황제 소리를 듣지 못했다. 갈루스의 충실한 부하였던 발레리아누스의 부대가 로마로 진군하자 역시 전투를 벌이기 전에 부하들의 손에 목숨을 잃었다.

◇ 로마 역사상 최초로 이민족의 포로가 되어 비참하게 죽은 황제 발레리아누스

253년 발레리아누스(Publius Licinius Valerianus, ?~260년?/재위 253~260년?)는 신속하게 황제로 승인되었고, 거의 동시에 장남 갈리에누스(Publius Licinius Egnatius Gallienus, 218~268년/재위 253~268년)도 공동 통치자로 승인되었다.

발레리아누스는 당시 예순 줄에 접어든 고령이었다. 그럼에도 로마의 오래된 가문 중에서도 명문가 출신으로 집정관 경험도 있었기에 원로원이 보기에 그야말로 황제로 적합한 인물이라 군소리 없이 황제로 승인했다.

아들을 공동 황제로 내세운 발레리아누스는 자신은 제국의 동부를 담당하고, 아들에게는 서부를 맡기는 형태로 공동 통치 체제를 출범했다. 이렇게 광대한 로마 제국을 동과 서 둘로 나누어 두 사람이 통치하는 방식은 이때부터 당연한 관례로 여겨지게 되었다.

발레리아누스가 담당한 동부에서는 사산조 페르시아의 압력을 받은 파르티아가 늘 불온한 움직임을 보였다. 페르시아와 파르티아 등 동방의 이민족은 기병 전술이 로마군보다 뛰어났다. 그중에서도 달리는 말에 올라탄 채 뒤로 돌아 활을 쏘는 기술은 '파르티안 샷(parthian shot)'이라는 이름까지 붙었는데, 로마군은 이 궁기병들을 몹시 두려워했다. 일반적으로 쫓는 자와 쫓기는 자가 있으면 압도적으로 쫓는 쪽이 유리한데, 이 기술을 쓰면 쫓는 쪽이 정면으로 화살 세례를 받게 된다. 자신을 향해 날아오는 화살을 향해 뛰어드는 형국이라 어지간한 배짱으로는 쫓을 엄두가 나지 않고 화살을 피할 수도 없다.

이렇게 싸우기 버거운 페르시아군을 상대로 전투가 장기화 국면에 접어들며 병영의 위생 상태가 악화했다. 게다가 엎친 데 덮친 격으로 감염병까지 창궐해 병사들이 줄줄이 목숨을 잃으며 병력 손실이 발생하는 악순환이 이어졌다.

게다가 전력이 바닥을 보이는 상황에서 발레리아누스가 적의 함정에 빠져 포로가 되고 말았다. 꾸며낸 이야기인지 역사적 사실인지 알 수 없으나 페르시아군은 발레리아누스를 개처럼 네발로 엎드리게 하고 인간 발판으로 삼아 그의 등을 밟고 말에 탔다고 한다. 발레리아누스가 사망하자 그의 가죽을 벗겨 붉게 물들인 다음 페르시아 신전에 장식해두었다고 한다.

발레리아누스가 그의 적에게 잡혀 온갖 수모와 굴욕을 겪고 사망하는 사건으로 황제로서의 명예가 로마 국내에서 실추되었을 뿐 아니라 주변국에서도 로마의 위신이 바닥에 떨어졌다. 이제 갈리에누스는 원래 자신이 담당하기로 했던 서부뿐 아니라 제국 전체를 짊어지고 홀로 역경을 극복해야 했다.

후세의 전승에 따르면 '젊은 나이에 황제가 된 갈리에누스는 실무에 힘썼고 임무를 멋지게 완수했으나', 이후 '향락에 심취하고 게르만족의 딸에게 푹 빠져 한심한 망나니가 되고 말았다'고 한다.

향락에 빠져 주색을 즐기기 전, 갈리에누스는 몇 가지 과감한 결단을 내리기는 했다. 먼저, 군사 개혁으로 기동력이 뛰어난 제국 직속 기마 군단을 창설했다. 로마인의 뿌리는 농경민족이지 유목민족이 아니었다. 그래서 기마 분야에서는 페르시아나 스키타이보다 약해 전쟁터에서 로마군의 발목을 잡는 문제가 되곤 했다. 갈리에누스는 기마 군단을 창설해 로마군이 기동력을 갖출 수 있게 했다.

또한 병사를 엄격하게 통제해 규율 위반에 대해서는 관용을 베풀지 않고 처벌했으나 동시에 병사들이 충성심을 잃지 않도록 이런저런 복지 혜택을 제공하고 배려를 잊지 않는 당근과 채찍 정책을 그때그때 적절히 활용했다. 그리고 국내 안정을 도모하기 위해 아버지 발레리아누스가 내린 기독교 금지령을 폐지했고, 그 후 40년 동안 이어진 종교의 자유를 로마에 선사했다.

물론 갈리에누스의 악행을 전하는 전기가 한둘이 아니다. 그에게 매겨진 박한 점수를 재평가할 필요가 있다. 전쟁에 치이면서도 수많은 개혁을 단행한 그는 황제로서 지금보다 더 높은 점수를 받아 마땅한 인물이다. 실제로 갈리에누스는 군인황제 시대치고는 매우 긴 15년 동안 황제 자리에 앉아 로마를 다스렸다. 폭군을 그냥 두고 볼 군부가 아니다. 정말로 악행을 일삼은 폭군에데사 전투에서 샤푸르 1세에게 생포된 발레리아누스.
로마 제국이 사산조 페르시아와의 전쟁에 패하고 황제는 포로 신세가 되었다.
말 위의 샤푸르 1세(오른쪽)와 목숨을 구걸하는 발레리아누스 황제(왼쪽)가
묘사되어 있는 바위 부조. 이란 남부 페르세폴리스 주변 나크시에로스탐 유적지.

이었다면 진즉에 군이 손을 써서 숙청하지 않았을까.

여기까지 원로원의 승인을 받은 정식 황제를 대략 살펴봤는데, 그들의 그림자에는 끊임없이 황제 자리를 노린 수많은 참칭제가 있었다. 갈리에누스가 단독 통치를 시작한 260년부터 262년까지 2년 사이에 적어도 7명의 참칭제를 각지의 군이 옹립하려 했다. 즉 갈리에누스는 정식 황제로 승인받았으나 로마 국내에는 다른 인물을 황제(참칭제)로 섬기는 군단이 여럿 포진했고, 로마군은 반석처럼 단단한 상태가 아니었다.

그러한 격동의 시대에 위정자로 살아남으려면 각오를 다지고 지혜를 짜내 과감하게 행동하는 수밖에 없다. 더욱이 아비의 불명예스러운 죽음으로 황제의 권위는 바닥에 떨어졌다. 그렇게 생각하면 갈리에누스는 역시 '현제'로 재평가가 시급한 인물이다.

◇ 로마 제국의 판도 안에 '삼국시대(로마 제국·팔미라 왕국·갈리아 제국)'가 형성된 적이 있다고?

한 치 앞을 알 수 없을 정도로 암울하던 갈리에누스 시대에도 약간의 행운이 따랐다. 로마 동쪽에 자리 잡은 동맹국 팔미라 군대가 로마를 괴롭히던 사산조 페르시아를 격퇴하는 데 성공한 것이다.

눈엣가시가 저절로 빠져나가 춤이라도 추고 싶을 정도로 기뻤던 갈리에누스는 이 공을 치하하기 위해 팔미라의 오데나투스왕에게 '동방의 통치자'라는 칭호를 하사했다.

오데나투스는 그 후로도 페르시아의 공세를 굳건히 버텨냈고, 페르시아의 거점 중 하나인 크테시폰까지 쳐들어가 함락시켰다. 또 소아시아에서는 고트족을 물리쳐 그야말로 '동방의 통치자'라는 이름에 걸맞은 실력을 보여주었는데, 불운하게도 내분으로 목숨을 잃고 말았다.

오데나투스 시대까지는 팔미라의 활약을 순수하게 기뻐하던 로마였으나, 그가 세상을 떠난 후 왕비 제노비아가 왕위를 계승하며 서서히 불운의 기운이 감돌기 시작했다.

기록에 따르면 제노비아는 '얼굴은 볕에 타서 까무잡잡했으나 믿을 수 없을 정도로 아름다운 미모의 소유자'였다. 그러나 인형처럼 아름답기만 한 왕비가 아니었다. 그녀는 현명하고 강인하고 용감한 여성이었다.

제노비아는 로마의 혼란을 틈타 페르시아의 침공에서 로마를 지키는 방파제 역할을 한다는 명목으로 로마 동부의 속주와 황제 직할령이었던 아이깁투스(이집트)까지 팔미라의 '영토'로 만들었다. 발등에 떨어진 불이 한둘이 아니었던 로마는 제노비아가 이끄는 팔미라 왕국이 주변국을 차례차례 집어삼키는 모습을 그저 이를 갈며 조용히 지켜볼 수밖에 없었다.

이 무렵 갈리에누스는 제국 북서부에서 탄생한 갈리아 제국 문제로 골머리를 앓고 있었다. 원래 갈리에누스는 갈리아 지방을 라인 방면 부대를 지휘한 게르마니아 총독 포스투무스에게 맡겼다. 259년 포스투무스는 기대에 부응해 프랑크족 일당을 격퇴하고 서방을 위기에서 구했다. 그러자 승리에 취한 병사들이 황제의 아들 살로니누스를 살해하고, 포스투무스를 새로운 황제로 추대했다.

갈리에누스는 황급히 갈리아로 진군해 포스투무스의 부대를 공격했으나 실패했다. 게다가 이 전투에서 등에 화살을 맞고 후퇴할 수밖에 없었다. 다행히 포스투무스는 갈리에누스의 뒤를 추격하지 않았다.

포스투무스는 로마 황제 자리를 바라지 않았다. 그는 아우구스타 트레베로룸(현재의 독일 트리어)을 수도로 삼아 독자적인 국가인 '갈리아 제국'을 세우고 황제로 군림하는 길을 택했다.

그는 제국 내에 원로원을 만들고 매년 집정관도 선출했으며 독자적인 화폐도 발행했다. 쉽게 말해 포스투무스는 로마 제국에서 독립해 딴살림을 차리는 길을 택했다.

그 후 갈리아 제국에는 이스파니아와 브리타니아 등 로마의 속주가 가담했고 갈리에누스가 몇 차례나 공격을 시도했지만 성공하지 못했다. 갈리아 제국은 274년 아우렐리아누스에게 해체·병합될 때까지 독립을 유지했다.

동쪽으로는 팔미라 왕국, 서쪽으로는 갈리아 제국, 국내에서는 참칭제가 난립한 격랑의 시대에 15년 동안 정권을 유지할 수 있었던 갈리에누스는 역시 소문처럼 폭군이 아니었을 가능성이 크다.

그래도 어디선가 원한을 단단히 샀던 모양이다. 268년, 갈리에누스는 측근의 음모로 암살당했다. 갈리에누스의 뒤를 이어 갈리에누스 부대의 장군 중 한 사람이었던 클라우디우스 고티쿠스(Claudius Gothicus, 클라우디우스 2세, 213~270년/재위 268~270년)가 황제로 즉위했다.

갈리에누스가 살해당했을 때 클라우디우스 2세는 30킬로미터 떨어진 티키눔(현재 이탈리아의 파비아)에 있었기에 직접 음모에 가담하지는 않았다. 그러나 범인 색출에 전혀 열의를 보이지 않았던 것으로 보아 실제로는 그가 배후에서 암살을 사주한 범인이었을 수도 있다.

클라우디우스 2세는 군대가 추대하고 원로원이 승인하는 형식으로 즉위했는데, 원로원과 민중 모두 그의 즉위를 반겼다고 전해진다.

클라우디우스 2세는 다시 국경선을 침범하며 분쟁을 일으킨 고트족을 격퇴해 후세 역사가들에게 영웅적 인물로 묘사될 때가 많다. 그러나 실제로는 고트족과의 전투에서 대승이라고 부를 만한 승리를 거두지 못했다. 대승이었는지 가까스로 이긴 것이었는지는 알 수 없으나, 어쨌든 그는 원정지에서 역병에 걸려 눈을 감았다. 270년 여름, 2년의 짧은 황제 생활을 마감했다.

클라우디우스 2세의 뒤를 이어 그의 동생인 퀸틸루스(Quintillus, ?~270년/재위 270년)가 황제가 되었다. 원로원은 떨떠름하게 새 황제를 승인했으나 클라우디우스 2세의 동생이라는 이유만으로 황제가 되었을 뿐 아무 전공도 세우지 못했기에 군부는 그를 지지하지 않았다.

마침 그 무렵, 군은 도나우강 연안의 국경선 부근에 있던 루키우스 도미티우스 아우렐리아누스(Lucius Domitius Aurelianus,

214~275년/재위 270~275년)를 새 황제로 추대했다. 아우렐리아누스는 갈리에누스가 가장 신임한 장군 중 하나였고 강력한 기마병을 이끈 사령관이었기에 클라우디우스 2세의 후계자 자격이 충분한 인물이었다. 실제로 병사들은 모두 아우렐리아누스를 지지했다.

퀸틸루스는 자신의 것이 되리라 생각했던 도나우 부대가 아우렐리아누스에게 가담했다는 소식을 듣자 자신의 운명을 직감하고 스스로 목숨을 끊었다. 채 두 달도 채우지 못한 짧은 재위였다.

◇ 팔미라 왕국·갈리아 제국을 격파하고 잃어버린 영토를 회복한 황제 아우렐리아누스

새 황제 루키우스 도미티우스 아우렐리아누스는 발칸반도의 모이시아 지방의 가난한 농가에서 태어나 일개 병졸에서 사령관까지 진급하며 자력으로 출세의 사다리를 오른 군인이었다. 그러나 그는 발칸반도의 빈농 출신이었던 막시미누스처럼 거친 야만인은 아니었다. 교양과 식견을 갖추고 정치 수완도 탁월했으며 몸과 마음이 모두 강인한 인물이었다. 아우렐리아누스의 현명함은 그의 전투 방식에 잘 드러났다.

그의 시대에도 로마는 여전히 참칭제가 난립해 각지에서 봉기했고, 이민족의 침입, 동쪽 방면의 전투 상황 등 문제가 끊이지 않았다. 끝없이 이어지는 문제를 하나하나 싸워서 해결하다가는

팔미라 왕국과 갈리아 제국(최대 판도)

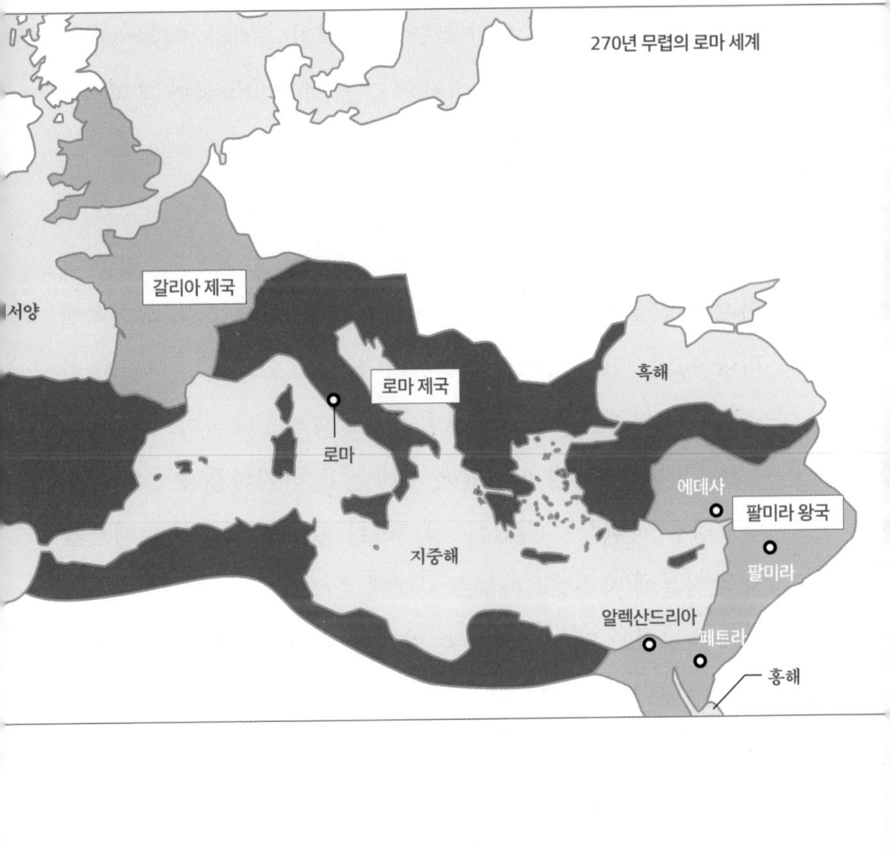

로마가 피폐해질 뿐이라고 판단한 아우렐리아누스는 최대한 전투를 피하고 권위를 보여주어 갈등을 잠재우는 방식으로 문제를 원만하게 처리했다.

게르만족이 쳐들어왔을 때 현지까지 부대를 이끌고 출정했으나 전투를 벌이지 않았다. 그는 강력한 군단을 도열시켜 적에게 무력 시위하듯 보여주기만 하고 적이 먼저 공격하지 않는 한 움직이지 않았다. 그리고 상대편이 겁을 먹고 퇴각하면 추격하지 않았다.

물론 위협에 굴하지 않고 상대방이 쳐들어올 때도 있었는데, 그때는 철저하게 응징했으나 역시 추격하지는 않았다. 너무 보여주기식 정치가 아니냐고 비판할 수도 있겠다. 그러나 아우렐리아누스는 이 전법으로 자신들의 전력 소모와 전비 부담을 최소한으로 줄이면서 게르만족 침공을 효과적으로 막아냈다.

또 그는 도나우강 바깥쪽에 자리 잡은 다키아를 포기하고 도나우강을 국경으로 삼았다. 강이라는 천연 요새를 국경선으로 삼은 덕분에 아우렐리아누스 시대에 로마는 국방비를 줄이고 국력을 소모하지 않고 축적할 수 있었다. 그러나 그는 그저 근검절약에 힘쓰기만 한 구두쇠 지도자는 아니었다. 필요하다고 판단한 일에는 아낌없이 국비를 지출했다. 그가 돈을 아끼지 않은 대상이 '아우렐리아누스 성벽'이라는 이름으로 알려진 로마를 에워싼 방벽이다.

로마라는 도시는 로마가 제국으로 성장한 이후 거듭된 이민족의 침공 등으로 심각한 피해를 입은 상태였다. 로마에는 기원전

6세기에 지어졌다는 '세르비아누스 성벽'이 있을 뿐 대제국의 수도다운 모습은 아니었다. 그나마 있는 성벽도 워낙 허술해 방벽이라고 하기 민망한 수준이었다.

그런 로마의 상황에 위기감을 느끼는 사건이 발생했다. 아우렐리아누스가 즉위하고 2년째 되던 해인 271년, 게르만계 마르코만니족이 중앙 이탈리아로 진격했다. 다행히 로마까지 침공하지는 않았으나 로마에 튼튼한 성벽을 세울 필요성을 통감한 아우렐리아누스는 곧장 성벽 건설에 착수했다.

아우렐리아누스의 방벽은 벽돌과 로마식 콘크리트를 사용해 높이 6.4미터, 두께 4미터, 총 길이 20킬로미터에 이르는 웅장한 구조물이다. 아우렐리아누스 생전에 완공을 보지 못했고 프로부스 시대에 완성했다.

다양한 업적을 남긴 아우렐리아누스의 최대 업적은 누가 뭐래도 팔미라 왕국과 갈리아 제국을 격파하고 잃어버린 영토를 회복한 사건이 아닐까.

갈리에누스 시대부터 로마가 팔미라 왕국의 확장을 묵인하자 팔미라 왕국의 제노비아 여왕은 이집트와 소아시아로 야금야금 세력권을 확장해 나갔다. 이대로 두었다가는 어디까지 집어삼킬지 알 수 없을 정도로 대담한 확장 정책이었다. 아우렐리아누스는 272년 몸소 군대를 이끌고 도나우강을 건너 팔미라 왕국을 제압하고 항복을 받아냈다.

절세 미녀라는 평판이 자자한 제노비아 여왕은 생포되어 포로 신분으로 로마로 연행되어 개선식에서 대중에게 볼거리로 제공되었다. 참고로 초대 황제 아우구스투스가 아직 옥타비아누스로 불리던 시절, 안토니우스가 악티움 해전에서 패했다는 소식을 들은 이집트의 클레오파트라 여왕은 옥타비아누스의 수중에 떨어져 굴욕을 겪기 전에 자결했다. 당시 클레오파트라가 두려워했던 것은 옥타비아누스라는 사람이 아니라 패전국 여왕으로 로마로 끌려가 개선식에서 '구경거리'가 되는 상황이었다. 이는 여왕으로서 견딜 수 없는 치욕이었기 때문이다.

제노비아 여왕은 자주 클레오파트라와 비교되곤 한다. 제노비아 여왕도 클레오파트라처럼 남자의 마음을 쥐락펴락하는 미모에 몇 개 국어를 구사하는 어학 능력, 승마와 사냥 실력까지 뛰어났기 때문이다. 하지만 그녀는 클레오파트라만큼 자존심이 강하고 독한 성격이 아니었는지 개선식에서 구경거리가 되어 로마 시내를 행진한 후에도 황제가 제공한 별장에서 조용히 여생을 보냈다고 전해진다.

아우렐리아누스는 팔미라 왕국을 멸망시킨 이듬해, 이번에는 서쪽의 갈리아 제국을 토벌하기 위해 다시 군대를 이끌고 출정했다. 274년 로마군은 압도적인 승리로 갈리아 제국을 정복하고 갈리아 황제 테트리쿠스를 로마로 연행했다. 물론 그 역시 개선식에서 조리돌림을 당했다.

그러나 세계의 부흥자로 칭송받던 아우렐리아누스도 275년, 새로 원정길에 올라 비잔티온(비잔티움)에서 보스포루스 해협을 건너려다 측근의 손에 죽임을 당했다. 왜 그를 죽여야 했는지, 안타깝게도 살해 동기는 불분명하다. 개인적 원한이 있기 때문이라거나 위법 행위에 엄벌주의로 일관한 황제에 대한 반감이 컸기 때문이라는 둥 다양한 설이 있는데 진짜 이유는 여전히 역사의 어둠 속에 묻혀 있다.

아우렐리아누스는 5년이라는 그리 길지 않은 기간 동안 로마를 다스렸으나 팔미라 왕국과 갈리아 제국을 정복하고 10년 만에 제국을 재통일한 '세계의 부흥자'라는 칭호에 걸맞은 행보를 보인 황제였다.

◇ 로마 제국의 고질병이 되어 50년간 이어진 '황제 암살 사건'

아우렐리아누스의 후계자로는 고령의 원로원 의원 마르쿠스 클라우디우스 타키투스(Marcus Claudius Tacitus Augustus, 200~276년/재위 275~276년)가 선정되었다. 온화하고 진중한 인물이었으나 그도 전임자의 전철에서 벗어나지 못하고 2년 반이라는 짧은 재위 기간을 거쳐 살해당했다.

이어서 근위대장 플로리아누스(Marcus Annius Florianus Augustus, ?~276년/재위 276년)가 황제 자리에 올랐다. 그는 더 짧은 석 달 동안 황제 자리에 머물렀다가 죽임을 당했다.

플로리아누스 후임으로 아우렐리아누스의 성벽을 완성한 마르쿠스 아우렐리우스 프로부스 아우구스투스(Marcus Aurelius Probus Augustus, 232~282년/재위 276~282년)가 황제로 등극했다.

사실 프로부스는 플로리아누스가 황제로 승인되었을 때 이미 군부가 황제로 추대한 상태였으나 당시에는 원로원의 승인을 얻지 못했다. 그러다 플로리아누스가 암살당하며 원로원의 승인을 얻어 정식 황제가 되었다.

그는 공명정대하고 열정이 넘치는 황제였다. 여전히 계속된 이민족의 침입과 참칭제의 난립에 대응했으나 황제 자리에 오르고 6년째 되던 282년 근위대장의 배신으로 암살당하고 말았다.

이 시대에는 거의 모든 황제가 암살이나 자살로 황제 자리에서 내려왔다. 천수를 누린 황제는 거의 없으나 그들을 딱하게 여길 필요는 없다. 그들은 이렇게나마 후세에 이름을 남겼다. 이름 없이 사라져간 수많은 참칭제와 비교하면 그나마 나은 인생이 아닐까.

당시 황제 암살은 현대인의 '성인병'처럼 로마인의 고질병으로 여겨졌다. 사람들의 감각이 마비되었을 수도 있고, 다시 보니 용케도 황제가 되었구나 싶은 인물이 황제가 되었다고 느끼며 혀를 끌끌 찼을 수도 있다. 어느 황제나 비참한 최후를 맞이했다. 그런데도 참칭제가 끊이지 않고 난립한 건 역시 자신만은 다르다고 믿었던 이들이 당시에도 존재했기 때문이리라.

다음 황제 자리는 프로부스를 죽인 카루스(Marcus Aurelius Carus Augustus, 230~283년 /재위 282~283년)가 차지했다. 카루스는 프로부스가 시작한 페르시아와 전쟁을 계승해 나름대로 성과를 올렸으나 283년에 막사 안에서 숨진 채 발견되었다. 낙뢰를 맞아 숨졌다는 주장이 제기되었으나 확실한 증거는 없어 암살 가능성도 부인할 수 없다. 사고사인지 암살로 죽은 것인지 확인할 길이 없어 그의 죽음은 의문사로 남았다.

카루스는 원정에 나서며 자신의 두 아들을 후계자로 지명했기에 장남인 카리누스(Marcus Aurelius Carinus Augustus, 250?~285년/재위 283~285년)와 차남인 누메리아누스(Marcus Aurelius Numerius Numerianus Augustus, 253~284년/재위 283~284년)가 그의 뒤를 이어 제위에 올랐다.

카루스의 죽음으로 원정군의 지휘권은 원정에 참여한 누메리아누스의 손으로 넘어갔다. 그는 '눈병에 시달린 시인 같은 인물'로 묘사되었는데, 안과 질환을 달고 살았던 모양이다. 지병이 원인이었는지는 알 수 없으나 누메리아누스는 원정을 중지하고 철수를 결정했다.

그런데 철수 도중에 누메리아누스의 주검이 발견되었다. 아마 누군가에게 암살당했을 텐데 사건의 진상은 밝혀지지 않았다. 다만 이 두 건의 의문사 배후에 황제 호위를 맡은 디오클레티아누스(Gaius Aurelius Valerius Diocletianus, 244~311년경/재위 284~305년)가 있었다는 설이 있다. 증거는 없으나 상당히 신빙성 있는 주장으로 볼 수 있다.

홀로 남은 장남 카리누스가 어떤 황제였는지를 알 수 있는 신뢰할 만한 사료는 남아 있지 않다. 『로마 황제 열전』에서는 "카리누스 황제의 상식을 벗어난 행보를 말하려면 얼마든지 이야기할 수 있으나 이야기하자면 끝이 없다"고 악평했는데, 이 구절의 정보원이 카리누스를 처치한 디오클레티아누스라는 사실을 고려하면 어디까지 믿어도 좋을지 의문이 남는다.

황제를 암살한 범인이 누구였든 285년 여름이 끝나갈 무렵, 디오클레티아누스의 부대와 카리누스의 부대는 베오그라드 근교에서 맞붙었다. 카리누스 부대가 수적으로 앞섰기에 초반에는 누구나 카리누스의 우세를 점쳤다. 그런데 이 시대 성인이라면 피해갈 수 없는 불치병인 '황제 암살병'에 걸린 측근 중 하나가 그만 카리누스를 찔러 죽였고 승리는 디오클레티아누스에게 돌아갔다.

아버지 카루스, 차남 누메리아누스 그리고 장남 카리누스, 이렇게 세 황제는 정식으로 승인받은 황제였으나 그들의 통치 기간은 세 명을 모두 합쳐도 3년밖에 되지 않는다. 아버지 카루스와 변사체로 발견된 차남 누메리아누스의 시신에서는 증거는 없으나 디오클레티아누스의 냄새가 났다. 승리가 코앞에 닥친 카리누스의 부자연스러운 죽음도 어쩌면 뒤에서 디오클레티아누스가 암살범을 꼭두각시 삼아 실을 당겨 조종한 것일 수도 있다. 물론 아무런 증거가 없기에 개인적 억측이지만 아무래도 "아니 땐 굴뚝에 연기 날까"라는 속담이 머릿속을 떠나지 않는다.

◇ '3세기의 위기'를 초래한 군인황제 시대에 마침표를 찍고 개혁을 완성한 황제 디오클레티아누스의 등장

3세기의 위기라 일컬어지는 군인황제 시대에 마침표를 찍고,

로마를 안정의 길로 이끈 군인황제 시대의 대미를 장식한 인물은 가이우스 아우렐리우스 발레리우스 디오클레티아누스였다.

그러나 디오클레티아누스는 253년 황제 자리에 오른 발레리아누스 덕분에 수많은 업적을 세울 수 있었다고 주장하는 연구자도 있다. 일본 와세다대학교 이노우에 후미노리(井上文則) 교수는 『군인황제 시대의 로마』(講談社, 2015)라는 책에서 발레리아누스야말로 이후 로마에서 이어진 개혁의 선구자라는 참신한 주장을 내놓았다.

반세기에 걸친 로마의 위기를 수습한 디오클레티아누스는 사두정치 체제 등 기존에 없던 대개혁을 감행했는데, 개혁의 진정한 선구자는 발레리아누스였다는 주장이다. 발레리아누스는 통치 초기에 자신은 제국의 동방 절반을 담당하고 아들인 갈리에누스에게 제국의 서쪽 절반을 맡기는 공동 통치 체제를 단행했다.

이 개혁 자체는 발레리아누스가 페르시아의 포로가 되어 사망하며 단기간에 끝났으나, 그의 아들 갈리에누스가 황제 직속 중앙 기동군(기마부대)을 창설하는 군제 개혁을 단행했다고 앞에서 설명했다.

발레리아누스는 국력을 기르는 개혁을 차례차례 단행하고 수도 방위를 위해 거대한 성벽을 축조하는 등 기존에 로마에 없던 수많은 것들을 창조했다. 즉 디오클레티아누스의 개혁은 이러한 일련의 '개혁의 흐름'이 집대성되며 이루어진 대개혁의 결과라고 볼 수 있다는 주장이다. 그러한 시각에서 다시금 군인황제 시대를 살펴보면 로마라는 국가를 재건해야 한다는 강력한 의지를 바탕으로 개혁에 시동을 건 황제는 발레리아누스였음을 알 수 있다.

그렇다면 왜 하필 이 시기에 개혁의 동기가 탄생했을까? 로마 제국의 지배층 변화라는 시대적 배경에 초점을 맞추어 고찰해보자. 먼저 '카이사르·아우구스투스 시대'다. 이 시대 로마의 지배층은 예전부터 이어진 원로원 귀족에서 이탈리아의 신흥귀족들로 대체되었다. 이 신흥귀족이 카이사르와 아우구스투스의 권력을 뒷받침한 버팀목이 되면서 공화정에서 제정으로 이행할 수 있었다.

두 번째 변화는 바로 '군인황제 시대'다. 이번 장 첫머리에서 말했듯, 이 시대 황제 중 열에 아홉은 발칸반도 출신이었다. 이는 그들을 황제로 추대한 군인 대부분이 발칸반도 출신임을 의미했다.

군인황제 시대 전반은 원로원의 구미에 맞는 황제가 주로 등장했다. 그리고 그 후반은 원로원이 황제를 결정할 힘을 상실하고 승진 사다리를 오른 군인이 부하들의 추대로 간부에서 황제에 오르는 형식이 정착되었다. 그리고 전반과 후반을 나누는 분기점이 발레리아누스·갈리에누스 부자의 시대였다. 이 시대 이후, 로마 제국의 지배층은 문인파 원로원 귀족에서 우수한 군인이면 충분하다는 군부의 시각이 반영된 무인 계층으로 바뀌었다.

참고로 세 번째 변화는 앞으로 살펴볼 로마 제국 말기에 모습을 드러낼 예정이다. 자세한 내용은 나중에 다시 설명하겠지만,

다음 변화는 게르만족이 로마의 지배층으로 편입되며 발생했다.

군인황제 시대는 등장인물이 많은 데다 정신없이 교체되다 보니 각 인물의 이야기만 쫓다보면 전체적인 흐름이나 큰 틀을 간과하게 되는 경향이 있다.

이 50년에 걸친 혼란의 시대에 무엇이 생겨나고 무엇이 사라졌을까? 그 변화가 훗날 로마 제국의 운명에 어떤 영향을 미쳤을까? 그러한 관점에서 군인황제 시대를 다시금 고찰해보자.

⑪

The Monotheistic World Empire

유일신교 세계 제국

유일신교 기독교는 로마 제국에 어떤 '돌이킬 수 없는 변화'를 불러일으켰나?

◇ 위대한 개혁 군주 디오클레티아누스가 '범죄의 창조자'로 폄하된 이유는 '기독교 박해' 때문이었다?

반세기에 걸친 군인황제 시대 최후의 황제는 디오클레티아누스였다. 혼란한 시대에 마침표를 찍고 로마 제국에 안정과 질서를 가져온 황제였으나 어째서였는지 그는 후세 역사가들에게 후한 점수를 받지 못했다.

디오클레티아누스 황제는 범죄의 창조자이며 사악한 고안자다. 그의 시대에 모든 것이 파국을 맞이했고 그 더러운 손을 신에게서 숨기지도 못했다. 탐욕과 불안으로 점철된 그의 시대는 전 세계를 혼란에 빠뜨렸다.

— 락탄티우스, 『박해자들의 죽음』(De Mortibus Persecutorum)

디오클레티아누스는 확실히 깨끗한 방법으로 황제 자리에 오르지 않았다. 명확한 증거는 없어도 카루스·누메리아누스·카리누스라는 전임 황제의 죽음은 모두 그가 배후에서 조종했다는 음모론이 밑도 끝도 없는 소문이라고만 치부할 수 없을 정도로 수상한 냄새를 솔솔 피웠다. 그런 의미에서 그는 수단과 방법을 가리지 않고 황제 자리를 차지한 야심가였다.

그러나 선대 황제의 죽음에 새 황제가 관여하는 사건은 군인 황제 시대에는 흔히 볼 수 있는 이야기다. 이를 두고 '범죄의 창시자'라는 수식어를 붙인다면 어느 정도 개인적 편견과 과장이 작용했다고 볼 수 있지 않을까.

디오클레티아누스가 혹평을 받는 가장 큰 이유는 그가 기독교를 박해했기 때문이다. 『박해자들의 죽음』의 저자 락탄티우스는 기독교 논객으로 알려진 인물이다. 락탄티우스는 기독교를 공인한 콘스탄티누스 황제의 조언자이기도 해서 기독교를 박해한 디오클레티아누스를 곱게 볼 리 만무했다.

황제가 되고 나서 디오클레티아누스는 적어도 로마 제국에서는 갖가지 개혁을 단행하고 로마에 안정과 질서를 회복한 위대한 황제였다. 284년 디오클레티아누스는 마흔한 살에 황제 자리에 올라 예순한 살에 은퇴할 때까지 20년 동안 수많은 개혁을 단행했다.

그의 수많은 개혁 중에서 특히 제국의 분할 통치 정책에 주목해보자. 카리누스를 처치하고 제국의 유일한 지배자가 된 디오클레티아누스는 주위의 우려를 불식하려는 듯 매우 관대한 자세로 통치 체제를 출범시켰다. 카리누스를 지지하던 실력자들에게 거의 보복하지 않았고 그들을 새로운 국가 요직에 발탁했다. 적을 포용하고 관용을 베푸는 모습은 과거 황제들이 보여준 '클레멘티아'를 떠올리게 했다.

또 그는 광활한 로마 제국을 한 명의 황제가 다스리는 체제는 한계에 이르렀다고 판단했다. 그는 285년에 옛 전우인 막시미아누스(250년경~310년/재위 286~305년)를 공동 황제(부제)로 맞아들이고 자신은 동쪽 절반을, 막시미아누스는 서쪽 절반을 각각 다스리는 분할 통치 체제를 시작했다.

막시미아누스는 디오클레티아누스보다 다섯 살 아래로, 역시 승진 사다리를 차근차근 오른 군인이었다. 군인으로서도 유능해 디오클레티아누스의 경쟁자가 될 수 있는 실력의 소유자였으나 충실한 협력자로 디오클레티아누스와 신뢰 관계를 구축했다.

디오클레티아누스는 286년 막시미아누스에게 자신과 같은 '아우구스투스(정제)' 칭호를 주고, 293년에는 갈레리우스(260~311년/재위 305~311년)와 콘스탄티우스 클로루스(250~306년/재위 305~306년) 두 사람을 각각 동과 서의 '카이사르(부제)'로 삼아 동서를 넷으로 나누어 황제가 다스리는 사두정치 체제

디오클레티아누스 황제 시대의 사두정치

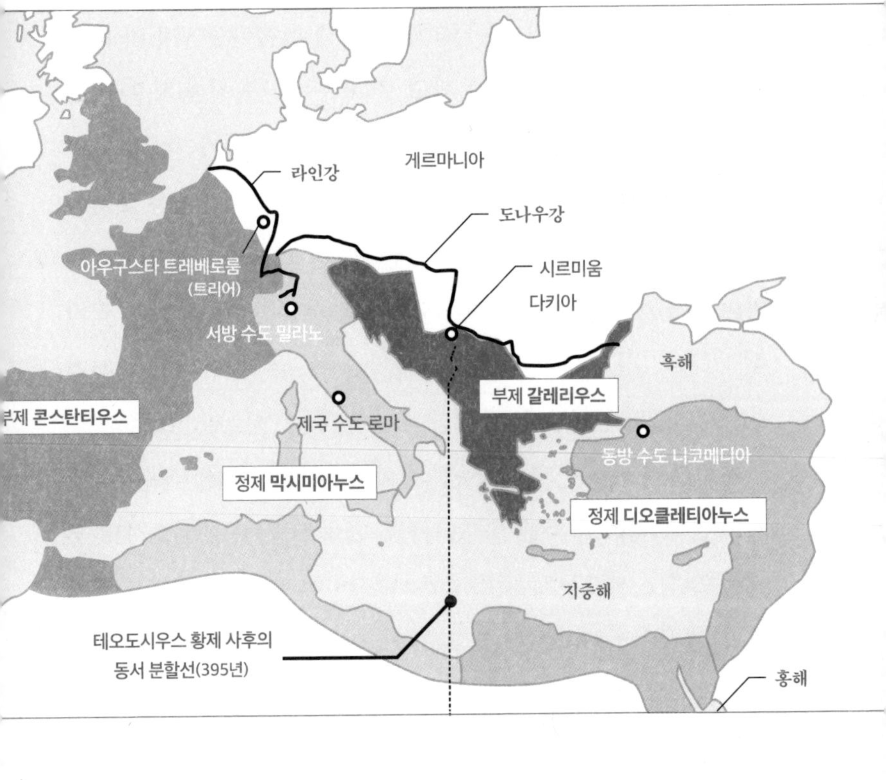

(테트라키아, Tetrarchia)를 완성했다.

이 공동 통치 체제로 정세가 안정되었고 국경을 효율적으로 방위할 수 있게 되었다. 그 밖에도 사두정치 체제는 후계자가 누구인지 확실히 밝혀둔다는 의미도 있었다. 디오클레티아누스에게는 뒤를 이을 아들이 없었기에 동서 정제는 이 정치 체제의 도입으로 각각의 부제를 양자로 삼았다. 즉 정제가 은퇴하거나 사망하면 부제가 바로 정제가 되고, 새로운 후계자로 부제를 임명하는 체제였다.

동서를 분할 통치한다고 해도 네 황제의 꼭대기에는 디오클레티아누스가 군림했다. 나머지 세 황제는 어디까지나 디오클레티아누스의 지시에 따라 제국을 다스렸다. 어느 역사가는 이 체제에 대해 "그들은 황제를 마치 아버지나 최고 신을 대하듯 우러러보았다"고 표현했다.

디오클레티아누스는 사두정치 체제에 맞추어 제국의 행정도 개혁했다. 먼저 속주를 세분화하고 제국 전체를 12개 관구로 재편했으며, 그에 맞추어 관료제도 재정비했는데, 이 시대에 문관과 무관을 분리했다.

로마 정치가는 군인인 동시에 행정관이라는 원칙이 있었다. 그래서 지금은 원로원 의원으로 있으면서 현역 정치인으로 활동하는 사람이라도 과거 젊은 시절에는 군인으로 경력을 쌓는 게 당연했다.

그러나 군인황제 시대의 혼란을 겪으며 디오클레티아누스는 군인과 행정을 각각 전문가가 맡아 효율화하도록 명령했다. 즉

문관과 무관의 분리로 무관이 속주와 관할 구역 등 행정 구역에 얽매이지 않고 신속하게 군사 행정을 처리할 수 있도록 체제를 개편했다.

제국을 분할 통치함으로써 병력이 곱절로 늘고, 그에 따라 군사력도 강화되었다. 그러자 당연히 재정 부담도 무거워졌다. 디오클레티아누스는 그 대책으로 '세제 개혁'을 단행했다.

디오클레티아누스는 '카피타티오 유가티오(capitatio iugatio) 제도'를 채택했다. 그때까지 각각 징수하던 인두세(카피타티오)와 토지세(유가티오)를 조합해 수확과 생산성을 바탕으로 합리적 징세를 추구했다. 이 세제를 도입하며 297년에는 제국 전역에서 인구 조사와 토지 측량이 이루어졌다.

세제 개혁에 맞춘 인플레이션 대책으로 '최고 가격령'이라는 법령을 반포했다. 군인황제 시대에 로마에는 온갖 혼란이 난무했는데, 그중에서도 지긋지긋한 인플레이션이 민생을 압박했기 때문이다.

인플레이션의 원인은 한두 가지가 아니었지만, 특히 역대 황제들의 거듭된 주화 개혁이 가장 큰 원인으로 지적되었다. 은화를 회수해 은 함량을 줄인 다음 다시 주조해 유통하면 화폐 가치를 떨어뜨리긴 하지만 더 많은 은화를 시중에 공급할 수 있었다. 따라서 황제들은 수시로 은화를 회수해 은 함량을 조정했다. 군대가 강력한 힘을 가진 시대에 황제는 병사들의 봉급 인상 압박에 시달렸고 이러한 방법으로 부족한 재원을 충당했다.

은 함량을 줄이면 은화의 양은 늘릴 수 있지만 은화의 품질이 디오클레티아누스의 사두정치상.
제국을 넷으로 나누어 통치한 네 황제의 '화합'을 상징하는 군상.
제국은 넷으로 나뉘었고, 두 명의 정제와 두 명의 부제가 통치했다.
산마르코 광장(베네치아).

떨어져 화폐 가치가 하락하는 게 당연하다. 은화 개악이 반복되면서 물가는 하늘 높은 줄 모르고 치솟았고 최악의 인플레이션이 발생했다. 디오클레티아누스는 처음에는 통화 개혁을 시도했으나 인플레이션이 멈추지 않자 301년에 각각의 물품과 서비스에 최고 가격(임금을 포함)을 설정하는 칙령을 반포했다. 이것이 '최고 가격령'이다.

법령으로 최고 가격이 정해진 물품과 서비스는 다양했다. 현존하는 사료로 확인할 수 있는 품목만 해도 1,000개가 넘는다. 밀가루·포도주·식용유·벌꿀 등 일용품은 등급마다 상한을 정했다. 석공·제빵사·목동의 임금은 식비를 포함한 일당으로, 그리스어와 라틴어 교사 일당은 학생 1인당 임금을 명기하는 등 세부 사항까지 자세하게 규정했다.

이 법령에는 위반 시 엄격한 벌칙도 마련되어 있었다. 그러나 실제로 벌을 받았다는 흔적은 찾을 수 없어 어디까지 이 법령이 준수되었는지는 안타깝게도 확인할 길이 없다.

현대의 자유주의 경제 관점에서 보면 법령으로 억눌러도 실제 경제를 완벽히 통제할 수 없음을 잘 알고 있다. 그런 의미에서 이 법령은 일종의 사회주의적 관점에서 탄생한 정책으로 볼 수 있다. 황제 권력으로 위에서 아래로 찍어 누르면 된다는 사고방식에서 밀어붙인 정책이었을 수도 있겠지만 실제로는 생각만큼 제 역할을 하지 못했다.

그러나 디오클레티아누스가 산적한 온갖 문제들을 개혁하고자 노력했던 부분만큼은 사실이었음을 알 수 있다.

◇ 디오클레티아누스가 '로마의 옛 신앙'을 되살리기 위해 노력한 이유는 권력과 권위를 황제에게 집중시키기 위해서였다고?

속주 태생인 디오클레티아누스는 로마라는 도시에 애착이 없었는지 평생 로마를 한 번밖에 찾지 않았다. 그런 디오클레티아누스도 사람들을 '로마인'으로 결집할 '공동체 이념'의 필요성을 절감했다. 3세기의 혼란 시기에 로마에 대대적 변화가 나타났기 때문이다.

궁정에도 군대에도 변경 출신자를 어디서나 볼 수 있게 되었고, 그들 대부분은 로마인으로서의 교양도 관습도 익히지 못했다. 속주에서는 예전처럼 로마에 대한 동경심도 사라졌다. 정치의 중심이 디오클레티아누스가 머무는 동방으로 이전하며 사람들의 의식이 로마로 향하지 않게 된 것도 하나의 요인이었다.

앞에서 안토니누스 칙령으로 로마는 '세계 제국을 완성했다'고 설명했는데, 그 결과로 로마인을 하나로 묶어주는 '공동체 이념'이 사라졌다. 강력한 제국을 완성하고자 했던 디오클레티아누스에게는 불리한 상황이었다. 공유하는 이념이 없는 국민은 결집력이 약하고 애국심도 솟아나지 않기 때문이다.

로마인을 다시 하나로 만들기 위해 디오클레티아누스는 로마의 옛 신앙을 되살렸다. 자신을 최고 신 유피테르의 자손으로 설정하고 민중에게 공통된 신앙심을 심어주어 권력과 권위를 황제에게 집중시키려는 의도였다.

디오클레티아누스는 유피테르, 막시미아누스는 헤라클레스의 자손이라고 선언했고, 민중은 로마의 신들에게 의무적으로 예배를 드려야 했다. 신의 자손이 된 디오클레티아누스는 금실로 수놓은 비단 예복을 걸치고 보석으로 장식한 신발을 신고 축제 행사장에 등장했다. 신하에게는 오리엔트식으로 무릎을 꿇고 예배하는 알현 의례를 요구했다.

그때까지 로마 황제는 어디까지나 '프린켑스(시민의 제1인자)'를 표방했다. 명백히 '왕'과는 다른 존재였다. 황제를 뜻하는 '임페라토르'도 어원은 지도권을 가진 위대한 사령관(최고 사령관) 수준으로 절대 권력자는 아니었다. 즉 로마의 황제는 시민 명부에 최초로 등재될 뿐 어디까지나 시민 중 한 사람이라는 게 원칙이었다.

5현제 시대부터 이 원칙에 사실상 변화가 나타났다. 5현제 시대 사료에 황제를 '도미네(Domine)'라고 지칭하는 문구를 찾아볼 수 있다. 도미네의 주격은 '도미누스(Dominus)'로 주인을 의미하는 단어다. 다시 말해 사람들이 황제를 '주인님'이라고 불렀다는 얘기다. 이는 극단적으로 표현하면 그때까지 시민 중 한 사람이었던 황제와 국민의 관계가 주인과 노예의 관계로 변화되었다고 말할 수 있다.

이러한 변화는 황제가 '나를 도미누스라고 불러라'고 명령해서가 아니라 5현제라는 평화의 시대에 민중이 자발적으로 황제의 권위에 복종해 자연 발생한 호칭으로 추정할 수 있다. 그러나 이러한 황제의 권위는 군인황제 시대에 사라졌다. 그런 의미에서 디오클레티아누스는 잃어버린 황제의 권위를 자신을 신의 자손이라 칭함으로써 되찾았다고 볼 수 있다.

일개 호칭의 변화나 종교 수준의 개혁이 아니라 로마라는 제국 전체에 영향을 미친 엄청나게 큰 개혁이었다. 그때까지 로마는 아우구스투스 이후 명목상으로나마 줄곧 '공화정 로마'를 고수해왔다. 그런데 비록 허울만 남았더라도 디오클레티아누스의 개혁으로 어쨌든 공화정이라는 체제를 내려놓았다는 뜻이기 때문이다.

디오클레티아누스는 자신을 '도미누스'라고 부르도록 명령했다. 요컨대 그는 명확한 의지를 지니고 '도미나투스(Dominatus, 전제군주정)' 실현을 추구했다. 하지만 황제 권력 강화와 새로운 애국심 구축을 추구한 이 개혁에 뜻밖의 걸림돌이 나타났다. 후대에 디오클레티아누스의 평점을 크게 떨어뜨린 기독교 박해다. 이것은 황제의 개혁과 밀접하게 연관된 사안이었다.

황제가 민중에게 로마의 신들에게 의무적으로 예배를 드리도록 명령하자 유일신을 섬기는 기독교 신자들은 받아들이지 않았다. 기독교라는 믿음을 고수하기 위해 신도들은 목숨을 걸고 황제의 명령에 거역했다.

이 시대 로마의 기독교도들은 아직 숫자가 그리 많지 않았다. 대략 인구의 10퍼센트도 되지 않는 소수 종파였다. 다만 이 시대 로마 군대에 상당한 숫자의 기독교 신자가 있었는지 기독교를 믿는 병사가 줄줄이 탈영하는 사건이 발생했다. 현대인이 생각하는 이유는 아니었다. 성경 말씀에 절대적으로 따르는 독실한 기독교 신자는 사람을 죽이는 무기를 손에 잡지 않기 위해 국방의 의무를 거부하기도 하는데, 로마 시대에는 이런 인도적 이유로 탈영하지는 않았다. 로마 시대 병사들은 로마의 신들을 강제로 섬기라는 명령에 복종할 수 없었기에 탈영을 선택했다.

이때만 해도 디오클레티아누스는 로마의 신들에게 예배를 드리라고 명령했지 기독교라는 신앙 자체를 금지하지는 않았다. 기독교를 믿어도 좋으니 로마의 신들에게도 예배를 드리면 딱히 문제 될 게 없었다. 그러나 기독교 신자들에게는 통하지 않는 논리였다. 유일신을 섬기는 그들에게 로마의 신에게 예배하는 행위는 '다른 신을 섬기지 말라'는 기독교의 교리를 거스르는 것이었기 때문이다.

기독교도들의 고집스러운 태도는 기독교라는 종교를 용인하던 디오클레티아누스의 눈에 '오만'으로밖에 비치지 않았다. 황제 권력 강화와 새로운 형태의 애국심 구축을 목표로 열심히 내달리는 와중에 자신들의 종교에만 집착하고 공동체의 가치는 아랑곳하지 않는 그들의 태도를 마냥 용인할 수만은 없었다.

303년에는 제국 내 교회와 성경 폐지령이 내려졌고, 마침내 기독교 성직자 체포와 투옥을 명하는 칙령이 내려졌다. 그리고 304년에 드디어 '성직자도 일반 신자도 평등하게 로마의 신들을 믿지 않으면 모조리 사형에 처한다'는 칙령이 반포되었다. 그러나 아무리 박해해도 기독교도들은 로마의 신들을 믿으려 하지 않았다. 완강하게 로마의 신 섬기기를 거부하자 마침내 기독교 금지령이 내려졌다.

역사의 흐름을 따라가며 디오클레티아누스의 입장에서 상황을 바라보면 '로마의 신들을 섬기라'는 명령에 거부해 공동체의 화합에 방해가 되었던 기독교를 박해할 수밖에 없었음을 충분히 이해할 수 있다.

◇ 77명의 정식 로마 황제 중 스스로 권력의 자리에서 물러난 유일무이한 황제 디오클레티아누스

로마사에 등장하는 77명의 황제 중에서 스스로 퇴위한 사람은 한 명밖에 없다. 바로 디오클레티아누스다. 공화정 시대에는 당시 권력자인 술라가 개혁을 완수한 후에 은퇴했으나 그는 황제가 아니었다.

디오클레티아누스가 시도한 개혁 중에는 잘 풀리지 않은 개혁도 있었다. 하지만 전체적으로는 혼란을 수습하고 새로운 질서를 확립한 위대한 황제였고, 자신이 해야 할 일을 마친 후에는 퇴위하는 형태로 권력의 자리에서 물러난 로마의 유일무이한 황제였다.

디오클레티아누스는 재위 22년째인 305년에 퇴위했다. 당시 그는 예순한 살이었고, 퇴위하기 약 2년 전부터 건강에 이상이 발생했다. 은퇴를 결심한 디오클레티아누스는 놀라운 행보를 보였다. 다른 정제 막시미아누스에게 함께 은퇴하자고 설득했다. 이렇게 305년 5월 1일, 동서의 두 정제는 동시에 은퇴했고 각각 부제가 새로운 정제가 되었다.

권력의 자리에서 물러난 디오클레티아누스는 아드리아해를 끼고 이탈리아반도와 마주 보는 스팔라토(Spalato, 오늘날의 크로아티아)의 별장에서 조용히 여생을 보내다 세상을 떠났다. 디오클레티아누스는 311년경에 눈을 감았다고 전해지는데, 은퇴하고 나서 6년여 동안 자신의 고향과 가까운 별장에서 보낸 셈이다.

은퇴 후 디오클레티아누스가 어떻게 생활했는지 자세한 내용은 알 수 없으나 딱 한 차례 공식 석상에 모습을 드러낸 적이 있다. 308년 11월, 도나우강 유역의 카르눈툼(Carnumtum)이라는 요새에서 열린 황제 회의 자리였다.

디오클레티아누스와 막시미아누스가 은퇴한 후 새로운 정제와 부제가 정권을 잡았지만 그들 사이에 치열한 권력 투쟁과 반목이 발생했다. 그래서 회의 석상에서 디오클레티아누스의 복귀를 바라는 목소리가 높아졌다. 그러나 디오클레티아누스는 다음과 같은 말로 요청을 거절했다.

"내가 텃밭에 심은 양배추를 얼마나 정성껏 돌보는지 알면 그런 부탁은 하실 수 없을 겁니다."

그리고 이후로 그는 두 번 다시 공식 석상에 모습을 드러내지 않았다.

디오클레티아누스가 언제 세상을 떠났는지는 정확히 알 수 없다. 일설에 따르면 스토아 철학을 정신적 지주 삼았던 그는 몸 상태가 회복의 기미가 보이지 않을 정도로 나빠지자 다른 사람들에게 부담을 주지 않기 위해 스스로 곡기를 중단해 목숨을 끊었다고 한다. 후대로 전해지면서 어느 정도 과장이 섞인 이야기로 각색되었을 가능성도 있으나 평소 그의 언동으로 보면 상당히 설득력 있는 이야기다.

그는 개혁을 무리하게 강행하고 기독교 박해 등의 과격한 정책도 서슴지 않았으나, 권력의 자리에서 깨끗이 물러나 조용히 은거하다 세상을 등졌다. 역시 로마 제국이 새로운 시대로 나아가도록 길을 터준 훌륭한 황제였다.

◇ 공동 황제 시대의 혼란에 마침표를 찍고 로마를 재통일하며 단독 황제가 된 콘스탄티누스

디오클레티아누스가 퇴위한 305년부터 콘스탄티누스(Flavius Valerius Aurelius Constantinus, 272~337년/재위 306~337년)가 서로마의 단독 황제가 된 313년까지 8년 사이에 로마는 여러 황제가 패권을 다투는 내전 상태에 빠졌다. 사건의 발단은 후계자 선정이었다. 305년 동로마 정제인 디오클레티아누스와 서로마 정제인 막시미아누스가 동시에 퇴위하고 각각 부제가 정제 자리에 올랐다. 동쪽에서는 갈레리우스, 서쪽에서는 콘스탄티우스 클로루스가 각각 정제로 즉위했고 제1 정제는 갈레리우스로 결정했다.

문제는 부제 선정이었다. 당시 동서 부제를 결정한 것은 갈레리우스였던 것으로 추정된다. 그는 동로마 부제로 자신의 사위인 막시미누스 다이아를 앉혔을 뿐만 아니라 서로마 부제로 군

생활 도중 만난 믿을 만한 친구 플라비우스 발레리우스 세베루스 아우구스투스를 부제로 앉혔기 때문이다.

이 부제 인사에 막시미아누스의 아들 막센티우스와 콘스탄티우스 클로루스의 아들 콘스탄티누스가 불만을 품었다. 정제의 아들이면서도 부제가 될 수 없었던 두 사람은 자신들에게 주어지리라 믿었던 지위를 되찾기 위해 행동에 나섰다.

콘스탄티누스가 행동력 면에서 앞섰다. 콘스탄티누스는 아버지인 콘스탄티우스 클로루스가 306년에 병으로 세상을 떠나자, 부제인 세베루스를 무시하고 "아버지가 임종 자리에서 나를 정제로 임명하셨다"고 주장하며 서로마 정제로 즉위했다. 갈레리우스는 떨떠름하게 이 사태를 받아들였다. 갈레리우스는 콘스탄티누스를 완전히 배제하지 못하고 세베루스를 서로마 정제로 삼는다는 조건으로 콘스탄티누스를 서로마 부제로 승인했다.

동서 정제와 부제 네 명의 황제가 정해지며 혼란이 수습 국면에 들어서는 듯 보였다. 그러나 이번에는 막센티우스가 로마 시민과 잔존 근위대의 지지를 등에 업고 서로마 정제를 자처하며 봉기했다.

막센티우스는 갈레리우스에게 자신을 정식 황제로 승인하라고 요구했다. 그러나 갈레리우스는 이를 거부했다. 군사 행동에 나선 막센티우스는 이탈리아 대부분과 시칠리아섬, 사르데냐섬, 북아프리카를 지배하고 은거에 들어간 아버지 막시미아누스를 불러내 세력 안정을 꾀했다. 사태가 어느 정도 진정되자 막센티우스는 콘스탄티누스와 동맹을 결성하고 세베루스의 군대를 힘으로 누르는 무력행사로 즉위했다.

갈레리우스는 이 혼란을 어떻게든 수습하려고 308년 11월 빈 근교의 카르눈툼에서 황제 회의를 열었다. 앞에서 얘기했듯, 은퇴한 디오클레티아누스가 딱 한 번 공식 석상에 등장한 회의였다. 이 회의에서 새로운 서쪽 황제 자리는 갈레리우스의 친구인 리키니우스(Gaius Valerius Licinianus Licinius, 265?~324년/재위 308~324년)에게 맡겨졌다. 이렇게 동서 정제와 부제가 다시 정해졌으나 막센티우스가 여전히 이탈리아와 북아프리카를 지배하는 상황은 변함이 없었다.

서로마 정제로 임명되었으나 워낙에 입지가 좁았던 리키니우스는 311년에 갈레리우스가 병사하자 공석이던 동로마 패권을 두고 막시미누스 다이아와 경쟁을 벌이게 됐다. 최종적으로 리키니우스가 발칸반도를, 막시미누스 다이아가 소아시아와 동부 속주를 다스린다는 중재안으로 타협했다.

그 후 콘스탄티누스가 막센티우스의 군대를 무찌르고 313년에 서로마의 단독 황제가 되었다. 하지만 콘스탄티누스의 승리는 동로마의 패권 경쟁을 부추겼고 양측은 결전 태세에 돌입했다. 그 결과 리키니우스가 막시미누스 다이아에게 승리하고 313년에 제국은 동쪽의 리키니우스와 서쪽의 콘스탄티누스로 양분되었다.

두 황제 모두 야심가였으나 군사 충돌을 피하고 동맹 관계를 맺었다. 하지만 동맹은 오래가지 못했고 316년에 콘스탄티누스가 발칸반도를 침략하자 리키니우스는 발칸반도 대부분을 콘스탄티누스에게 내주었다. 두 황제는 8년 후인 324년에 다시 맞붙었다. 콘스탄티누스는 대군을 이끌고 리키니우스를 공격했고 리키니우스는 감금되었다가 반란죄 혐의로 처형당했다.

324년 마침내 콘스탄티누스는 로마를 재통일하고 단독 황제로 군림했다.

◇ 콘스탄티누스, 순도 99.8퍼센트 금화 '솔리두스'를 무기로 화폐 개혁에 성공하며 인플레이션 문제를 해결하다

로마 제국을 재통일한 콘스탄티누스는 기본적으로 디오클레티아누스의 개혁 노선을 그대로 이어받으며 새로운 개혁을 과감히 추진했다.

디오클레티아누스는 민정과 군정을 분리했는데, 콘스탄티누스는 이 정책을 다시 꺼내들어 행정관 체제를 황제 직속 조직으로 재편했다. 그리고 '야전 기동부대'로 알려진 기마대와 전차 등 기동력이 뛰어난 부대를 새로 만들었다. 또한 그는 소작농의 이동을 금지하고 직업의 세습화를 추진해 사회의 세수 안정에 힘썼다.

그러나 아무리 세수를 안정시켜도 군인황제 시대부터 이어진 인플레이션을 해소하지 않는 한 경제 상태는 개선될 수 없었다. 그래서 콘스탄티누스는 디오클레티아누스의 최고 가격령으로도 효과를 보지 못했던 인플레이션 대책으로 대규모 '통화 개혁'을 단행했다.

디오클레티아누스도 인플레이션 대책으로 은화의 은 함량을 줄이는 정책을 추진한 적이 있었다. 그러나 이는 어중간한 정책이라 효과를 보지 못했다. 콘스탄티누스는 이를 반면교사 삼아 훗날 '그레셤의 법칙(Gresham's law)'으로 알려진 경제 논리를 일찍이 깨달았다. 콘스탄티누스는 확고한 의지로 화폐 개혁을 철저하게 추진했다.

참고로 그레셤의 법칙이란 16세기 영국의 금융업자인 토머스 그레셤이 국가 재정 고문을 지내던 당시에 엘리자베스 1세에게 "악화가 양화를 몰아낸다(The bad money drives out the good money)"고 고언했다는 일화를 듣고 19세기 경제학자가 이름 붙인 경제 법칙이다.

쉽게 말해 양화와 악화가 모두 항간에 유통되면 사람들은 양화를 금고에 넣어두고 악화를 사용하게 된다. 그러면 양화는 개인의 주머니에 들어가 빛을 보지 못하고 시장에 유통되는 화폐는 모조리 악화만 남게 된다는 논리다. 즉 통화 개혁을 추진하려면 모든 화폐를 양화로 만들지 않으면 시장에서 악화는 사라지지 않는다는 얘기다.

콘스탄티누스는 '솔리두스(solidus)'라는 금화를 새로 만들고 이 금화에 포함된 금 함량을 엄격하게 지키도록 명령을 내렸다. 솔리두스 한 닢당 금 함량은 4.48그램. 순도로 따지면 99.8퍼센트로, 로마인의 중량 단위인 1파운드로 72개의 금화를 만드는 기준을 적용했다.

또 콘스탄티누스는 한 닢당 은의 함량을 2.24그램으로 정한 양질의 은화를 발행해 금화와 은화 교환 비율을 은화 24개에 금화 1개라는 누구나 알기 쉬운 비율로 정했다.

참고로 '솔리두스'는 영어 '솔리드(solid)'의 어원이 된 라틴어로 '꽉 채워져 단단하게 굳은 상태'를 뜻한다. 금 함량이 높은 금화라는 사실을 알리기 위해 붙인 이름인 셈이다.

철저한 화폐 개혁이 빛을 발해 로마의 인플레이션은 서서히 회복 단계에 접어들었다. 양화가 드디어 악화를 시장에서 몰아냈다. 그리고 놀랍게도 이 함유량을 정하고 변경하지 말라는 콘스탄티누스의 엄명이 그 후 7년 이상 지켜지며 솔리두스 금화의 순도가 유지되었다. 그러면서 솔리두스는 국제 무역에서 가장 신용도 높은 화폐인 '세계 통화'로 널리 사용되었다.

참고로 미국 통화인 달러의 화폐 기호가 'D'가 아닌 '$'인 것은 장기간에 걸쳐 안정된 통용력을 보인 솔리두스를 본받아 제2의 솔리두스가 되겠다는 바람이 담긴 기호이기 때문이다.

콘스탄티누스는 다양한 개혁을 단행했는데, 그중에서도 수도 천도가 가장 유명하다. 디오클레티아누스는 제국을 동서 분할 통치하며 서로마의 수도는 로마에서 밀라노로, 동로마의 수도는 니코메디아(오늘날의 튀르키예 북서부 이즈미트)로 옮겼다. 디오클레티아누스의 수도 이전은 국가적 '천도'가 아니라 그때그때 황제가 기거하는 지방이 자연스럽게 수도 기능을 하게 되면서 생긴 현실적 필요에 의한 이동이었다.

그런 의미에서 디오클레티아누스 이후로도 로마 제국의 수도는 로마였다. 그렇기는 해도 인구가 줄고 개보수가 제대로 이루어지지 않는 등 도시가 황폐해져 사실상 한 제국의 수도라고 부르기 민망한 수준이었다.

콘스탄티누스가 제국을 재통일했을 때 로마 시민은 로마가 다시금 명실상부한 제국의 수도가 되기를 기대했다. 대대적인 재개발이 이루어져 웅장한 옛 모습을 되찾으리라 기대에 부풀었던 것이다.

그러나 콘스탄티누스에게는 꿈이 있었다. 그는 알렉산드로스 대왕이나 로마를 건국한 로물루스처럼 자신의 이름을 딴 도시를 새로 짓고 싶다는 야망을 품고 있었다. 그 야망을 실현할 도시로 콘스탄티노폴리스를 낙점하고 '비잔티움(오늘날의 이스탄불)'이라 명명했다.

비잔티움은 아시아와 유럽을 나누는 보스포루스 해협과 다르다넬스 해협이 지켜주는 천연의 요새로 먼 옛날부터 교역의 거점으로 번성해 이미 대규모 상업 도시로 발전한 지역이었다. 콘스탄티누스는 예전부터 이 고장에 눈독을 들였다. 324년 9월에 단독 황제가 되고 2개월 후에 비잔티움의 새로운 도시 계획을 내놓았다. 그리고 6년 후인 330년 5월에 기존 규모의 네 배로 확장된 도시를 에워쌀 견고한 성벽을 건설하는 중에 새로운 도시를 '콘스탄티노폴리스(Constantinopolis)'라 이름 짓고 성대한 천도 행사를 열었다. 콘스탄티노폴리스는 콘스탄티누스가 세상을 떠난 후 '콘스탄티니예(오스만어)', '콘스탄티노플(영어)' 등의 다양한 이름으로 불리며 제국이 동서로 분열된 후에도 동로마의 수도로 계속 번영했다.

로마 단독 황제로 군림한 콘스탄티누스.
제국을 재통일하고 기독교를 공인한 황제로 알려졌다.

◇ 임종 직전 세례를 받고 기독교 신자가 된 콘스탄티누스가 다른 황제들과 함께 로마의 '신'이 된 아이러니

콘스탄티노폴리스 천도 이상으로 후세에 지대한 영향을 미친 사건이 콘스탄티누스가 서로마의 단독 황제로 즉위한 313년에 내린 '밀라노 칙령'이었다.

> 정제 콘스탄티누스와 정제 리키니우스는 제국에 산재한 수많은 과제를 해결하기 위해 밀라노에서 만났을 때 만민의 이익과 안녕에 관한 모든 사항을 협의했다. 우리는 이 기회에 모두에게 중요한 신앙 문제에 명확한 방침을 규정해야 한다는 데 의견이 일치했다.
>
> 비단 기독교도만이 아니라 그 어떤 종교를 믿는 자에게도 각자 원하는 신을 믿을 권리를 완전히 인정한다. 그 신이 무엇이든 통치자인 황제와 그 신하인 백성에게 평화와 번영을 가져온다면 마땅히 인정해야 할지어다. 우리 두 사람은 모든 이에게 신앙의 자유를 인정하는 결정이 가장 합리적이며 최선의 정책이라는 합의에 이르렀다. 오늘부터 기독교든 다른 어떤 종교든 관계없이 각자 원하는 종교를 믿고 그에 수반되는 모든 종교 의례에 참여할 자유를 완전히 보장한다.
>
> —「밀라노 칙령」, 『서양 고대사료집』

이 칙령은 313년 2월 밀라노에서 열린 콘스탄티누스와 리키니우스 회담에서 합의에 이르렀다. 그리고 같은 해 6월에 리키니우스가 니코메디아에서 공시한 포고문을 로마 제국 전역에도 공시했다.

이 대목에서 흔히 하기 쉬운 착각이 있다. 그 당시에 기독교는 아직 신앙의 자유를 인정받았을 뿐 국교로 승인되지는 않았다는 사실이다. 어디까지나 탄압받으며 금지되었던 기독교를 음지에서 양지로 끌어내 신앙의 자유를 인정한다는 내용이었음을 염두에 두자.

콘스탄티누스는 기독교를 공인하고 몸소 만년에 세례를 받고 신자가 되었다고 알려져 있다. 그러나 왜 그가 기독교에 귀의했는지는 미심쩍은 전설만 남아 있을 뿐 실제로 확인할 수 있는 사료는 발견되지 않았다.

전설은 콘스탄티누스의 개종 경위를 다음과 같이 이야기했다. 콘스탄티누스가 막센티우스와 결전을 앞둔 어느 날 꿈에 천사가 나타났다. 그는 천사의 말에 따라 잠에서 깨어나 고개를 들었고 하늘에서 빛나는 십자가와 함께 '이 표식으로 승리를 거두리라'는 글귀를 발견했다.

게다가 이 기적은 콘스탄티누스 혼자가 아니라 함께 막사 안에 있던 병사들도 목격했다. 그러나 콘스탄티누스는 기적을 체험한 뒤 곧바로 그 의미를 깨닫지 못했다. 그러자 그날 밤 꿈속에 그리스도가 하늘에서 보였던 표식을 들고 나타나 "하늘에 나타난 표식의 모형을 만들고, 그 모형을 적과 싸울 때 수호 깃발로 사용하라"고 친히 깨우쳐주었다.

이 기적을 전하는 전설이 진실인지 아닌지는 알 길이 없다. 그러나 어쨌든 콘스탄티누스가 막센티우스와의 결전에 십자가 깃발을 들고 싸워 승리를 거두었다는 부분은 사실이다.

이 전설은 337~338년에 로마의 신학자이자 역사가인 에우세비우스(Eusebius)가 『콘스탄티누스 찬가』(Laus Constantini)라는 책에서 소개한 내용이다. 에우세비우스가 263년에 태어나 339년에 세상을 떠난 것으로 보아 이 기록이 콘스탄틴누스가 통치하던 때와 얼추 동시대에 작성된 사료이고 콘스탄티누스가 세례를 받고 기독교 신자가 된 적도 있긴 하나 기독교의 가치관이 어느 정도 반영되며 약간의 왜곡과 과장이 보태졌다고 보는 게 타당하지 않을까 싶다.

콘스탄티누스는 337년에 임종 자리에서 세례를 받았다고 전해진다. 세례를 통해 정식 기독교 신자 자격을 얻고 눈을 감은 콘스탄티누스의 장례식은 기독교 예식에 따라 거행되었고, 유해는 생전에 그가 세운 콘스탄티노폴리스의 성(聖) 사도 대성당에 안치되었다.

로마 시민은 황제의 개종에 적지않은 충격을 받았다. 그러나 흥미롭게도 원로원은 황제가 세례를 받았음을 알면서도 황제의 신격화 작업을 추진해 콘스탄티누스를 로마의 다른 신들과 함께 신의 반열에 올렸다.

콘스탄티누스의 장례식으로 기독교 공인이 제국 전체에 널리 알려지게 되었다. 이후 로마는 다신교 세계 제국에서 일신교 세계 제국으로 변모하는 움직임에 박차를 가하게 되었다.

◇ 오랫동안 정체돼 있던 기독교 신자 수가 3~4세기 군인황제 시대에 급증한 이유는?

예수는 2대 황제 티베리우스 시대에 십자가에 매달렸다. 예수가 십자가에서 숨을 거둔 후 유대교도 사이에서 차츰 예수를 메시아(구세주)로 모시는 사람들이 나타났다. 그들은 예수에게 직접 가르침을 받은 열두 사도 중 한 사람인 베드로를 중심으로 세력을 키웠고 거기에 바울이 가담했다.

바울은 그리스도에게 직접 가르침을 받은 제자가 아니었다. 오히려 초반에는 기독교에 부정적인 자세를 보였는데, '기적'을 경험하고 나서 '회심'해 열렬한 신자이자 복음을 전파하는 사도가 되었다고 성경에 전해진다.

바울은 로마의 속주인 그리스 도시 타르수스에서 태어난 유대인이었는데, 로마 시민권 보유자로 알려졌다. 바울은 네로 황제 시대에 로마에서 복음을 전파했다.

대다수 사람은 바울의 사역으로 기독교 신자가 폭발적으로 증가했으며 네로의 박해로 약간 감소했다고 알고 있다. 그리고 이후 디오클레티아누스 시대에 대대적인 박해를 겪으며 보합세를 유지하다 약간 증가 추세로 돌아섰다고 막연히 알고 있다. 그런데 이는 사실과 다르다. 바울의 로마 선교 덕분에 로마에서 기독교도가 증가한 것은 물론 사실이다. 그러나 신도 수로 따지면 아주 약간 늘었을 뿐 로마 인구 중에 1퍼센트도 되지 않는 수준이었다. 참고로 바울은 네로 황제의 기독교 박해로 순교했다고 일반적으로 알려져 있는데, 이는 사실인지 아닌지 알 수 없다. 왜냐하면 네로 시대를 다룬 부분에서 살펴보았듯 네로가 정말로 기독교도를 박해했는지를 정확히 입증할 만한 사료가 없기 때문이다. 그리고 네로 이후로도 200년 동안 기독교도는 1퍼센트를 밑도는 수준을 계속 유지하며 교세를 거의 확장하지 못했다.

역사가인 디오 카시우스는 신화시대부터 229년까지의 역사를 정리한 『로마사』라는 책을 남겼는데, 이 책에서 기독교도에 관한 기술은 거의 찾아볼 수 없다. 적어도 그가 살았던 시대에는 아직 기독교의 존재가 큰 문제가 되지 않았음을 뜻한다.

군인황제 시대에 마침표를 찍은 디오클레티아누스는 대규모 기독교 박해에 나섰다. 그런데 그 당시에도 기독교 신자는 전체 인구의 10퍼센트 미만이었다.

기독교 신자는 왜 오랫동안 늘지 못했을까? 신자 수 증가를 막는 몇 개의 '벽'이 존재했기 때문이다. 첫 번째 벽은 '민족의 벽'이다. 초기 기독교도는 열에 아홉이 유대인이었다. 즉 로마인에게 초기 기독교는 유대교의 일파라는 인식이 일반적이었다. 아마 '기독교'라는 이름조차 없었을 가능성이 크다. 기독교 신자들조차 자신들이 유대교의 개혁파라는 정도의 인식밖에 없었다는 주장도 있다.

그 무렵 바울이 등장해 큰 역할을 해냈다. 바울은 유대인이었으나 부모 대부터 로마 시민권을 보유하고 있었기에 나름대로 교양을 쌓을 기회가 있었다. 그는 당시 공용어였던 그리스어를 구사할 줄 알았다.

예수는 아람어를 사용했다. 아람어도 동지중해 지역에서는 널리 통용된 셈어 계열 언어이나 세계적으로 널리 쓰이던 언어로는 역시 그리스어를 따라갈 언어가 없었다. 그런 의미에서 아람어를 그리스어로 번역한 바울은 기독교 역사에서 어떤 의미로 보면 예수 이상으로 큰일을 해냈다고 평가할 수 있다.

로마로 스며든 기독교는 두 번째로 '계급의 벽'에 부딪쳤다. "가난한 자는 복이 있나니 하느님의 나라가 너희 것이다"라고 가르친 기독교는 초반에 대도시의 가난한 사람들 사이에 스며들어 하층민 사이에 퍼졌다. 신자를 더 늘리려면 먼저 이 '계급'이라는 벽을 깨부술 필요가 있었는데, 경제적 여유가 없는 계층은 선교의 거점인 성당을 지을 자금이 없었다. 이 벽을 없애려면 발상의 전환이 필요했다.

"낙타가 바늘귀로 들어가는 것이 부자가 하느님의 나라에 들어가는 것보다 쉽다"라는 가르침을 "부자도 가난한 사람에게 베풀면 구원을 얻을 수 있다"라고 해석한 새로운 교리로 점차 부유층을 신도로 끌어들였다.

발상의 전환으로 신도의 계층을 확장한 기독교는 다음 벽인 '거주지의 벽'을 자연스럽게 해결했다. 그때까지 대도시에 집중되어 있던 신자가 소도시나 주변 농촌 지역으로 퍼져나갔다.

기독교가 세 개의 벽을 극복했다는 관점을 바탕으로 기독교의 교세 확장 과정을 살펴보았는데, 이 관점은 내가 만들어낸 것일 뿐이다. 로마사라는 역사는 다양한 체에 걸러 바라볼 수 있고 내가 제시한 관점은 그중 하나일 따름이다.

기독교가 어떻게 로마라는 다신교 사회에서 다양한 민족, 다양한 계층, 다양한 도시로 교세를 확장할 수 있었는지는 아직 완전히 해결되지 않은 세계사의 큰 논란거리 중 하나다.

최초의 200년 동안 거의 늘지 않던 신자 수가 3세기 중반 군인황제 시대, 좀 더 구체적으로 데키우스 황제(재위 249~251년) 재위 무렵부터 폭발적으로 증가했다고 추정된다. 그때까지 제자리걸음을 하던 기독교 신자 수가 왜 이 시대 이후부터 3~4세기 사이에 급증했을까? 첫째, 종교의 자유가 인정되었다는 점과 둘째, 세상이 어수선해졌다는 점을 꼽을 수 있다.

황제가 난립하고 군인이 세력을 과시하고 극심한 인플레이션이 발생해 삶이 팍팍해졌다. 국경에서는 이민족이 수시로 침입하고 전장에서 돌아온 군인이 도시에 역병을 퍼뜨렸다. 어쩌면 앞날이 보이지 않는 시대를 사는 사람들의 마음을 '유일 절대신'이라는 강력한 신이 장악하지 않았을까 싶다.

◇ 율리아누스 황제가 30대 초반에 죽지 않고 20년만 더 살았다면 오늘날의 기독교는 존재하지 않았을 것이다?

337년 5월, 로마를 재통일해 '대제'로 일컬어진 콘스탄티누스가 세상을 떠나자 콘스탄티노폴리스에서 군사 반란이 일어났다. 대제 사후 패권을 둘러싼 분쟁이었다. 이 혼란의 와중에 세 아들을 제외한 대제의 친척은 거의 살해당했다.

목숨을 부지한 세 아들, 즉 장남 콘스탄티누스 2세(재위 337~340년), 차남 콘스탄스(재위 337~350년), 삼남 콘스탄티우스 2세(재위 337~361년)는 같은 해 9월에 나란히 '아우구스투스(정제)' 칭호를 얻어 셋이서 제국을 분할 통치하기로 결정했다. 그러나 형제의 분할 통치는 오래가지 못했다.

세 형제가 서로 잡아먹지 못해 안달이 난 사람들처럼 으르렁대며 싸우느라 황제 권력은 약해질 대로 약해졌다. 황제 권력이 약해지면 그 틈을 노려 황제 자리를 넘보는 찬탈자가 나타나는 게 이 시대의 관례였다. 한데 이때도 역시 권력을 노린 승냥이들이 곳곳에서 등장하며 제국은 다시금 혼란에 빠졌다.

대제의 죽음으로 시작된 15년에 걸친 권력 투쟁에서 대제의 셋째 아들 콘스탄티우스 2세가 승리를 거머쥐었다. 콘스탄티우스 2세는 단독 통치의 어려움을 알고 있었던 모양이다. 355년 아테네 유학 중이던 이복동생 플라비우스 클라우디우스 율리아누스(Flavius Claudius Iulianus, 332~363년/재위 361~363년)를 불러들여 부제로 임명했다.

당시 율리아누스는 스물세 살, 군대 경험은 없었으나 천재성이 있었던 모양이다. 그는 국경이 불안정한 라인강 주변과 갈리아 지역의 관리를 맡기자 멋지게 게르만족을 격퇴했을 뿐 아니라 세제 개혁까지 성공시켰다. 이렇게 율리아누스는 군과 민간 양방향에서 열렬한 지지를 얻게 되었다.

율리아누스의 인기에 불안을 느낀 콘스탄티우스 2세는 율리아누스의 군사력을 줄이기 위해 장기화 국면에 접어든 페르시아 전쟁에 율리아누스의 부대에서 정예 부대원을 빼내 파견하라고 명령했다.

율리아누스의 부대는 이 명령에 반감을 느꼈다. 군인들은 율리아누스를 정제로 추대하고 콘스탄티우스 2세를 압박해 승인을 요구했다. 그러나 콘스탄티우스 2세는 승인을 거부했고 양측은 팽팽한 대결 구도에 접어들었다.

361년 마침내 콘스탄티우스 2세는 율리아누스 타도에 나섰다. 자신의 의지와 무관하게 황제로 추대된 율리아누스는 콘스탄티우스 2세와 끝까지 대화로 풀어 사태를 수습하기를 바랐다. 그러나 양측의 갈등은 예상치 못한 방향으로 결말을 맞이했다. 콘스탄티우스 2세가 행군 도중에 열병으로 사망하고 만 것이다. 그런데 뜻밖에도 콘스탄티우스 2세가 남긴 유언장에는 율리아누스를 후계자로 삼으라고 적혀 있었다.

콘스탄티우스 2세가 세상을 떠난 다음 달에 율리아누스는 그의 후계자로 콘스탄티노폴리스에 입성해 정식으로 아우구스투스(정제) 자리에 올랐다.

훗날 율리아누스는 기독교 관련자들로부터 '배교자'라는 오명을 썼다. 그는 기본적으로 '이교도와 기독교도 개개인의 믿음의 자유를 인정한다'며 종교에 관대한 자세를 보였다. 그리고 자신의 말대로 추방된 성직자를 다시 불러들였다.

그렇다면 왜 율리아누스는 '배교자'라는 오명을 뒤집어쓰게 되었을까? 여기에는 두 가지 이유가 있다. 하나는 로마의 옛 신들을 모시는 제의를 부활시키려 한 것이고, 다른 하나는 교회를 따끔하게 비판한 점이다.

콘스탄티누스 대제가 밀라노 칙령으로 기독교를 공인하고 나서 율리아누스가 황제가 될 때까지 약 50년, 고인 물은 썩게 마련이다. 대접받는 데 익숙해진 교회는 부패하기 시작했다.

이 시대에 흥청망청 세속적인 즐거움을 누리던 분위기가 사그라들고 많은 사람이 부와 욕망에 휘둘리는 생활에 염증을 느끼기 시작했다. 삶의 허무함을 깨달은 사람들을 청빈을 강조하는 기독교가 흡수했다.

교회는 부자가 천국에 가려면 가난한 사람에게 자선을 베풀어야 한다고 설교했기에 교회에는 부유층이 내놓은 기부금이 차곡차곡 쌓였다. 예를 들어 고인이 신자였다면 그가 소유한 토지를 교회에 기부하는 게 일반적인 관행으로 여겨질 정도였다. 그런데 당시 기부 증서 중에는 누가 봐도 위조된 게 분명한 수상한 문서들이 많았다. 심지어 콘스탄티누스가 토지를 교회에 내놓는다는 증서까지 나돌았다.

누가 이런 문서를 위조했을까? 당연히 문서 위조로 이익을 보는 교회가 기부 증서를 위조했다고 추정할 수 있다. 설마 성직자가 그 정도로 부패했을까 싶지만 이러한 위조 문서는 지역과 시대를 가리지 않고 발견되었다. 로마뿐 아니라 유럽 각지, 그리고 여러 시대에 걸쳐 위조된 문서가 발견되었다.

어려서부터 그리스와 로마의 고전을 공부한 율리아누스는 학자 못지않은 학식을 바탕으로 세상을 보는 혜안을 가지고 있었다. 그런 그의 눈에 청빈을 설교하는 교회가 제 배를 불리기 위해 문서를 위조하는 파렴치한 행위는 도저히 그냥 넘어갈 수 없는 죄였다.

부패한 교회를 보다 못한 율리아누스는 〈갈릴래아인들에 반대하며〉라는 글에서 거칠게 교회를 비판했다.

> '신을 두려워하지 않는 갈리래아인들'은 어린아이를 구슬려 과자를 뺏어 먹고, 우정과 자기희생이라는 달콤한 말로 수많은 이들을 농락하며 신을 섬기는 본분에서 멀어지고 있다.

철학에 심취해 미트라교를 비롯한 각종 밀교 의식에 참석한 경험이 있는 율리아누스의 눈에는 인간을 수호하는 신에게 드리는 제의를 거부하는 기독교 신자가 무신론자로 보였다. 고대인들에게 신의 존재는 의심의 여지가 없는 절대자였다. 고대에 신의 존재를 의심하는 사람은 한 명도 존재하지 않았다. 그런 시대에 신의 존재를 무시하듯 제의를 거부하고 멋대로 만들어낸 '유일신'에게만 기도하는 기독교도(유대교도 마찬가지)는 불경한 무신론자로밖에 보이지 않았다.

그러나 현명한 율리아누스는 탄압과 박해 같은 권력에 기반한 폭력적 수단을 절대 행사하지 않았다. 박해를 당하면 새로운 순교자의 미담이 생겨나고 기독교 선교에 이용될 이야깃거리를 제공할 게 뻔했기 때문이다.

율리아누스는 처음부터 끝까지 이교의 고전 문화에 해박한 교양인으로서 그리스·로마의 전통과 비교하며 기독교가 얼마나 부패했는지를 말로써 비판했다.

기독교에 비판적이었던 율리아누스가 기독교를 긍정적으로 평가한 부분이 딱 한 가지 있다. 약자를 보호하는 기독교의 자선 활동이었다. 가난한 사람, 이혼이나 사별로 남편이나 아버지 등의 보호자를 잃은 여성과 아이처럼 '사회적 약자'를 보호해야 한다는 기독교의 사고방식은 기독교의 독자적인 가치관이 아니라 유대교 경전인 『구약성경』에서 먼저 언급했다.

기독교는 성경의 가르침을 교리로 받아들이는 데 그치지 않고 현실에서 실천했다. 사회적 약자를 돕는 구호와 자선 활동에 관해서는 율리아누스도 인정하며 "우리도 기독교인들을 본받아야 한다"고 높이 평가했다.

기독교에 관한 이야기가 길어졌는데, 율리아누스는 기독교 비판에만 힘을 쏟지 않았다. 그는 비록 2년밖에 로마를 다스리지 못했으나 감당할 수 없는 수준으로 늘어난 궁정의 시종을 줄여 국비를 절약했다. 그는 또 몰락해가는 지방 도시의 유지와 명망가들을 구제하기 위해 세금을 감면해주는 등 갖가지 행정 개혁에 착수해 국가 안정을 도모했다.

그런 율리아누스의 최후는 허망하게 끝났다. 페르시아 원정 도중 적진에서 날아온 화살에 맞아 목숨을 잃고 만 것이다. 프랑스를 대표하는 역사가 폴 베인(Paul Veyne)은 『우리 세계가 기독교가 되었을 때: 321~394』(When Our World Became Christian: 312~394)라는 책에서 다음과 같은 의문을 제기했다.

"만약 율리아누스가 20년을 더 살았더라면 정말로 기독교가 지금처럼 퍼져 나갈 수 있었을까?"

율리아누스는 30대 초반의 젊은 나이에 세상을 떠났다. 별 탈이 없었더라면 적어도 20년은 더 살 수 있는 나이였다. 고작 한 인간의 존재가 역사를 바꾸는 큰 변화를 만들어내는 경우를 종종 볼 수 있다. 그런 의미에서 율리아누스가 젊은 나이에 세상을 떠난 사건은 기독교라는 종교에는 엄청난 행운이 아니었을까.

◇ 콘스탄티누스 이후의 황제들이 그토록 열심히 기독교 보호 정책을 펼친 뜻밖의 이유는?

율리아누스 이후로는 기독교에 열렬한 반응을 보인 황제도 있고 그렇지 않은 황제도 있었지만 율리아누스처럼 단호하게 기독교를 비판한 황제는 없었다. 그런 의미에서 콘스탄티누스 이후 로마 황제는 율리아누스를 제외하면 대부분 기독교에 유연한 자세를 취했다고 할 수 있다.

폴 베인은 콘스탄티누스 이후 황제들의 선택이 기독교 보급에 큰 의미를 지닌다고 지적했다(앞의 책 참조). 다시 말해 황제들이 기독교를 보호하고 관대한 자세를 보인 덕에 기독교가 민중 사이를 파고들어 교세를 확장했다는 설명이다.

전근대 사회는 위정자나 최고 권력자가 상당히 강력한 의미를 지닌다. 요즘처럼 민주적 사고방식이 당연한 사회에 살다 보면 알아차리기 어려운데 당시에는 지금과 달리 위에서부터 권력으로 찍어눌러 흐름을 바꾸어놓는 일이 흔했다. 이는 '고대 경제의 정치 의존성'이라는 용어로 19세기에 이미 지적된 사실인데, 대체로 이 논리는 경제 활동에 관한 고찰에 머물렀다.

실제로 고대 경제 활동은 정치에 상당히 의존했다. 전형적 예로 정치세력이 어디에 군대의 거점을 두는지에 따라 소비 지역이 변화하고 경제 활동의 판도가 완전히 달라지는 경우를 들 수 있다.

폴 베인은 이와 같은 상황이 기독교 보급 과정에서도 일어났다고 지적했다. 즉 그에 따르면, 기존에는 사회계급의 아래층에 있는 사람들 사이에서 기독교 교리가 서서히 퍼져 나간 것으로 알려져 있었다고 한다. 그러나 실제로는 위에서, 좀 더 구체적으로 로마 황제가 적극적으로 보호해준 덕분에 그 발치에 떨어지는 떡고물이라도 받아먹으려는 사람들이 너도나도 모여들면서 습자지에 먹물 번지듯 기독교가 로마제국 전역으로 번져 나갔다는 것이다.

이는 기독교에 비판적이었던 율리아누스 황제조차 기독교의 '약자 보호' 정신을 인정했다는 사실로도 알 수 있다. 황제가 기독교를 완전히 부정하지 못했고 이런 상황은 기독교에 유리하게 작용했다. 황제는 기독교가 약자를 보호할 수 있도록 금전적 원조와 사회적 보호를 제공하는 형태로 교회에 은혜를 베풀었고 그로 인해 약자들이 교회로 모여들며 결과적으로 교회의 권위가 높아졌다.

이렇게 생각하면 황제 권력이 기독교 보급에 크게 이바지했다는 폴 베인의 지적은 날카롭게 핵심을 찔렀다고 볼 수 있다. 그렇다면 콘스탄티누스 이후의 황제들은 왜 그토록 열심히 기독교 보호 정책을 펼쳤을까? 이는 자신의 확고한 신념이나 의지에 의한 결과라기보다는 위대한 '대제'의 판단을 따라하면 별 무리는 없으리라는 단순한 사고방식에서 나온 것이라고 보는 게 합리적이지 않을까. 이는 과거 5현제 시대에 선정을 베푼 트라야누스 황제의 정치가 이후 황제들에게 정치 모범으로 중요한 의미를 지닌 것과 비슷한 사례일 것이다. 콘스탄티누스 대제 이후 기본적으로는 대제가 펼친 정치를 후세의 황제들이 답습하는 과정에 기독교가 널리 보급되고 번영을 누리는 데 심대한 영향을 끼쳤다고 해석할 수 있다. 율리아누스 황제의 경우를 예외로 치더라도 말이다.

폴 베인은 한 인간이 역사 속에서 수행한 역할의 크기를 과소평가해서는 안 된다고 지적했다. 20세기에 레닌과 트로츠키 같은 인물이 존재하지 않았더라면 러시아 사회주의 혁명은 일어나지 않았을 것이다. 설령 혁명이 일어났더라도 완전히 다른 형태였을 가능성이 짙다. 마찬가지로 콘스탄티누스 대제가 이 시기에 존재하지 않았더라면 세계사의 향방이 완전히 달라졌을 것으로 예상된다.

◇ '관용 상실'이 로마 제국 멸망의 첫 번째 원인이라고?

263년 율리아누스 황제가 세상을 떠난 후 제국은 다시 30년에 걸친 혼란기에 접어들었다. 전장에서 사령관이었던 플라비우스 클라우디우스 요비아누스(Flavius Claudius Jovianus, 재위 363~364년)가 율리아누스의 뒤를 이었으나 수도 콘스탄티노폴리스로 돌아오기도 전에 목숨을 잃으며 제국은 후계자를 상실했다.

그 후 무관과 문관이 비밀리에 회의를 열어 발렌티니아누스 1세(Flavius Valentinianus, 재위 364~375년)와 발렌스(재위 364~378년) 형제를 공동 통치자로 추대했다. 그러나 형제 황제들은 통치 기간 대부분을 변경 방비에 쏟아부으며 전장에서 생을 마감했다.

발렌티니아누스 1세가 사망한 후 서로마는 장남인 그라티아누스(재위 375~383년)와 배다른 형제인 발렌티니아누스 2세(재위 375~392년)의 분할 통치가 이루어졌다. 그리고 그 후 플라비우스 에우게니우스(Flavius Eugenius, 재위 392~394년)로 단명한 정권이 이어졌다.

한편 동로마는 발렌스가 전사한 후 스페인 출신 플라비우스 테오도시우스(테오도시우스 1세, 347~395년/재위 379~395년)가 즉위했다. 이로써 최종적으로 테오도시우스가 에우게니우스를 처치하고 394년에 겨우 로마를 재통일했다.

혼란기가 길어진 가장 큰 원인으로는 변경 밖에 사는 게르만족이 갑자기 불온한 움직임을 보인 '게르만족의 대이동'을 꼽을 수 있다. '게르만족의 대이동'이라는 문장을 책에서 읽으면 게르만족이 어느 날 갑자기 우르르 로마 국경으로 몰려오는 광경을 상상하기 쉽다. 그러나 실제로 게르만족은 특정 시점에 느닷없이 국경을 넘지 않았다. 게르만족은 속주 게르마니아라는 지명으로도 알 수 있듯, 아주 오래전에 제국 안에 속주로 편입된 지역에 거주했다. 게르마니아에 살지 않아도 가족과 부족처럼 소규모 집단으로 제국 안으로 들어와 자리를 잡은 무리도 있었다.

게르만족의 본거지는 로마 제국 북방이었다. 이 지역은 추위가 기승을 부리는 고장으로 기후가 한랭화 조짐을 보이면 살기 위해 이동해야 했다. 게르만족은 어차피 이동해야 한다면 인프라가 잘 갖춰진 로마 제국 영내로 이동하길 원했다. 따라서 상당히 이른 시기부터 로마 제국 안으로 들어와 사는 게르만족이 많았다.

소규모 집단으로 조금씩 들어와 살던 게르만족이 이 시기에 대규모로 이동한 이유는 동쪽의 훈족이 서쪽으로 이동하며 밀려났기 때문이다. 그렇다면 훈족은 왜 서쪽으로 이동했을까? 4세기 후반에 발생한 전 세계적 한랭화가 원인이었다. 유라시아 대륙에서 온난한 지역으로 이동하려면 남쪽으로 가거나 서쪽으로 가는 길 중 선택할 수 있었다. 서유럽은 위도는 같아도 멕시코 난류가 흐르는 연안부로 가면 비교적 기온이 따뜻했다.

중앙아시아 스텝 지대에 살던 훈족이 한랭화로 서쪽으로 이동하면서 훈족 이동 길목에 거주하던 동고트족과 서고트족 등의 게르만족이 밀려나는 형태로 도나우강 남쪽의 로마 제국 영내로 대거 이동했다.

한꺼번에 대규모의 게르만족이 유입되며 로마 내부에서는 게르만족 처리 문제를 둘러싸고 이런저런 의견이 나왔다. 그중에는 '병사가 부족하니 게르만족을 잘 활용해 다시 로마군을 대군단으로 만들자', '게르만족을 병력 보충을 위한 신병 교육대로 삼자'는 의견도 있었다. 실제로 많은 게르만족이 이 시기 로마군에 흡수되었다.

그러나 실제로 게르만족이 로마군에 입대하고 보니 로마군의 대우는 기대를 밑도는 수준이었다. 로마 시민권이 없어 차별을 당하거나 야만인이라고 무시당하기 일쑤였다. 차별 대우에 불만을 느낀 게르만족이 들고일어나며 소요 사태와 반란 등 군 내부에 잡음이 끊이지 않았다. 분쟁이 발생하면 로마군이 파견되어 사태를 진압했는데, 진압군이 아예 상주해야 하는 수준으로 분쟁이 반복되었다.

게르만족 이동 당시 로마의 상황은 오늘날의 이민 및 난민 문제와 공통점이 많다. 로마는 게르만족의 이동을 인정하고 로마 안으로 그들을 받아들였으나 역시 가치관이 다른 사람들을 대거 받아들였기에 사회적 갈등이 끊이지 않았다.

어느 한쪽이 잘못해서라기보다 양측에 모두 문제가 있었다. 게르만족은 부당한 대우에 불만을 품었다. 굴러들어온 돌이 가만있지 않고 여기저기 돌아다니며 박힌 돌을 밀어내려고 하자 로마인도 참지 못하고 폭발했다. 로마인의 인내심에도 한계가 있었다.

되풀이된 내분은 로마가 멸망에 이른 주요 요인으로 지적되었는데, 최근에는 약간 다른 견해를 제시하는 학자도 있다. '로마인이 관용을 상실했다'는 관점이다. 본래 로마인은 관대한 민족이었다. 용감하게 싸웠다면 패전 장수도 내치지 않고 설욕할 기회를 주었다. 스키피오는 자신에게 바쳐진 미녀를 축의금까지 들려서 약혼자에게 돌려보냈다. 카이사르는 자신을 배신한 브루투스를 몇 번이고 용서했고, 병합한 속주에 로마의 방식을 강요하지 않았다. 로마인은 동포는 물론이거니와 이민족에게도 공평하게 관용을 베풀었다.

이렇게 '관대한 로마인'이 시간이 흐르면서 관용을 상실해 갔다. 로마인의 비관용이야말로 게르만족의 대이동 후에 발생한 지긋지긋한 폭동의 진짜 원인일 수도 있다는 주장이다.

이 관점은 현재 미국의 불법 이민자 대처 방식과 유럽 각국의 중동 난민 수용 문제 등 이 시기 로마가 안고 있던 문제들과 비슷한 여러 문제를 고찰할 때 참고할 만한 가치가 있다. 그러나 이는 매우 어려운 문제다. 로마인이 어느 정도의 관용을 보여야 문제를 미리 방지할 수 있었을까? 딱 떨어지는 정답은 없다. 실제로 로마인이 관용의 정신을 잃어버렸다고는 하나 완전히 잃어버린 건 아니었다.

로마인은 게르만족을 단순히 사병으로 받아들인 게 아니라 게르만족 중에서도 능력 있는 사람은 확실히 인정해 군단 간부로 기용했다. 그런 의미에서 이 시기에도 로마는 어느 정도의 관용을 지니고 있었다. 그러나 전체적으로 보면 역시 이민족에게 거부감을 보이는 로마인이 어느 정도 존재했고 명백한 차별 행위도 있었다. 그랬기에 과거 로마인이 보여준 '무엇이든 받아들이는 관용'은 사실상 사라졌다고 할 수 있다.

'우리와 다른 사람들을 어떻게 대우할까?' 이는 매우 중요한 과제로 이후 황제와 로마 제국의 존립이 달린 사안이었다. 참고로 관용에서 비관용으로 돌아선 로마의 변절은 기독교가 국교화된 후 로마인의 행동을 엿볼 수 있는 대목이다. 기독교를 국교로 선포한 로마는 이교도의 신앙을 금지하고 기독교 국교화를 추진했다. 그러나 아무리 국가에서 금지해도 조상 대대로 믿어온 신들에 대한 믿음을 하루아침에 버릴 수 있는 사람은 그리 많지 않았다. 사람의 마음은 쉽게 바뀌지 않는 법이다. 그런 까닭에 과도기에는 기독교를 비판하는 사람들이 늘어났다. 역시 로마인이 가진 관용의 정신을 상실한 것이 이 시대 문제의 배경이었다고 할 수 있다.

◇ 유능한 황제 테오도시우스를 유일하게 무릎 꿇린 인물, 밀라노 주교 암브로시우스

테오도시우스는 황제가 되자마자 세례를 받고 정식 기독교 신자가 되었다고 전해지는 독실한 신자였다. 그의 궁정은 정통파 기독교도들이 모이는 사랑방처럼 사용되었다.

테오도시우스는 이스파니아 카우카(현재의 스페인 코카)의 상급 장교 집안에서 태어났다. 어린 시절 그는 아버지의 뒤를 이어군에 들어가 젊은 나이에 국경 수비에서 나름대로 공을 세웠다. 그러나 북아프리카에서 사령관을 지낸 아버지가 잔혹 행위를 한 죄로 처형되자 그도 눈물을 머금고 군복을 벗을 수밖에 없었다.

군에서 나온 테오도시우스를 서로마 황제 그라티아누스가 다시금 역사의 무대 위로 끌어냈다. 그라티아누스는 전사한 동로마 황제 발렌스의 후계자로 테오도시우스를 점찍었다.

동로마 황제가 된 테오도시우스는 기대 이상의 유능함을 보여주었다. 그는 군사 방면뿐 아니라 행정 분야에서도 수완을 발휘했다. 제국 동부에서 그는 게르만족을 동맹 민족으로 받아들여 정착을 인정했다. 그리고 서부에서는 그라티아누스가 사망한 후 들어선 찬탈 정권을 무너뜨리고 로마를 재통일했다.

황제 테오도시우스가 유일하게 무릎을 꿇은 사람이 밀라노 주교 암브로시우스였다. 암브로시우스는 테오도시우스보다 여덟 살 위였다. 로마 귀족 제국 고관 집안에서 태어난 암브로시우스는 법학과 수사학 등 다양한 교양을 익히고 서른다섯 살에 이탈리아 북부의 주지사를 역임했다. 속주 출신이 판을 치던 정치계에 뛰어든 보기 드문 순수 로마인 기질의 인물이었다.

그는 밀라노에서 되풀이되던 종교 항쟁을 참신한 판결로 해결했다. 그 후 마침 주교가 선종하며 환호하는 민중의 손에 후임 주교로 추대되었다. 암브로시우스는 기독교를 믿기는 했으나 이때까지 아직 세례조차 받지 않은 이교도였다. 얼떨결에 주교가 된 암브로시우스는 타고난 화술과 날카로운 식견으로 이단파 성직자를 파면하거나 궁정 내 이단 지지자에게 압력을 가하며 착실하게 영향력을 넓혀 나갔다.

여기서 '이단'이라는 용어는 가톨릭을 정통 기독교로 보았을 때 나머지 기독교 종파를 가리킨다. 이와 달리 '이교도'는 로마의 전통 신앙을 포함한 기독교 이외의 종교를 뜻했다. 당시 기독교의 종파는 확정되지 않아 다양한 종파가 저마다 정통성을 내세우며 자신의 종파를 보호해달라고 아우성을 쳤다.

379년 즉위와 동시에 가톨릭 세례를 받은 테오도시우스는 이듬해인 380년에 가톨릭을 국가 종교로 정하는 칙령을 내렸다. 그 이듬해에 아리우스파를 비롯한 이단 종파를 금지하는 칙령을 공포했다.

382년은 테오도시우스가 이단을 금지하는 칙령을 공포한 이듬해였다. 그때 암브로시우스가 로마 원로원에서 빅토리아 여신(니케 여신) 제단의 철거를 명하자 명문 귀족 심마쿠스가 제단 복구를 청원했다. 이에 둘 사이에 설전을 벌인 '빅토리아 여신 제단 논쟁' 사건이 발생했다.

"제국의 번영은 로마의 전통적인 신을 숭배하는 것에 달려 있소."

제단을 원래대로 돌려놓을 것을 요구하는 심마쿠스의 항의에 암브로시우스가 맞받아쳤다.

"기독교는 이교도에게 기독교 제단에 예배를 드리라고 강요하지 않소. 마찬가지로 이교도도 기독교도에게 자신들의 믿음을 강요할 수 없소."

암브로시우스가 논쟁에서 승리하며 여신의 제단은 복구되지

암브로시우스는 황제 테오도시우스에게 교회 출입 금지 명령을 내렸고,
이에 황제는 그 명령을 거둬달라며 암브로시우스에게 무릎을 꿇었다.
밀라노 주교 암브로시우스를 그린 모자이크화. 밀라노 성 암브로시우스 성당.

않았다. 이 때만 해도 '이단'은 금지되었으나 '이교도'는 용인되었다. 그런데도 암브로시우스는 교묘한 언사로 원로원에서 이교도의 제단을 배제했다.

암브로시우스가 세력을 확장하던 390년, 에게해 북쪽 해안에 자리 잡은 테살로니카에서 민중 약 6,000명이 학살당하는 사건이 발생했다. 민중의 인기를 독차지한 전차 경주 선수가 금지된 동성애 혐의로 수비대장에게 체포당한 일이 사건의 발단이었다.

이 체포에 불만을 품은 민중이 수비대장을 살해했고, 그 소식에 격노한 테오도시우스는 군대에 보복 조치를 허가했다. 폭주한 군대는 민중 6,000명을 학살했다. 그러자 이번에는 무고한 민중을 학살했다며 암브로시우스가 교회 회의에서 황제의 유죄를 선고하고 테오도시우스의 교회 출입을 금지했다.

암브로시우스가 아무리 힘 있는 고위 성직자였다고는 해도 그는 밀라노 주교에 불과했다. 당시 기독교 교회 체제는 아직 완전히 틀이 갖추어지지 않았기에 암브로시우스는 오늘날의 로마 교황처럼 가톨릭의 정점에 선 교회의 수장이 아니었다. 권력으로는 누가 봐도 로마 황제 테오도시우스가 몇 수 위였다. 황제도 그 사실을 알고 있었기에 초반에는 크게 개의치 않는 모습을 보였다.

그러나 교회 출입 금지는 사실상의 '파문'이나 다름 없었다. 파문당하면 신자 명부에서 제외되어 영생을 얻지 못하게 되므로 기독교 신자에게는 가장 끔찍한 형벌이었다. 당연히 테오도시우스도 암브로시우스가 교회 출입 금지 명령을 거두도록 이런저런 수를 썼다. 그러나 암브로시우스는 눈 하나 깜빡하지 않고 꼿꼿

한 태도로 황제에게 공개 석상에서 죄를 참회하라고 요구했다. 결국 파문이 두려웠던 테오도시우스는 무릎을 꿇고 교회에 용서를 구했다. 11세기에 신성로마 제국의 황제였던 하인리히 4세가 교황 그레고리오 7세에게 파문을 취소해달라고 요구하며 눈 내리는 카노사 성문에서 사흘 동안 용서를 빈 '카노사의 굴욕'을 연상케 하는 일화다.

테오도시우스가 한심하다는 이야기가 아니라 암브로시우스의 처세술이 몇 수 위였다는 말이다. 『로마인 이야기』의 저자 시오노 나나미는 암브로시우스를 높이 평가했다. 암브로시우스는 스키피오와 술라 그리고 카이사르 같은 옛 로마인의 긍정적인 자질을 가진 순수 로마인이었다고 할 수 있다.

그 후 391년에 테오도시우스는 이교 신전 폐쇄를 명령했다. 그리고 이듬해인 392년에는 마침내 이교 신앙을 전면 금지하는 칙령을 내렸다. 이로써 로마는 명실상부한 기독교 국가로 거듭나며 기독교를 국교로 삼았다. 이에 대해 개인적으로는 감독이 무대 뒤의 보이지 않는 곳에서 무대 위의 배우들에게 각본을 주고 연기를 지도하듯 암브로시우스가 기독교 국교화에 어느 정도 영향력을 행사했다고 본다.

암브로시우스의 영향력을 증명하는 사료는 남아 있지 않으나 그가 한 말 속에 그 사실을 방증하는 대목을 찾을 수 있다.

> 로마의 지배를 받는 만인이 지상의 지배자인 폐하를 위해 싸우듯 폐하가 전능하신 하느님과 성스러운 믿음을 위해 싸우셔

야 합니다. 각자가 참된 신, 즉 만물을 창조하시고 다스리시는 하느님을 영접하고 따르지 않는다면 구원을 보장받을 수 없기 때문이옵니다. 하느님이야말로 진심으로 믿고 따라야 할 유일하고 참된 신입니다. 성서 말씀에서도 이교도의 신은 마귀나 악마라고 하였습니다.

—「발렌티니아누스 2세 앞으로 보낸 편지」『서양 고대사료집』

이 글은 빅토리아 여신 제단 논쟁 당시에 암브로시우스가 발렌티니아누스 2세 앞으로 보낸 편지의 한 대목이다.

기독교(가톨릭)를 로마 국교로 만들고자 했던 암브로시우스는 발렌티니아누스 2세에게 보낸 편지에서처럼 테오도시우스의 귓전에 대고 나직하지만 단호하게 죄를 참회하라고 속삭이지 않았을까.

⑫

The Fall of the Roman Empire

로마 제국 멸망

관용'을 잃어버린 로마, 자기 심장에 비수를 꽂다

◇ 테오도시우스 황제 사후 영원히 동로마와 서로마로 갈라진 로마 제국

395년 테오도시우스는 밀라노에서 세상을 떠났다. 후계자는 테오도시우스의 두 아들이었다. 자식들에게 후사를 맡기며 테오도시우스는 제국을 동서 둘로 나누었다.

그때까지 제국을 동서로 분할 통치한 적은 있어도 어디까지나 합중국 형태로 로마 제국이라는 하나의 국가였다. 그런데 이번 분할로 로마는 결과적으로 동로마와 서로마 제국이라는 두 개의 국가로 나뉘게 되었다. 동로마 제국은 장남 아르카디우스(Flavius

Arcadius, 재위 395~408년)가, 서로마 제국은 차남인 호노리우스(Flavius Honorius Augustus, 재위 395~423년)가 다스리게 되었다.

아르카디우스는 열여덟 살, 호노리우스는 열한 살로 두 아들 모두 황제가 되기에는 이른 나이였다. 특히 동생인 호노리우스는 너무 어렸다. 게다가 조건도 불리했다. 동과 서를 비교하면 군사력, 경제, 인구, 인재 모든 조건에서 서로마가 처졌다. 특히 경제 상황은 치명적인 수준이었고 군사력 부족을 보충하기 위해 용병을 고용할 수 없어 이민족의 침입을 막기 어려웠다.

당시 서로마 제국은 경제 상황이 최악을 달렸다. 시장이 축소되어 과거처럼 지중해 세계 전역에서 상품이 움직이는 게 아니라 주 단위 혹은 주 내부의 더욱 좁은 범위에서만 경제 활동이 이루어졌다. 인구가 많으면 경제가 그나마 돌아갈 텐데 서로마는 인구 감소가 진행 중인 상황이라 엎친 데 덮친 격이었다.

인구가 감소하면 도시 부유층에게 세금 부담이 가중되는 탓에 부유층은 너도나도 도시를 빠져나갔다. 그렇게 농촌으로 이주해 '빌라'라는 저택을 짓고 머물렀다. 빌라 주변에 옹기종기 사람들이 모여 살며 작은 마을이 형성되었는데, 도시라 부르기 민망한 수준이었다. 부유층이 빠져나간 도시는 썰렁해졌고 농촌도 부유층이 정착했다고는 하나 딱히 발전하지 않아 서로마의 국력이 빠른 속도로 쇠퇴했다.

반면 동로마는 도시가 그대로 남아 유지되었다. 다행히 동로마 도시의 부유층은 바닷길을 이용해 경제 활동을 수행할 수 있었다. 넓은 범위의 다양한 지역에서 들어온 상품을 선박을 이용해 더 넓은 범위의 지역으로 운송해 인구가 감소해도 경제 활성화를 유지했다.

로마 경제의 거점은 완전히 동쪽으로 이동했다. 서로마 제국이 테오도시우스가 고인이 된 지 100년도 채 되지 않아 멸망했으나 동로마 제국은 그 후로도 1,000년 가까이 명맥을 유지했다. 도시가 동로마와 서로마의 운명을 갈랐다.

◇ 서로마의 마지막 황제 이름이 로마 건국자 '로물루스'와 같은 얄궂은 운명과 역사의 아이러니

어린 황제와 앞날이 보이지 않는 답답한 경제 상황. 서로마는 테오도시우스 황제 시대부터 중용한 게르만족 장군인 플라비우스 스틸리코(Flavius Stilicho) 덕분에 그럭저럭 국사를 꾸려나갈 수 있었다. 호노리우스의 후견인이 된 스틸리코는 이민족과 싸웠고, 때로는 그들을 끌어들여 힘겹게 서로마 제국의 재건을 목표로 노력했다.

그러나 게르만족 출신인 스틸리코는 로마 내에서 지지 기반이 약했고 끝내 로마의 적인 게르만족과 내통했다는 고발이 접수되며 408년에 처형되었다.

스틸리코가 억울하게 눈을 감고 얼마 지나지 않은 410년, 서고트 왕 알라리쿠스 1세가 수도 로마를 점령하고 약탈했다. 서고트족 군대는 사상 최초로 로마를 함락시키고 철저하게 짓밟았다.

사흘간에 걸친 약탈로 로마는 쑥대밭이 되었기에 학계에서는 서고트족의 침입으로 서로마가 사실상 멸망했다고 보는 연구자도 있을 정도다.

로마는 기원전 4세기 초에도 켈트족에게 점령당했으나 훗날 '로마 제2의 건국자'로 일컬어진 카밀루스가 등장해 옛 로마의 영광을 재현했다. 로마인은 이 사건을 로마가 제국으로 불릴 정도로 발전해도 절대 잊지 않았으나 이제는 서고트족에 의해 다시금 굴욕을 맛보아야 했다.

영원한 수도 로마가 서고트족에게 허망하게 무너졌다. 이 받아들이기 힘든 상황을 두고 로마에서는 기독교를 비난하는 움직임이 일었다.

테오도시우스가 이미 이교의 신을 숭배하는 행위를 금지했으나 이교도는 여전히 존재했다. 이교도를 중심으로 '기독교 따위를 밀어주니 로마의 옛 신들이 분노해 로마가 이 지경이 되었다'며 비난의 목소리가 터져나왔다.

이 시기에 고대 최고의 교부로 칭송받는 아우구스티누스가 기독교의 정당성을 주장하는 『삼위일체론』(De Trinitate)과 『신국론』(De civitate Dei)을 완성했다. 그는 왜 이런 책을 써야 했을까? 당대의 대내외적인 상황이 이런 책을 써서 스스로를 옹호해야 할 정도로 기독교가 거센 비판에 직면했음을 짐작할 수 있다.

앞에서 나는 로마를 함락한 알라리쿠스 1세를 '서고트 왕'이라고 소개했다. 그런데 사실 그 당시 서로마 내부에 이미 이민족의 독립 정권이 몇 개나 생겨나기 시작했다.

게르만족의 대이동 이후 로마 영내에 대규모로 들어온 게르만족을 만성적인 인원 부족에 시달리던 로마군이 흡수했다. 로마군에 입대한 게르만족은 이윽고 간부가 되고 때로 최고 사령관까지 올라가기도 했다. 호노리우스의 후견인 스틸리코 역시 게르만족의 대이동으로 로마로 들어와 로마 군대를 거쳐 승진의 사다리 꼭대기까지 자신의 능력으로 올라간 인물이었다.

알라리쿠스 1세도 로마 산하의 고트인 부족장으로 복무한 이력이 있는 인물이었다. 그러나 잔혹한 전투에 투입되고 나서도 생색내기 수준의 보상밖에 받지 못하는 상황에 그는 불만을 품고 로마군에 반기를 들고 서고트 왕을 자처하게 되었다.

알라리쿠스 1세가 왕을 자처하자 로마 내부에 있던 고트족들이 그를 중심으로 모여들어 대규모 집단을 형성했다. 세력이 커진 고트족은 약탈과 침략을 반복하다 정착할 터전을 찾아 로마 영내에 자리를 잡고 살게 되었다. 마침내 서고트족은 이베리아 반도에 서고트 왕국을 세웠다.

이와 같은 과정을 거쳐 서로마 제국 안에는 여러 민족 국가가 세워졌다. 반달족은 북아프리카로 건너가 반달 왕국을 세웠고 부르군트족은 갈리아 중부에 나라를 세웠다. 그리고 앵글로색슨족은 브리타니아, 프랑크족은 갈리아 북부, 랑고바르드족은 북이탈리아에 각각 작은 단위로 형성된 그들만의 국가를 세웠다.

그리고 476년 드디어 서로마 제국 최후의 날이 찾아왔다. 게르만족 용병 대장 오도아케르가 서로마 제국의 소년 황제 로물루스 아우구스툴루스(Romulus Agustulus, 재위 475~476년)를 압박해 퇴위시켰다. 이때 이미 로물루스는 황제로 실권이 없는 허수아비 왕이었다. 진짜 권력자는 게르만족 용병 대장 오도아케르였다.

로물루스를 퇴위시킨 오도아케르는 자신이 황제 자리에 오르지 않고 제위를 동로마 제국에 반납했다. 황제를 죽이지 않고 퇴위시키고 황제 자리를 동로마에 돌려준 오도아케르의 행위는 로마를 하나로 만들었다는 의미에서 로마 제국의 재건이라고도 할 수 있다.

황제 자리에서 물러난 로물루스는 어떻게 되었을까? 나폴리만 연안으로 거처를 옮겼다는 사실까지는 알려졌으나, 이후 어디서 어떻게 죽었는지를 알 수 있는 기록은 남아 있지 않다. 공교롭게도 로마를 건국한 인물도 로물루스였고 로마(서로마)를 끝낸 인물도 로물루스였다. 역사는 돌고 돌아 제자리를 찾은 셈이었다.

어느 시점을 '로마 제국의 끝'으로 규정할지를 두고 학계에서도 의견이 엇갈리고 있다. 로마가 게르만족에게 유린당한 410년을 기점으로 실질적으로 로마가 끝났다고 보는 학자도 있다. 그러나 역시 학계에서는 476년 로물루스 아우구스툴루스가 퇴위한 후, 즉 서로마 제국의 멸망을 로마 제국의 끝으로 보는 견해가 일반적이다.

물론 동로마 제국은 그 후 15세기에 오스만 제국에 의해 멸망당할 때까지 이어졌다. 그러나 '로마인의 제국'도 아니고, 더구나 '로마 제국'도 아니었기에 후대 사람들이 붙인 이름처럼 콘스탄티노폴리스를 중심으로 한 '비잔틴 제국'이라 불러 마땅하다.

게르만족과 슬라브족의 이동 경로

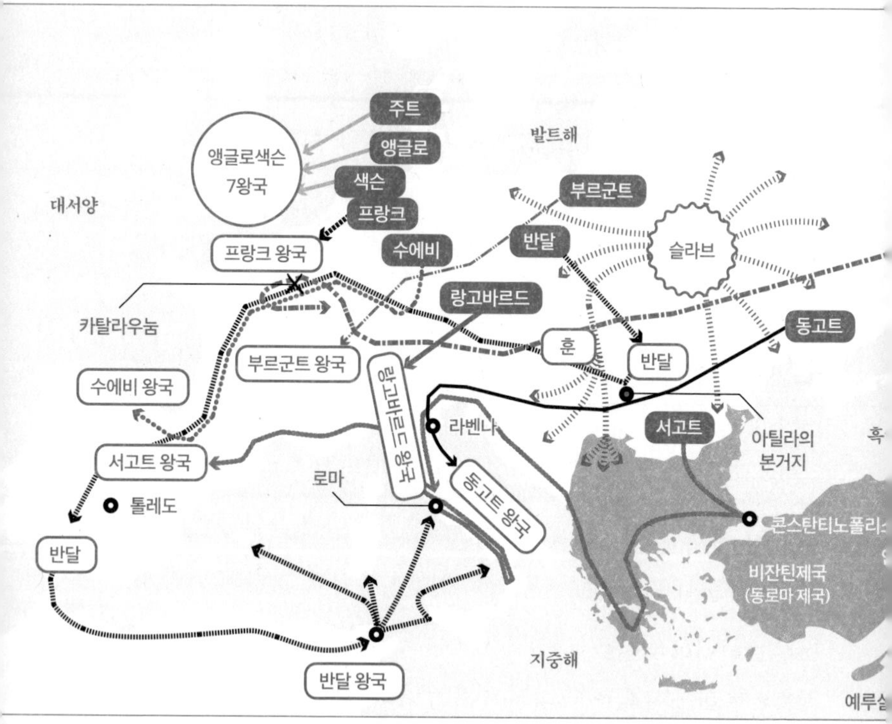

◇ 20년에 걸친 유스티니아누스 황제의 영토 확장 정책이 오히려 동로마 제국의 수명을 단축시켰다는데?

서로마 제국보다 경제적으로 유리한 조건으로 출발했던 동로마 제국은 이민족의 침입을 어떻게든 막아내며 번영을 누렸다.

동로마 제국은 황제 복도 있는 나라였다. 그중에서도 유스티니아누스(Flavius Petrus Sabbatius Iustinianus, 483~565년/재위 527~565년) 시대는 눈여겨볼 만한 가치가 충분하다. 유스티니아누스는 로마를 포함한 이탈리아반도 탈환에 성공한 황제이기 때문이다.

그러나 38년에 걸친 긴 치세 기간 전체를 성공으로 장식한 황제는 아니었다. 황제가 되고 5년째 되던 해인 532년에 일어난 '니카의 반란'은 일생일대의 위기였다.

전차 경기장에서 경기가 끝난 후 벌어진 소동이 반란의 원인이었다. 소동은 시내 전체로 퍼져 나갔고 황제의 정책에 반대하던 일부 원로원 의원이 폭도들과 결탁해 새 황제를 추대하며 콘스탄티노폴리스 거리를 초토화시켰다. 폭동은 며칠이나 이어졌고 유스티니아누스는 궁전에 갇혀 한 발짝도 나가지 못했다.

폭도들은 교회를 포함한 수많은 건축물을 파괴했고 누군가가 막대한 양의 보물을 약탈했다. 콘스탄티누스 2세가 지은 최초의 아야 소피아(Hagia Sophia) 대성당도 이때 파괴되었다. 부유한 시민들은 폭동에 말려들까 두려워 몸을 사렸고 배를 마련해 재산을 싣고 아시아로 도망가는 사람도 있었다. 황제의 궁전에 폭도가 들이닥치는 것도 시간문제였다.

유스티니아누스도 자신이 황제로 즉위한 땅을 떠나는 방안을 고려했으나 황후 테오도라가 만류했다. 테오도라는 일개 무희에서 로마 제국의 황후가 된 여성이다. 총명하고 정치 감각이 뛰어난 그녀는 황제의 조력자 역할을 훌륭하게 수행했다.

"폐하, 도망쳐서 구차하게 살아남은 뒤에 과연 '죽는 것보다 나았다'고 말할 수 있겠사옵니까? 부디 '자주색 옷은 가장 고귀한 수의'라는 옛말을 잊지 마십시오."

테오도라는 피난을 고려하는 황제를 의연한 태도로 설득했다. 테오도라의 말에 불현듯 깨달음을 얻은 유스티니아누스는 군에 폭동 진압을 명령했고 가까스로 폭동 진압에 성공했다.

이 폭동이 계기가 되어 유스티니아누스는 국사를 적극적으로 운영하기 시작했다. 반란을 진압하고 나서 아야 소피아 대성당(얼마전까지 박물관으로 사용하다 2020년 튀르키예 에르도안 대통령의 지시로 다시 모스크로 바뀜 — 옮긴이) 등 파괴된 주요 건축물 재건에 착수했다. 그리고 이듬해에는 위대한 로마 제국의 부흥을 목표로 주변 국가를 차례차례 정복하기 시작했다.

먼저 아프리카의 반달 왕국을 정복하고, 서고트 왕국에게서 이스파니아 남부를 탈환한 뒤 554년에는 드디어 로마를 포함한 이탈리아반도를 되찾았다.

그러나 유스티니아누스의 영광은 오래가지 못했다. 565년에 유스티니아누스 황제가 승하하자 기다렸다는 듯 게르만 계열의 랑고바르드족이 이탈리아로 침입했다. 그 여파로 북아프리카와 이스파니아 남부도 속절없이 빼앗기며 로마 제국은 다시 원래의 동로마 제국 범위로 돌아갔다.

20년에 걸친 유스티니아누스의 영토 확장 정책은 일시적이나마 로마 제국의 영광을 재현했다. 그러나 영광은 짧았고 대가는 너무도 컸다. 동로마 제국은 막대한 전쟁 비용과 수많은 병사의 목숨을 잃었다. 유스티니아누스 시대에는 역병마저 대유행하며 거대해진 제국을 유지할 국력이 남아 있지 않았다.

유스티니아누스 황제가 세상을 떠난 후 동로마 제국은 15세기까지 가까스로 제국으로서의 체제를 유지했다. 그러다 9세기 무렵에 시작된 슬라브족의 침입으로 영토를 야금야금 빼앗겼다. 다행히도 수도 콘스탄티노폴리스는 위태하게나마 활력을 유지했으나 국력은 바닥을 드러냈다. 특히 11세기 후반부터 되풀이된 십자군 원정에서 십자군과 교전을 반복하며 한때 수도 콘스탄티노폴리스를 빼앗기는 등 동로마 제국은 간신히 숨만 붙어 있는 빈사 상태에 빠졌다.

1261년 동로마 제국은 라틴 제국을 무너뜨리고 57년 만에 수도를 회복했으나 이후 몽골 제국과 오스만 제국의 침공에 시달렸다. 그리고 1453년 4월, 오스만 왕조 튀르크의 술탄 마호메트 2세가 약 10만 대군을 이끌고 콘스탄티노폴리스를 포위했다. 이때 동로마 제국의 병력은 불과 7,000명. 콘스탄티노스 11세 팔레올로고스(1405~1453년/재위 1449~1453년)가 이끄는 로마군은 2개월 동안 끈질기게 저항했다. 마호메트 2세는 황제에게 목숨 보장과 재산 및 모레아(그리스 남부 펠로폰네소스반도로 동로마 제국의 주 이름—옮긴이) 영유권 인정을 조건으로 항복을 권유했으나 황제는 이를 단호하게 거부했다.

5월 29일 새벽, 오스만군이 성벽을 돌파했다는 소식을 들은 황제는 화려한 어의를 벗어던지고 외쳤다.

"신이시여, 도망치는 자를 도우소서. 죽음을 각오한 자는 나와 함께 계속 싸우자! 성은 함락되었으나 내 목숨은 아직 붙어 있다!"

위와 같은 유언을 남긴 황제는 오스만 제국 병사들이 득실대는 적진으로 몸을 던졌다고 전해진다.

이렇게 로물루스가 로마를 건국(기원전 753년)하고 나서 2,206년의 세월 동안 이어진 로마 제국의 역사는 막을 내렸다.

◇ 로마를 중심으로 통합되었던 고대 '세 개의 세계'가 중세에 다시 '세 개의 세계'로 분열하며 새 시대를 열다

로마 제국이 탄생하기 전, '오리엔트 세계'·'그리스 세계'·'라틴 세계'라는 세 개의 세계가 펼쳐져 있었다. 이 세 개의 세계를 라틴 세계를 중심으로 로마가 통합했다. 그리고 '로마 제국'이라는 하나의 세계가 탄생했다.

그 하나의 세계는 이윽고 '이슬람교 세계'·'그리스정교 세계'·'가톨릭 세계'라는 세 개의 세계로 나뉘었다. 이 새로운 세 개의 세계를 살펴보면 옛 오리엔트 세계였던 지역은 '이슬람교 세계'가 되고, 옛 그리스 세계였던 지역은 '그리스정교 세계'가 되었으며, 옛 라틴 세계였던 지역은 '가톨릭 세계'가 되었음을 알 수 있다.

왜 예전과 같은 장소에 새로운 세계가 구축되었을까? 이 질문에 대한 답을 찾으려면 배경 지식으로 '언어적 차이'를 이해하는 과정이 필요하다. '오리엔트-이슬람교 세계'는 아람어, 시리아어(후대의 아라비아어) 등 기본적으로 셈어 계통의 언어를 사용하는 세계다. '그리스-그리스정교 세계'는 당연히 그리스어를 사용하는 세계다. 그리고 '라틴-가톨릭 세계'는 그 바탕인 라틴어에 같은 인도·유럽 어족에 속하는 게르만어가 더해진 세계다. 이처럼 '언어'를 기반으로 로마 제국이 해체되며 다시 본래의 오리엔트·그리스·로마라는 세 개의 세계로 분열하게 됐다.

언어를 기준으로 살펴보면 세 개의 세계 중에서 '그리스-그리스정교 세계'가 고대의 요소를 가장 짙게 계승한 이유를 알 수 있다. 이 세계는 고대에도 로마 붕괴 후에도 그리스어라는 같은 언어 세계를 공유했기에 문화적 요소를 고대의 형태로 고스란히 유지하며 계승할 수 있었다.

고대 로마 제국의 공용어는 라틴어였으나 테오도시우스 황제 이후 동로마 제국에서는 그리스어를 공용어로 사용했다. 7세기 이후 동로마 제국은 '중세 로마 제국'의 성격을 띤다. 또한 이 제국은 같은 언어를 사용함으로써 고대 세계를 계승하고 중세라는 시대에 효과적으로 적응할 수 있었을 것이다.

한편 '라틴-가톨릭 세계'는 라틴어라는 로마 세계를 기본으로 삼으면서도 게르만어를 모국어로 사용하는 사람들이 세운 세계였기에 그리스어 세계처럼 통합된 모습을 보여주지 못했다. 최종적으로 프랑크 왕국이 맹주가 되어 통합되었는데, 서로마 제국 멸망 이후 고트 왕국, 반달 왕국, 프랑크 왕국 등 몇 개의 나라로 다시 분열되었다. 그러나 그들 모두가 '로마'라는 공통분모를 계승한 나라였다. 그들의 공통분모는 '기독교 가톨릭'이라는 종교와 '법률'이었다. 즉 '라틴-가톨릭 세계'는 '로마'라는 교집합에 '가톨릭'과 '법률'이라는 요소를 더해 합집합이 된 세계였다.

서고트 왕국에서는 로마법에 고트인의 관습법을 합친 서고트 통일 법전을 제정하는 등 게르만 각국이 서로 비슷한 법전을 제정했다. 게르만 국가들은 라틴인과 융합하며 프랑크 왕국을 중심으로 최종적으로는 로마 가톨릭교회의 승인을 얻어 신성로마 제국으로 재통합되었다. 흔히 "무함마드 없이는 샤를마뉴 대제도 없다"고 말하는데, 프랑크 왕국이 우마이야 왕조 이슬람 세력의 공격을 물리친 투르 푸아티에 전투(732년)를 기점으로 유럽 국가들이 프랑크 왕국을 중심으로 통합되었기 때문이다.

신성로마 제국의 탄생 배경에는 가톨릭 국가들을 통합한 로마 교황의 힘과 함께 이슬람교 세계가 존재했다. 이런 관점에서 신성로마 제국 탄생의 계기가 된 투르 푸아티에 전투까지를 고대 말기로 규정하는 연구자도 있다.

어떤 시점까지를 고대 말기로 파악할지는 다양한 관점이 존재하며 학계에서 여전히 논쟁 중인 주제라 결론이 나지 않았다. 어쨌든 로마가 세 개의 세계를 오랜 세월 동안 통치했듯, 로마가 새로운 세 개의 세계로 해체되어가는 과정도 긴 세월이 필요했다.

고대 말기는 단순한 쇠퇴기가 아니라 로마를 중심으로 하나로 통합되었던 세계가 다시금 세 개의 세계로 분열하고 새로운 세계를 구축해 나가는 시대라 규정할 수 있다.

◇ 지금까지 나온 로마 제국 멸망 원인이 210가지에 달한다고?

마지막으로 로마사를 고찰할 때 빼놓을 수 없는 문제 '로마 제국은 왜 멸망했는가?'라는 물음에 대해 살펴보자. 로마 제국 멸망의 원인은 어디에서 찾아야 할까? 나처럼 역사를 전공하는 학자뿐 아니라 역사를 배우고자 하는 사람들에게 매우 중요한 의의를 지닌 질문이다. 지금까지 수많은 이들이 이 문제에 매달려 각양각색의 '시나리오'를 만들어냈다. 게르만족의 침입, 기독교의 확산, 인구 감소, 기후 변동, 인프라 노후화, 납 중독 등 각자의 시나리오에 따라 서로 다른 이야기들이 창작되었다.

어떤 연구자가 지금까지 나온 로마 제국 멸망 원인을 분류했더니 무려 210종에 이른다는 분석을 내놓기도 했다. 각각의 주장에 나름대로 근거가 있어 누구의 가설을 받아들여야 할지 참으로 답을 찾기 어려운 문제다.

그래서 이 책에서는 각각의 원인에 관한 설명은 전문 서적에 맡기고, 큰 틀에서 로마 제국의 멸망 원인을 고찰하고자 한다. 나무만 보고 숲을 보지 못한다는 말이 있듯, 지나치게 작은 부분에 초점을 맞추면 오히려 초점이 흐려지며 눈이 침침해져 보이지 않을 때가 있다.

이 책에서는 로마 제국의 멸망을 교향곡 〈고대 말기〉로 연주할 계획이다. 고대부터 중세로 이행하는 시대를 로마 제국이라는 거대한 세계가 분열하는 과정, 즉 '선율(흐름)'로 파악한다는 의미다.

교향곡 〈고대 말기〉의 제1악장은 '로마 제국 쇠망사'다. 에드워드 기번으로 대표되는 이 관점은 로마라는 국가의 종말을 제국의 쇠망으로 파악하는 선율이다. 이 선율의 중심부는 역시 경제 쇠퇴다. 인구 감소와 생활 기반 시설인 인프라 노후화 등 번영한 나라가 절정기를 지난 후에 반드시 맞닥뜨리게 되는 문제다.

제2악장은 '신 로마 제국 쇠망사'다. 교토대학교에서 서양 고대사를 연구 중인 미나미카와 다카시(南川高志) 교수의 책 『신 로마 제국 쇠망사』(岩波新書, 2013)에서 착안해 로마라는 국가의 쇠퇴를 주로 이민족 문제로 파악하는 선율이다. 그리고 마지막 제3악장은 로마의 쇠망을 기존의 가설처럼 '쇠망'으로 바라보지 않고 문명의 '변화'로 파악하는 선율이다.

여기서 큰 주제는 로마인의 '변질'이다. '초기에 박해받던 기독교가 왜 받아들여지게 되었을까', '이민족에게 관대하던 로마인이 왜 관용을 잃었을까' 등 로마인의 변질을 고대부터 중세로 넘어가는 문명의 변화 중 하나로 바라보려는 시도다.

로마 제국의 멸망은 한 국가의 쇠망인 동시에 새로운 시대가 탄생하는 프롤로그였다. 역사는 하루도 쉬지 않고 삶을 영위한 사람들의 인생이 켜켜이 쌓인 결과임을 교향곡 〈고대 말기〉를 음미하며 느낄 수 있기를 바란다.

◇ 노예가 노예를 낳아 새로운 노예를 충당할 수 없었던 시대의 로마는 어떻게 400년간이나 노예제를 유지할 수 있었나?

기원전 146년 로마는 끝날 줄 모르고 이어지던 카르타고와의 기나긴 전쟁에서 승리했다. 그러나 한창 일할 나이의 젊은 남성들이 전쟁터에 병사로 참전하며 일손이 부족해져 농지는 황무지가 되었다. 그 결과 경제적으로 궁핍해진 농민은 차례차례 농지를 포기해 무산 시민이 가파르게 증가했다.

농민들이 포기한 농지는 부유층이 차지했고 '노예제 라티푼디움'이 탄생했다. 광대한 토지 경작은 노예 노동력이 떠맡았다. 비단 로마만 노예에게 노동력을 의존하지 않았다. 고대 지중해 세계는 기본적으로 노예제 사회였다.

그렇다면 당대의 로마인들은 노예를 어떻게 조달했을까? 주요 공급원은 전쟁 포로였다. 다시 말해 로마가 지중해의 패권을 차지했을 때 노예제 라티푼디움이라는 새로운 경제 시스템이 탄생한 배경에는 여러 요소가 복합적으로 작용했다. 오랜 전쟁으로 황폐해진 농지와 빈농의 증가라는 요인에 전쟁으로 대량의 포로를 확보하며 노예 공급이 늘어나 시장에 노예가 넘쳐났다. 그러나 제정기에 들어서 '팍스 로마나(로마의 평화)'로 일컬어진 시기에는 대규모 전쟁이 줄어들며 노예가 부족해지는 노예 고갈 현상이 발생했다.

제정기에도 로마는 전쟁을 멈추지 않았으나 국경을 지키기 위한 소규모 전투 수준이어서 새로운 노예 공급으로 이어지지 못했다. 노예 고갈 현상은 노예제 사회에 노동력 감소와 동의어로 경제에 미치는 파급 효과가 컸다.

이 대목에서 한 가지 의문이 생겨난다. 이 시대 노예 공급량 감소와 실제 노예의 수를 비교해보면 공급량이 크게 떨어졌다고는 해도 노예의 수는 크게 줄어들지 않았다는 점을 알 수 있다. 전쟁 포로 공급이 끊기고 나서도 로마가 노예 고갈 상태에 빠질 때까지 얼추 400년이 걸렸다.

전체 노예의 수가 줄어들지 않았다는 사료를 보여주면 노예가 노예를 낳았으니 당연히 줄어들 리가 없다고 말하는 사람이 있는데, 로마에서는 불가능한 이야기였다. 노예가 자식을 낳으려면 많은 수의 여자 노예가 필요했기 때문이다. 물론 이 시대에 여자 노예가 아예 없는 건 아니었다. 그러나 수요를 충당할 정도의 여자 노예는 없었다. 계산상으로도 남자 노예와 같은 숫자이거나 그보다 많은 수의 여자 노예가 필요하다. 이 시대는 아이가 유아기에 살아남아 성장할 확률이 매우 낮았기 때문이다. 예를 들어 5현제 시대의 마지막 황제인 마르쿠스 아우렐리우스는 열네 명의 자손을 얻었는데, 무사히 유아기를 넘긴 자식은 절반도 되지 않는 여섯 명뿐이었다. 최고의 양육 환경이 갖추어진 로마 황제의 자손조차 유아기를 넘기기 힘들 정도였다. 그러니 가장 열악한 환경에서 자라는 노예 자손의 생존율은 처참한 수준이었음을 어렵지 않게 짐작할 수 있다.

또 노예는 본래 전쟁 포로가 대부분이라 열에 아홉은 남성이었다. 카르타고 함락 당시처럼 한 도시의 주민을 모조리 노예로 만든 사례에서는 여성이 끼어 있을 수 있다. 그러나 노동력 측면에서 남성이 훨씬 가성비가 좋았기에 노예의 남녀 성비를 보면 압도적으로 남성이 많았다.

전쟁 포로를 얻을 수 없게 된 시대에 노예가 자손을 낳아 새로운 노예를 공급하지 못했다면 로마는 도대체 어떻게 400년 동안 노예제를 유지할 수 있었을까? 이 질문은 내가 박사 논문에서 다룬 주제였다. 「어스름의 로마 세계」(薄闇のローマ世界)라는 제목의 논문 결론은 '버려진 아이'였다.

알고 보면 로마에는 버림받은 아이가 넘쳐났다. 버려진 아이를 노예로 내다 팔면 상당수의 노예를 확보할 수 있다. 물론 버려진 아이를 모아서 주인의 명령에 잘 따르도록 길들이고, 노예로서의 몸값을 높여서 파는 전문 노예 상인이 존재해야 한다. 여기서부터는 내 가설인데 단순히 상상에 의존한 가설은 아니다. 노예 상인이 버려진 아이를 양육하기 위해 고용한 유모 계약서와 고아를 길렀음을 기록한 당시 파피루스 문서 등이 실제로 발견되었기 때문이다.

스파르타 시대(기원전 1세기)까지 빈번히 일어난 노예 반란이 팍스 로마나 이후 거의 발생하지 않았다는 사실도 노예의 질에 변화가 나타났음을 암시한다. 즉 그때까지 전쟁 포로가 중심을 이뤘던 노예가 어려서부터 노예 교육을 받은 고아나 기아(棄兒)로 변화되었다고 추정할 수 있다. 그러나 전쟁 포로가 없어진 후에도 다른 형태로 노예가 공급되어 결과적으로는 노예제 사회가 장기적으로 유지되며 로마 경제의 발전과 성장에 걸림돌로 작용했다.

로마 문명은 포장도로, 상하수도, 아치 구조에 콘크리트까지 수준 높은 기술력을 자랑하는 문명이다. 이 기술들이 모두 로마에서 독자적으로 개발한 기술은 아닐지라도 모두 로마인이 정교하게 다듬고 발전시킨 기술이다. 이렇게 수준 높은 기술력을 보유했음에도 로마에서 그 기술력을 활용하는 형태로 경제 성장을 이룬 모습은 찾아볼 수 없다.

구체적인 예를 들어보자. 19세기 산업혁명은 증기기관의 발명에서 시작되었다고 알려져 있다. 한데 증기기관의 원리 자체는 헬레니즘 시대부터 이미 알려져 있었고 로마 시대에도 신전문을 자동으로 여는 장치에 증기기관을 사용했다. 그러나 로마의 증기기관은 어디까지나 신전이라는 공간의 신비스러운 분위기를 연출하기 위한 장치로만 활용되었을 뿐이다. 근대에서처럼 이 기술이 작업 효율을 개선하기 위한 방향으로는 활용되지 못했다. 그래서 증기기관의 존재를 알면서도 대대적으로 활용하지 못한 채 그 기술은 오랜 세월 망각 속에 잠들어 있었다.

왜 뛰어난 기술이 효율화를 위해 활용되지 못했을까? 답은 노예에서 찾을 수 있다. 귀찮고 힘들고 번거로운 일은 모조리 노예에게 맡기면 그만이었기 때문이다.

사람은 아무리 뛰어난 기술과 교양이 있어도 개선의 필요성을 느끼지 못하면 활용할 생각을 하지 않는다. 내 몸이 고생스럽지 않으면 굳이 머리를 써서 합리적으로 변화시키고 경제 활동을 발전시키겠다는 발상 자체가 생겨나지 않는다.

노예제 사회는 이노베이션으로 이어지는 인센티브를 상실했고, 경제 성장을 목표로 해야 한다는 관념조차 없어 경제가 쇠퇴하게 되었다.

전쟁 포로에서 고아나 버려진 아이로 노예 공급원을 바꾸어 부족한 노예를 보충한 로마에서는 인구 감소로 노예 공급 방식에도 한계가 오자 노예제로 유지되던 광대한 장원 라티푼디움이 황폐해졌다. 부유층은 새로운 노동력으로 일반 자유인을 '소작인(콜로누스, colonus)'으로 고용하게 되었다.

콜로누스는 노예와 달리 자유인 신분이라 수확물을 지주가 독차지할 수 없었다. 지주는 콜로누스에게 소작료라는 형태로 수입을 얻어야 했다. 그런데 콘스탄티누스 시대에 노예 공급이 완전히 끊기며 안정된 노동력을 확보하기 위해 콜로누스 이동이 금지되었다. 그리고 경제 불황이 길어지며 이동을 금지당한 콜로누스를 안정된 세수원으로 보고 그들에게 무거운 소작료를 매기게 되었다.

원래 자유인이었던 콜로누스는 이동을 금지당한 데다 무거운 소작료를 부담하고 결혼 상대도 같은 콜로누스 중에서 찾아야 했다. 게다가 태어난 아이도 콜로누스 신분을 물려받아 자유를 박탈당한 신분으로 변화되어 갔다. 로마 해체 후로도 콜로누스는 토지를 떠나지 않았고 마침내 중세 유럽에서 '농노'라는 새로운 이름을 얻게 되었다.

◇ 로마의 '공공 의식' 상실이 인프라 노후화로 이어졌고, 멸망을 앞당기는 원인이 되었다?

경제 쇠퇴에서 눈여겨보아야 할 또 하나의 조짐은 인프라 노후화다. 경제력 저하가 가장 두드러지게 나타나는 부분이기 때문이다.

공화정 시대 로마 귀족은 '재력'이 필수 불가결한 자질로 여겨졌다. 왜 귀족에게 재력을 요구했을까? 귀족의 재력이 로마의 확장을 뒷받침하는 경제적 버팀목이었기 때문이다.

고대 로마 시대에는 도로와 수도 등 기본적인 도시 인프라 정비부터 시민의 오락장인 원형 경기장과 극장 등 요즘으로 치면 국가가 담당해야 할 도시 인프라 정비 대부분을 귀족의 쌈짓돈으로 충당했다.

물론 자금을 댄다고 해서 누구나 공공시설을 자유롭게 지을 수 있는 건 아니었다. 원로원에 신청서를 제출하고 허가를 받은 후에야 건축을 시작할 수 있었다.

이렇게 지어진 건조물에는 출자한 귀족의 이름이 새겨졌다.

수도와 도로처럼 이름을 새기기 어려운 구조물은 출자한 귀족의 이름을 붙여 '○○가도', '○○수도' 등으로 불러 누가 지었는지를 사람들이 알 수 있게 했다.

로마에서 가장 유명한 '아피아 가도'는 집정관이었던 아피우스 클라우디우스 카이쿠스(Appius Claudius Caecus, 기원전 340~기원전 273년)가 지어 그렇게 부르게 되었다. 참고로 아피우스는 아피아 가도 외에도 로마에서 가장 오래된 상수도 시설로 알려진 '아피아 수도교'도 건설했다.

왜 개인이 공공을 위해 사비를 털어 인프라를 구축해야 했을까? 현대인의 상식으로는 이해가 가지 않는다. 당시 로마 귀족에게 공공의 이익을 위해 무언가를 제공하는 행위는 매우 명예로운 일로 여겨졌다.

라틴어로 명예를 '호노르(hŏnor)'라고 하는데, 이 단어는 영어의 'honor(명예)'의 어원이 되었고, 라틴어의 호노르에는 명예 외에도 '공직'이라는 뜻이 있다. 다시 말해 로마인에게 공공을 위해 자금을 대는 행위를 '명예'로 보는 가치관이 있었다.

이처럼 개인 자산에 의존한 공공시설 건설은 제정기에 접어들면 '프린켑스(Princeps)'인 황제 한 사람에게 집약되었다. 로마에는 '로마 수도'라 불린 상수도가 총 11개 있었는데, 제정기에 들어서고 나서 지어진 5개는 모두 황제가 건설했다.

이러한 건축물과 도로, 수도 등의 시설은 짓는다고 끝이 아니다. 시설의 기능을 유지하고 안전하게 활용하려면 정기적인 관리와 보수가 필요하다. 로마에도 시설 유지와 관리, 보수를 맡은 공직인 '아이딜리스(Aedilis)'가 있어 초기에는 이들이 시설을 관리하고 보수했다. 그러나 시대가 지나며 관리해야 할 건축물이 늘어나면서 모든 시설을 보수하고 관리하기 어려워졌다. 또 시설이 낡으면 손볼 곳도 그만큼 더 늘어나고 비용도 더 많이 든다.

로마의 아피아 가도 등의 인프라는 3세기의 위기로 일컬어진 군인황제 시대에는 이미 지어진 지 600년 가까이 지난 상태였다. 물론 그동안 몇 차례 수리를 거쳤으나 근본적 노후화는 해결할 수 없었다.

공공시설은 아이딜리스가 관리했다고 하나 대부분 인프라는 부유층이 사비를 털어 지었기에 애초에 국가가 인프라를 책임진다는 의식이 희박했다. 또 과거에 공공을 위해 자신이 가진 것을 내놓는 행위를 명예롭게 여기던 부유층이 불황과 증세에 불안을 느껴 도시를 떠나자 인프라 역시 빠른 속도로 노후화했다.

'트라야누스 욕장'과 '카라칼라 욕장' 등 로마에는 팍스 로마나 시대에 황제가 사비로 지은 거대한 '공공욕장'이 몇 군데 있었는데, 귀족과 시민의 사교장으로 북적이던 이 욕장들도 4세기 무렵에는 시설이 낙후되어 사람들의 발길이 뜸해지며 마침내 문을 닫았다. 이런 시설이 문을 닫은 건 인프라 노후화와 노동력인 노예 고갈이 가장 큰 이유였다. 거대한 욕장을 운영하려면 많은 양의 물과 연료와 욕장에서 일하는 수많은 노예가 필요했다. 그러나 수도가 낡아 물 공급이 제대로 이루어지지 않고 노예가 감소하며 노동력을 확보할 수 없게 되자 욕장 운영에 차질이 생겼다.

로마의 번영을 상징하는 거대한 욕장은 인프라 노후화와 함께 하나둘 폐업하며 모습을 감추었고 로마 멸망 후 생겨난 세 개의 세계에서도 부활하지 못했다. 거대한 욕장은 최전성기의 세계 제국만이 누릴 수 있었던 영광의 산물이었는지도 모른다.

◇ 로마 제국의 '황제 권력 상실'이 역설적으로 권력을 회복한 듯 보였던 콘스탄티누스 시대에 시작되었다고 볼 수밖에 없는 까닭

국가라는 조직의 중심에는 언제나 재정력과 군사력이 버티고 있다. 재정의 기반이 되는 세금을 효율적으로 징수하기 위해서는 국가에 구심력이 필요하다. 로마 제국의 구심력은 강력한 황제 권력이었다.

팍스 로마나 시기에 민중이 자연 발생적으로 황제를 '도미누스(Dominus, 주인님)'라 부르게 된 사실은 황제 권력의 확립이 로마의 평화에 토대가 되었음을 방증한다. 그러나 절대적인 황제 권력도 3세기 군인황제 시대에 접어들며 바닥에 떨어졌다. 민중의 주인이었던 황제는 이 시기에 군대에 생살여탈권을 빼앗긴 가련한 존재로 전락했다.

군인황제 이후의 황제인 디오클레티아누스와 콘스탄티누스는 과거 황제 권력을 되찾기 위해 백방으로 노력했다. 디오클레티아누스는 로마의 옛 신들을 부활시켜 예배를 의무화했고, 종교적 힘을 이용해 권위를 높이고자 했다. 콘스탄티누스는 여러 종교 중에서 특별히 기독교를 선택해 공인함으로써 황제의 명령을 거역하는 자가 나올 수 없는 상황을 만들어냈다. 또 콘스탄티누스는 비잔티움(훗날 콘스탄티노폴리스)으로 천도하고 양질의 금화를 시장에 공급해 민중의 황제에 대한 존경심을 회복하기 위해 노력했다.

이러한 노력 덕분에 디오클레티아누스와 콘스탄티누스는 어느 정도 황제 권력을 유지하는 데 성공하기는 했다. 그러나 두 황제가 눈을 감기 무섭게 군대가 들고 일어났다. 전체적으로 보면 역시 황제 권력이 안정화된 시기라고 말하기는 어려운 상황이 이어졌다. 가장 큰 원인은 '비대해진 군대'였는데, 국경에서 소란을 일으키는 이민족의 존재가 군대가 몸집을 불리는 데 힘을 보탰다. 북쪽의 게르만족, 동쪽의 파르티아와 사산조 페르시아 등의 이민족을 제압하려면 군대를 국경에 배치할 수밖에 없었다. 군대를 국경에 배치하면 당연히 경비가 많이 든다.

전근대 사회는 국가 예산의 3분의 2를 국방비가 차지하는 게 당연한 시대였다. 국가 지출에서 가장 큰 비중을 차지하는 국방비를 늘리려면 세금을 늘려야 했다. 세상이 어수선해지고 경제 상황은 암울한데 민중의 조세 부담이 증가하면 당연히 황제에 대한 충성심이 사라지고 권력 약화로 이어진다. 즉 이 시대 로마는 '황제 권력 저하 → 이민족 침입 → 군대 강화 → 조세 부담 증가 → 황제 권력 저하'라는 악순환을 반복하며 국력이 바닥나기 시작했다.

4세기 말 테오도시우스 사후에 로마 제국은 동서로 분열되었다. 한편 이 시기에 이미 서로마 제국은 '바람 앞의 등불'처럼 위태로운 상태였다. 빈사 상태의 서로마 제국은 위험 부담은 높지만 살아남기 위해 독을 독으로 다스리는 '이독제독(以毒制毒)' 전략을 선택했다.

훈족의 등쌀에 밀려 로마 제국 영내로 들어온 게르만족이라는 독을 용병으로 고용해 로마군에 편입시키고 국경으로 물밀 듯 들어오는 게르만족을 포함한 이민족이라는 다른 독을 상대하게 한다는 전략이었다. 하지만 이 전략은 오래가지 못했다. 독을 오래 복용하면 더 이상 몸이 버틸 수 없는 상태가 된다. 서로마 제국 내부로 들어온 이민족은 제국을 안에서부터 좀먹기 시작했다. 그중에서도 반달족은 수도 로마를 파괴하고 약탈해 막대한 피해를 주었다.

황제는 겨우 목숨을 건지고 보위를 유지했으나 황제에게는 권력이라고 부르기 민망한 수준의 힘조차 남아 있지 않았다. 게다가 황제의 곁을 지키는 호위병들도 게르만족 용병들뿐이었다.

게르만족 용병대장 오도아케르는 로물루스 황제를 퇴위시켰다. 오도아케르가 국가 전복과 권력 찬탈을 꾀했다기보다 이미 운명이 다한 서로마 제국의 현실을 꿰뚫어보고 젊은 황제를 황제 권력이라는 달콤한 환상에서 깨어날 수 있게 해준 행동으로 볼 수도 있다.

넓은 관점에서 보면 황제 권력의 상실은 권력을 회복한 듯 보였던 콘스탄티누스 시대에 시작되었을 수도 있다. 콘스탄티누스야말로 제국 영내로 이주한 이민족을 대거 군인으로 기용한 최초의 황제였기 때문이다. 그는 군제 개혁, 강력한 기동군의 창설이라는 명분을 내걸고 은밀하게 이민족 등용 정책을 추진했다. 이 자유로운 기동군의 창설이 고정된 국경 병력의 감소를 초래하고 국경선을 애매하게 만들어 이민족의 침입이 용이해졌다고 생각하면 콘스탄티누스 시대를 국가 쇠퇴의 변곡점으로 볼 수 있지 않을까.

◇ 서로마 제국 멸망은 어느 날 갑자기 게르만족이 로마 영토로 밀고 들어오며 벌어진 사건이 아니었다?

『신 로마 제국 쇠망사』에서 미나미카와 다카시 교수는 당시 로마 제국의 국경선이 애매해진 사실을 날카롭게 지적했다. 그러면서 그는 영국의 학자 존 휘태커(John Whitaker)의 연구를 바탕으로 국경을 선이 아닌 더 폭넓은 '구역·영역(zone)'으로 파악해야 한다고 주장했다.

> 로마군이 주둔하는 최전선의 우뚝 솟은 인공 방벽도 자연 국경을 이룬 큰 강도 실제로는 곳곳이 뚫려 있어 평시에는 방벽을 넘고 강을 건너 사람과 물자가 오갔다.
>
> — 미나미카와 다카시, 『신 로마 제국 쇠망사』

당시 국경은 오늘날의 국경처럼 확정된 개념이 아니었다. 영역 다툼 과정에서 우연히 생겨난 구역으로, 그 구역에서 교전하지 않는 한 사람들은 자유롭게 오가고 교역하며 일상생활을 꾸려나갈 수 있었다.

실제로 이러한 '국경 구역'에서 빈번한 교류와 교역이 이루어졌다는 사실은 고고학 조사로도 증명되었다. 이민족 주민과 국경 최전선에 주둔하는 부대 군인의 일상적 교류는 우리가 여태까지 '이민족의 침입', '국경', '최전방' 등의 용어로 상상하는 이미지와는 상당히 차이가 있었다. 그렇다면 국경이 불분명해서 로마 제국 영내로 수많은 게르만족이 이동해 와 군대에까지 들어갈 수 있는 풍토가 만들어졌다고 볼 수 있지 않을까.

앞에서도 말했듯이 게르만족은 어느 날 갑자기 로마 땅으로 몰려온 것이 아니었다. 실제로는 훈족의 압박에 밀려 살던 곳을 떠나기 전부터 로마 제국 내부로 조금씩 유입되었다. 콘스탄티누스가 기용한 이민족 출신자는 게르만족의 대이동 이전에 들어온 선발대였다.

군인으로 발탁된 그들은 차츰 군의 중추부까지 올라갔고, 이윽고 강력한 기동군을 창설했다. 기동성이 증가하며 그때까지 국경 구역에 배치된 군사의 수가 줄어들었다. 이는 국경 구역에 머물던 게르만족에게는 로마 제국이 국경에 걸어두었던 빗장을 열어준 것으로밖에 보이지 않았다.

그때까지도 국경 구역에 오갈 틈은 있었지만 주둔하는 로마군이 줄어들자 그 틈이 더 넓어지고 허술해졌다. 국경 구역 왕래는 훨씬 쉬워졌고 이민족이 대거 몰려들 여지가 생겼다.

서로마 제국은 궁여지책으로 게르만족을 대대적으로 군대에 받아들였다. 그 당시 입대한 게르만족은 국경 수비가 느슨해진 틈을 타서 새로 국경 구역에 들어온 게르만족이었다. 이렇듯 콘스탄티누스가 국방력을 증강하기 위해 창설한 기동부대가 결과적으로 더 많은 게르만족을 국경 구역으로 초대하는 결과를 초래하고 말았다.

◇ 공화정 시대의 로마인과 제정 시대의 로마인이 전혀 다른 사람들처럼 보이는 이유는?

로물루스가 로마를 건국하고 나서 서로마 제국의 멸망까지 약 1,200년, 동로마 제국의 멸망까지 약 2,200년. 기나긴 로마사를 돌아보면 공화정 시대 로마인과 제정 시대 로마인이 완전히 다른 사람들처럼 보인다.

공화정 시대 그리스 사신에게 "제 눈에 원로원은 수많은 왕자가 모인 곳처럼 보였습니다"라는 말을 들은 늠름한 로마인의 모습을 제정 말기에는 찾아볼 수 없게 되었다. 이러한 로마인의 변화는 한마디로 '공동체에서 개인으로의 변화'라고 정의할 수 있다. 로마사에서 이런 변화는 고대 이후 '폴리스 시민의 다신교 문명'에서 기독교 보급과 함께 '코스모폴리탄 일신교 문명'으로 이행하는 형태로 정리할 수 있다.

다신교의 신들을 모시던 도시국가 시민에서 점차 유일신을 모시는 코스모폴리탄으로 로마인의 '인간적 특징'이 달라졌다. 다신교 세계와 일신교 세계는 같은 언어를 쓰더라도 완전히 다른 세상이다. 본래 로마인에게 '자애'란 카이사르의 '자애'나 기독교의 '자애'와 달랐다. 다신교 세계는 원래 관용의 정신이 풍부한 세계다. 세상 모든 곳에 존재하는 신 중에서 어떤 신을 믿든 자유로운 세상이기 때문이다. 따라서 로마는 다양한 민족을 내부로 통합해 나가는 과정에서 상대방의 다양한 가치관과 삶의 방식을 모두 인정했다. 이는 로마가 기본적으로 다신교 세계였기 때문에 가능한 사고방식이다. 그런 의미에서 다신교 세계의 '자애'는 '관용'과 밀접한 연관이 있다.

상대방에게 베푸는 관용은 관점을 바꾸면 내가 지배당하고 싶지 않다는 의미이기 때문이다. 이는 고대 그리스나 로마나 마찬가지였는데, 기본적으로 '모든 시민은 자유인이며, 누구의 지배도 받지 않는다'는 가치관이 통용되었다.

그래서 그리스에서는 '우리는 누구의 지배도 받지 않는다. 우리 힘으로 국가를 세우겠다'고 다짐해 민주정이 탄생했고, 로마에서는 독재자를 인정하지 않는 공화정을 선택했다. 요컨대 그리스든 로마든 폴리스 시민은 기본적으로 자유인이며 자유인이기에 누구의 지배도 받지 않는다는 점에서는 같은 가치관을 공유했다.

다만 이러한 로마의 '자애'는 로마 제국이 완성되는 과정에서 조금씩 형태를 바꾸어 나갔다. 가령 '카이사르의 자애(관용)'는 자신에게 반항하는 사람은 철저하게 탄압하고 잔혹하게 응징하나, 상대방이 나름대로 공손한 태도를 보이면 받아들이고 그런 다음에는 아낌없는 관용을 베풀었다. 그러나 이러한 '자애'는 곰곰이 생각해보면 힘을 지닌 자가 힘을 지니지 못한 자에게 조건부로 보호를 제공하는 사고방식임을 알 수 있다.

아우구스투스를 비롯한 제정 초기 황제들도 카이사르를 모방해 '클레멘티아'를 강조했다. 하지만 이 '자애' 역시 확실하게 겉으로 표방하지 않았을 뿐 본질은 황제가 시민을 '지배'한다는 전제가 깔려 있었다.

이러한 변질은 기독교 세계에서 더욱 심해졌다. 기독교의 '자애'는 약자에 대한 사랑으로 표현되곤 한다. 기독교를 비판해 배교자로 알려진 율리아누스조차 기독교의 약자 보호 정신을 높이 평가했다. 그런데 '약자'를 보호해야 한다는 사고방식은 본래 자신을 강자라고 믿는 발상에서 비롯되었다.

초기 폴리스 사회에서 모든 자유인은 평등했다. 폴리스에는 약자와 강자가 존재하지 않았다. 그들은 약자라는 존재를 인정하지 않았다.

현대의 가치관과 고대의 가치관은 다르다. 어디까지나 고대의 상식을 기준으로 이해하려고 노력해야 한다. 한데 이 시대에 신체가 건강하지 않은 사람, 예를 들면 장애인은 '약자'보다도 못한 존재였다. 공공에 보탬이 될 수 없는 사람은 국가에 필요하지 않은 존재로 여겨졌기 때문이다. 그래서 당시 장애를 가지고 태어난 아기는 강보에 싸서 버리거나 엎어서 죽이거나 들짐승에게

먹이로 던져주는 게 당연했다. 장애인뿐 아니라 구걸로 먹고사는 거지처럼 사회에서 이탈한 사람들에게도 마찬가지 기준이 적용되었다. 실제로 플라톤·아리스토텔레스 등 뛰어난 사상가조차 장애인이나 걸인을 철저하게 무시했다.

이렇게 볼 때 폴리스 사회의 '자애'는 평등하되 그 평등은 약자를 배제한 상태에서 성립한 개념이다. 그리고 제정 시대 황제의 '자애'는 힘을 지닌 자와 지니지 못한 자라는 계급 차를 전제로 성립하는 개념이었다. 따라서 순종을 조건으로 보호를 제공했음을 알 수 있다.

반면 기독교 시대에 강자는 무조건 약자를 보호해야 한다는 새로운 '자애'로 바뀌었음을 알 수 있다. 이러한 변화는 선악의 문제가 아니다. 고대에서 중세로 이행하는 과정에서 각각의 시대 배경에 따라 사람들의 사고방식과 가치관도 함께 변화한 것이라고 이해하는 것이 합리적이다.

◇ 3세기 로마 제국 내 기독교 신자 수가 급증한 또 하나의 원인, '스토아 철학' 확산

수많은 신을 모신 고대 로마인에게 당시 유일신 외에는 믿지 않는 기독교도는 완전히 이질적이고 이해하기 어려운 집단으로밖에 보이지 않았다. 실제로 기독교는 로마에 전해지고 나서 약 200년 동안 신자 수가 거의 늘지 않는 정체기를 겪었다. 그러다

3세기에 들어서고 나서야 신자 수가 급증했다.

왜 이 시기에 기독교 신자가 폭발적으로 증가했을까? 앞장에서 난세에 불안을 느낀 사람들이 신에게 안식을 구하며 기독교에 의지했다고 설명했다. 또 황제 권력에 나타난 변화도 고찰했다. 여기서는 물과 기름처럼 겉도는 다신교와 일신교를 로마인은 어떻게 받아들였는지에 대해 살펴보자.

먼저 5현제 시대의 대미를 장식한 마르쿠스 아우렐리우스 황제 시대를 잠깐 떠올려보자. '철인 황제'라는 별명으로 더 유명한 그가 성실한 삶의 자세를 중시하는 스토아학파의 추종자였다는 사실은 앞에서 이야기했다. 일반적으로 스토아학파는 금욕주의이고 에피쿠로스학파는 쾌락주의라고 알고 있는데, 이 두 사조는 접근 방법의 차이일 뿐 둘 다 풍요로운 정신세계를 추구한다는 방향성은 같다.

그렇다면 두 사조가 같은 방향을 바라보면서도 왜 접근 방법은 정반대였을까? 스토아학파와 에피쿠로스학파가 신을 대하는 관점이 서로 달랐기 때문이다.

고대에는 그 누구도 신의 존재를 의심하지 않았다. 스토아학파도 에피쿠로스학파도 신이 존재한다고 믿었다. 양자의 차이는 신과 인간이 관계를 맺는 방식의 차이였다. 에피쿠로스학파는 신은 인간 세계에 개입하지 않는다고 주장했고, 스토아학파는 신이 인간사에 개입한다고 주장했다.

우리는 불행한 사건이 발생하면 "하늘도 무심하시지"라고 한탄하는데, 에피쿠로스학파는 신은 세상사에 개입하지 않는다고 믿었기에 절대 그런 말을 하지 않았다. 그들은 세상 만사는 좋은 일이든 나쁜 일이든 신의 뜻에 따라 일어나지 않는다고 주장했다. 신은 존재하나 인간 세계에는 전혀 개입하지 않는다고 믿기 때문이었다.

에피쿠로스학파를 때로 쾌락주의자라 부르는 이유도 신이 인간들의 행동에 개입하지 않으니, 즉 무엇을 해도 벌을 내리지 않으니 좋을 대로 즐기며 살면 그만이라고 믿었기 때문이다. 한편 스토아학파는 신은 인간세계를 굽어살피며 만사에 개입한다고 주장했다. 그래서 이 세상에서 자신에게 주어진 소임을 성실하게 수행하는 자세를 중시했다.

로마에서 스토아학파가 널리 받아들여진 이유는 본래 공직을 명예로 여기던 로마인에게 스토아학파의 사상이 강한 설득력을 가지고 있었기 때문이다.

신의 개입을 인정한다는 관점에서는 기독교도 마찬가지였다. 신이 인간을 굽어살피다가 필요할 때 개입한다는 믿음이 있었기에 기독교에서는 몸가짐을 삼가고 선행을 베풀어야 한다고 가르쳤다. 다시 말해 기독교와 공통점을 가진 스토아 철학이 3세기 로마 사회에서 널리 받아들여진 것은 기독교를 받아들일 수 있는 정신적 토양으로 작용했기 때문이라고 추정할 수 있다.

그러나 스토아 철학이 로마인이 기독교를 이해하는 데 영향을 준 유일한 촉매제는 아니었다. 스토아 철학 이외에도 다양한 촉매제가 작용했다. 예를 들어 예수 그리스도가 십자가에 못 박혀 희생되었다는 교리는 의외로 고대인에게는 이해하기 쉬운 사고방식이었다.

고대인들은 다신교를 믿으며 늘 신에게 희생양을 제물로 바쳤기 때문이다. 신에게 자신들이 지닌 가장 소중한 보물을 제물로 바침으로써 신을 기쁘게 해드린다는 다신교적 사고방식이 일반적이었던 시대에 신의 아들 예수가 십자가에 못 박혀 자신을 희생함으로써 모든 인류를 구원한다는 교리는 로마인들에게 어렵지 않게 받아들여졌다.

로마에서도 초기에 인간을 희생양으로 바친다는 교리에 거부감을 보이며 야유를 퍼붓는 사람들이 있었다. 실제로 2세기 말에 당나귀가 십자가에 매달린 모습을 그린 낙서가 발견되었다. 그러나 시간이 흐르면서 인간의 몸을 가지고 태어나, 그것도 인간 중에 가장 고귀한 하느님의 아들이 자신의 몸을 바쳐 인류를 구원한다는 교리는 신선한 충격으로 다가왔고 당시 사람들의 마음을 사로잡았다.

기독교는 가난한 사람들의 종교라고 앞에서 설명했다. 『성경』에는 예수가 사람들에게 복음을 전파하는 장면이 나오는데, 예수의 복음을 듣는 사람들은 사회에서 버림받은 소외 계층이 대부분이었다.

"가난한 자에게 복이 있나니, 하느님 나라가 너희 것이다."

예수의 복음은 그때까지 가난으로 고통당하고 억압받던 하층민에게 자신들을 구원할 사람이 바로 예수라는 희망의 메시지를 전해주었다.

제1악장에서 자유인이며 토지에 종속되어 과중한 세금에 허덕인 소작인의 이야기를 살펴보았다. 이러한 사회 밑바닥으로 떠밀린 가난한 사람들 중 부유한 사람에 대한 일종의 '원한'을 품은 사람도 있었다. 마음속에 부자에 대한 은밀한 원한을 품은 사람들에게 가난한 사람이 구원받을 수 있다는 예수의 교리는 희망인 동시에 현실 사회에서 해묵은 원한을 풀어주는 역할을 했다.

그 후 황제가 기독교 세계를 받아들이고 하층민에게 교회를 통해 현실적 은총을 베풀며 점차 이러한 원한도 사라져 갔으나 기독교가 약자 구제를 주장하는 하층민을 위한 종교라는 사실에는 기본적으로 변함이 없다.

로마는 왜 기독교를 받아들였을까? 이 물음에 대한 딱 떨어지는 답은 나오지 않았다. 어쨌든 기독교의 본질이 약자 구제라면 고대 지중해 세계의 절대 강자로 군림한 로마인 대다수가 고대에서 중세로 이행하는 시대적 변화 속에서 약자로 계층 이동을 했기 때문일 수도 있다.

◇ 관용이 사라진 로마 제국 말기 상황과 닮은꼴인 현대 사회가 나아갈 길은?

고대 말기는 로마 제국의 쇠퇴기인 동시에 그 시대를 살았던 사람들이 서로 다른 가치관을 가진 사람들과 섞이고 자신들과는 다른 종교를 받아들임으로써 현실에 대응해 나갔던 시대라고 할 수 있다. 로마라는 나라는 사라졌어도 그 나라에서 살았던 사람들은 새로운 시대에서 계속 살아갔다. 이러한 문맥으로 로마사를 읽으면 고대 말기와 로마 제국의 쇠퇴기는 말 그대로 '고대 세계의 종말'이다. 현재 고대 말기라는 시대가 세계적으로 주목받고 있다. 현재를 사는 우리가 고대 말기를 살았던 로마인이 겪은 문제와 닮은꼴의 문제를 마주하고 있기 때문이다.

유럽에서는 시리아 난민이 몰려들며 다른 종교, 다른 가치관, 다른 생활습관에 따가운 시선이 쏟아지고 있다. 로마도 게르만족이 소수였을 때는 너그럽게 받아들였으나 그들이 수적으로 급증하고 로마 내부 깊숙이 들어오자 갈등이 불거지며 문명의 충돌로 발전했다. 그러나 고대 말기 연구자들 사이에서는 들어온 쪽이 아니라 받아들이는 쪽의 변화야말로 문제의 본질이라는 견해가 집중 조명받고 있다. 받아들이는 사람들의 시선이 관용에서 비관용으로 변화하며 갈등이 불거졌다는 이론이다. 실제로 현재 세계 곳곳에서 고대 말기의 로마와 같은 일이 벌어지고 있다.

난민 수용을 발표한 독일에서는 몰려드는 난민의 규모가 예상을 웃돌자 난민 비난 여론이 고조되었다. 또 미국에서는 저렴한 노동력으로 받아들이던 멕시코 불법 이민자를 엄격하게 단속하게 되었다. 이처럼 세계 곳곳에서 감당할 수 없을 정도로 늘어난 숫자에 '비관용'으로 돌아서는 나라가 늘어났다.

내가 지금 가장 우려하는 건 너무 빠른 속도로 증가하는 미국의 비관용 추세다. 이민 유입을 막겠다고 공약한 트럼프가 대통령으로 당선되었을 때 사회 고위층에서는 트럼프의 비관용 정책을 문제시하고 비난했다. 그러나 트럼프 정권이 경제 정책에서 좋은 결과를 내자 고위층의 분위기가 달라지기 시작했다. 이민자에게 국경을 폐쇄해 경제가 살아난다면 반대하던 고위층 인사들도 트럼프를 찬성하는 쪽으로 돌아설 수밖에 없다. 만약 트럼프의 비관용 정책이 미국 사회 전체를 대변하는 정책이 된다면 미국 사회는 크게 달라질 것이다. 그리고 미국의 변화는 세계로 퍼져 나갈 가능성이 크다(2021년 출범한 조 바이든 행정부는 트럼프의 이민정책 폐지를 선언하고 이민자 구제정책으로 돌아섬 — 옮긴이).

세계로 퍼져 나가는 '비관용'의 물결을 막기 위해서라도 지금이야말로 많은 이들에게 로마의 역사를 알려야 할 때라고 믿는다.

참고 문헌

Philip Matyszak, 『Chronicle of the Roman Republic』, Thames & Hudson, 2003

Chris Scarre, 『Chronicle of the Roman Emperors: The Reign-by-Reign Record of the Rulers of Imperial Rom』, Thames & Hudson, 2012

Paul Veyne, 『When Our World Became Christian: 312-394』 Cambridge, Polity Press, 2010

南川高志, 『신·로마 제국 쇠망사』(新·ローマ帝国衰亡史), 南川高志, 岩波新書, 2013

本村凌二, 『흥망의 세계사 - 지중해 세계와 로마 제국』(興亡の世界史 地中海世界とローマ帝国), 講談社, 2017

本村凌二, 『애욕의 로마사 - 변모하는 사회의 저류』(愛欲のローマ史 変貌する社会の底流), 本村凌二, 講談社, 2014

本村凌二, 『다신교와 일신교 - 고대 지중해 세계의 종교 드라마』(多神教と一神教 - 古代地中海世界の宗教ドラマ), 岩波書店, 2005

本村凌二, 『세계사의 예지 - 용기, 관용, 선지성 51명에게 배운다』(世界史の叡智 - 勇気、寛容、先見性の51人に学ぶ), 中央公論新社, 2014

本村凌二, 『로마인에게 배우다』(ローマ人に学ぶ), 集英社, 2012

本村凌二, 『로마 제국 인물 열전』(ローマ帝国 人物列伝), 祥伝社, 2016

本村凌二, 『처음 읽는 사람을 위한 로마사 1,200년』 (はじめて読む人のローマ史1200年), 祥伝社, 2016

桜井万里子·本村凌二, 『집중 강의! 그리스·로마』(集中講義!ギリシア·ローマ), 筑摩書房, 2017

마르쿠스 아우렐리우스, 『명상록』(TA EIS HEAUTON)

타키투스, 『역사』(Histories)

타키투스, 『연대기』(Annales)

가이우스 수에토니우스, 『풍속으로 본 12인의 로마 황제1, 2』(De vita Caesarum)

저자 미상, 『로마 황제 열전 1, 2, 3, 4』(Historia Augusta)

本村凌二 외 번역, 『서양 고대사료집』(西洋古代史料集, 東京大学出版会, 2002)

옮긴이 **서수지**

대학에서 철학을 전공했지만 직장 생활에서 접한 일본어에 빠져들어 회사를 그만두고 본격적으로 일본어를 공부해 출판 번역의 길로 들어섰다. 옮긴 책에 『세계사를 바꾼 10가지 약』 『세계사를 바꾼 13가지 식물』 『세계사를 바꾼 37가지 물고기 이야기』 『세계사의 중심축이 이동한다』 『세상에서 가장 재미있는 사랑과 욕망 세계사』 『알고 보면 무시무시한 엽기인물 세계사』 『세상에서 가장 재미있는 63가지 심리실험－뇌과학편』 『세상에서 가장 재미있는 61가지 심리실험－인간관계편』 『세상에서 가장 재미있는 88가지 심리실험－자기계발편』 『소수는 어떻게 사람을 매혹하는가?』 『백곰 심리학』(2010년 문화관광부 추천 우수교양도서) 『처음 시작하는 그리스 신화』 『도쿄의 작은 공간』 『세상 끝의 아이들』 『어쩌다 너랑 가족』 등이 있다.

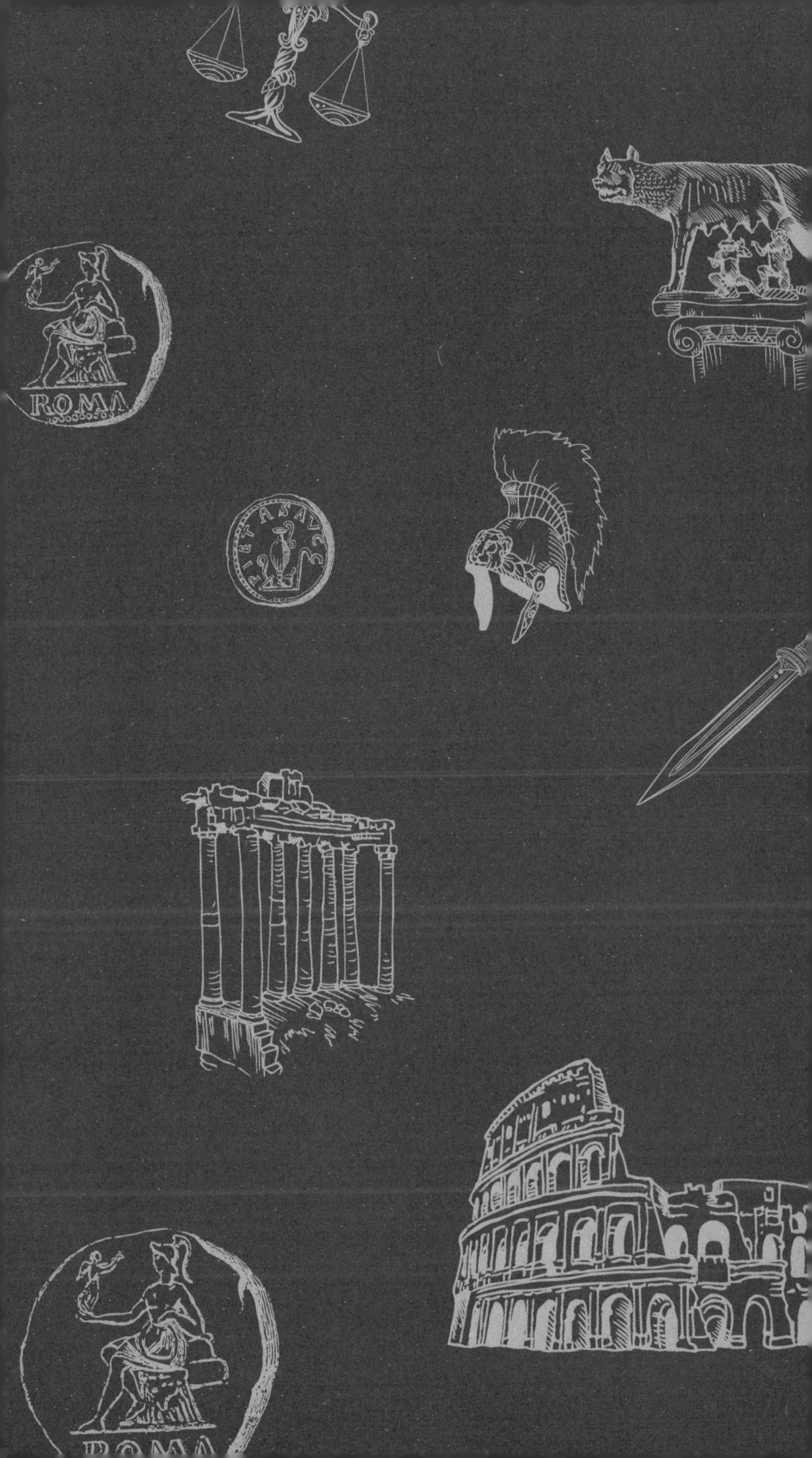
ROMA

PIETAS AVG